좋은
신앙

Copyright ⓒ 2016 by David Kinnaman and Gabe Lyons
Originally published in English under the title *Good Faith*
by Baker books, A division of Baker Publishing Group.
P.O.Box 6287, Grand Rapids, MI 49516, U.S.A.
All rights reserved.

Used and translated by the permission of Baker Publishing Group
trough rMaeng2, Seoul, Republic of Korea.

This Korean edition Copyright ⓒ 2017 by CUP,
Seoul, Republic of Korea.

이 한국어판의 저작권은 알맹2 에이전시를 통하여
 Baker Publishing Group과 독점 계약한 도서출판CUP에 있습니다.
신저작권법에 의하여 한국 내에서 보호받는 저작물이므로
무단 전재와 무단 복제를 금합니다.

초판	1쇄 인쇄 2017년 11월 6일
	1쇄 발행 2017년 11월 14일

지은이	데이비드 키네먼, 게이브 라이언스
옮긴이	윤종석
발행인	김혜정
디자인	홍시 송민기
기획위원	김건주
마케팅	윤여근, 정은희
제작	조정규

발행처	도서출판 CUP
출판신고	제 2017-000056호(2001.06.21.)
주소	(04549) 서울특별시 중구 을지로 148, 8층 803호 (을지로3가, 중앙데코플라자)
전화	02) 745-7231
팩스	02) 6455-3114
이메일	cupmanse@gmail.com
홈페이지	www.cupbooks.com

ISBN	978-89-88042-84-7 03230 Printed in Korea

* 파손된 책은 구입하신 서점에서 교환해 드리며 책값은 뒤표지에 있습니다.

좋은 신앙
GOOD
FAITH

데이비드 키네먼, 게이브 라이언스 지음 | 윤종석 옮김

CUP

GOOD FAITH

Being a Christian When Society Thinks
You're Irrelevant and Extreme

David Kinnaman & Gabe Lyons

우리의 자녀들인

에밀리, 애니카, 캐커리 키네먼과

케네디, 피어스, 케이드 라이언스에게 이 책을 바친다.

예수를 따르는 너희의 미래에

이 책이 작은 지침서의 역할을 톡톡히 해 주기를 기도한다.

Good Faith 추천의 글

이동원
지구촌교회 원로목사, GMN 대표

좋은 신앙이란 무엇일까?
과거의 좋은 신앙은 오늘 극단 신앙으로 매도 당하곤 한다.
저자들은 미국 복음주의를 배경으로 글을 쓰고 있지만, 미국의 그리스도인들이 대하는 이슈를 직면하는 오늘, 우리도 동일하거나 유사한 도전에 직면하고 있음을 부인할 수 없다.
이 시대를 살아가는 복음적 그리스도인들은 복잡다단한 문화적 상황을 진단하고 다양한 이슈들에 대한 성경적 해답을 찾아내야 하는 마음의 짐을 함께 짊어지고 있다.
이런 시대적 정황에서 우리는 다시 질문을 던진다.
좋은 믿음, 좋은 삶이란 도대체 무엇일까?
두 저자는 이런 질문에 대해 시의적절하고 설득력 있는 대안을 제시한다.
문화를 매개로 복음을 전하고자 하는 모든 그리스도인들, 문화적 변천의 한 가운데서 삶의 효용성을 드러내고자 하는 이들, 시대에 뒤떨어지지 않으면서도 시대를 바꾸는 꿈을 꾸는 모든 이들과 목회 지도자와 평신도 지도자들에게 이 책을 천거하고 싶다.

김선일
웨스트민스터신학대학원대학교 실천신학 교수

현재 한국 교회는 전례 없는 도전 속에 있다. 다원주의 사조가 사회 전반에 걸쳐 견고한 가치체계로 구축되어 가면서, 전통적 신앙과 윤리가 위협받고 있다. 대표적으로 동성애와 무슬림 논쟁은 한국 사회에서 기독교를 가장 강고한 반대진영으로 인식케 하였다. 자유분방한 성이 용인되는 시대에 기독교는 해묵은 성적 엄숙주의를 미련스레 고수하는 집단으로 비쳐진다. 이러한 스탠스를 취하는 데에는 충분히 역사적이고 복음적인 이유가 있다.

하지만, 진리를 검증하고 고수하며 진리의 보안관이 되는 것만이 교회의 사명은 아니다. 이웃을 사랑하고, 복음의 증인이 되어야 한다. 사랑 안에서 온유하게 진리를 나눠야 한다. 이 책은 도덕과 진리가 혼탁해지는 시대에 기독교 신앙의 '중심(복음)은 견고하게 가장자리(태도)는 유연하게' 제시하는 법을 알려준다. 저자 중 데이비드 키네먼은 미국의 사회문화와 종교와의 관계에 관한 포괄적이고 심층적인 분석으로 영향력을 끼치는 바나연구소의 대표이며, 게이브 라이언스는 현대 사회에서 역사적 기독교의 매력을 제시하는 강연 기관인 Q의 설립자다. 정통 기독교를 쓸어버릴 듯 덤벼드는 세속적 다원주의의 높고 거친 물결 앞에서 저자들은 마치 고공파도타기를 할 수 있는 길로 우리를 초대한다. 단순히 세속 풍조 가운데 기독교 신앙을 보호하는 궁여지책이 아니라, 세상과 인간을 따뜻하게 품고 복음으로 치료할 수 있는 도량이 느껴진다. 그런 측면에서 이 책은 낯선 사상과 낯선 사람들에 대해서 너무도 경직되어 있고, 너무도 호전적이기만 한 한국 교회에 당당하고 온유한 지혜를 가르쳐준다. 아마도, 아니 분명히, 한국 교회가 듣고 품어야 할 시급한 처방이다. 그렇다고 저자들은 세속적 다원주의의 양상과 가볍게 타협하지 않는다. 동성혼 합법화와 가벼운 성문화에서 기독교 신앙의 본질을 신실하게 지키려면 분명히 고난과 투쟁을 예견해야 함을 저자들은 인지한다.

저자들이 제시하는 방식은 공적인 다원주의 체제를 존중하고 인간에 대한 이해와 공감을 견지하면서도, 진리를 온유하게 제시해야 하는 신실한 제자도의 구현이다. 이는 어렵지만 반드시 필요한 분별력이다. 이 분별력이 좋은 신앙의 필수적인 기초가 된다. 오늘날 좋은 신앙의 해석과 회복은 한국 교회와 선교에 가장 시급한 과제이기에, 그리고 이 책이 더할나위없이 좋은 지침이 되리라고 확신하기에 격하게 추천한다.

아마도 이 책의 문장들이 페이스북에 포스팅 되었다면 나는 모든 문장들에 일등으로 '좋아요'를 눌렀을 것이다.

팀 켈러 Tim Keller
리디머 장로교회 목사, 「팀 켈러의 센터처치」 「팀 켈러의 내가 만든 신」 저자

「좋은 신앙」은 오늘의 공공 광장에서 그리스도인으로 살아가는 길을 보여 주는 지혜롭고 접근하기 쉬운 지침서다. 교회의 사명과 삶을 재고해야 한다는 목소리가 나온 지 한 세대 가까이 되었지만, 그간의 논의가 막연한 이론에 가까웠다면, 데이비드와 게이브의 책은 실제적이고, 견실한 토론을 거친 현실적인 대안을 담고 있다.

앤 보스캠프 Ann Voskamp
「나의 감사연습, 하나님의 임재연습」 「난 더 이상 상처에 속지 않는다」 저자

풍경이 바뀔 때면 참신하고 의미 있으며 사려 깊은 진로를 제시할 개척지를 찾는 법이다. 키네먼과 라이언스는 그런 면에서 탁월하다. 치밀한 연구와 설득력 있는 겸손, 강력한 접근방식을 고루 갖춘 「좋은 신앙」은 사고를 자극하는 획기적인 책이다. 말 그대로 겸손하고 매력 있는 공동선을 증진하게 해 줄 책이다. 생각이 깊은 사람이라면 누구나 간절히 고대해 왔을 요긴한 필독서다.

로드 드레어 Rod Dreher
언론인, *The Benedict Option* 저자

　많은 그리스도인들이 시대의 징후를 보며 두려움과 혼란을 느끼지만 데이비드 키네먼과 게이브 라이언스는 다르다. 그들은 앞으로의 신흥 질서를 헤쳐 나갈 믿을 만한 길잡이다. 나쁜 소식으로 가득한 급박한 현실을 부정하지도 않고 '기쁜 소식'의 근본적 소망을 경시하지도 않기 때문이다. 맹목적 낙관론과 극단적 비관론의 내러티브는 다 기분만 채워 줄 뿐 잘못된 것이지만, 「좋은 신앙」은 이에 맞서는 불굴의 현실주의가 돋보인다. 이 예언자적 책의 감화를 통해 포로로서 충실하게 살아가는 법에 대한 나 자신의 가정을 재고할 수 있었다.

프랜시스 챈 Francis Chan
목사, 교사, 「부부 제자도」, 「크레이지 러브」 저자

　내가 참 좋아하는 책이다. 그리스도인이 굳이 세상에 동조하지 않아도 살아남을 수 있음을 시의적절하게 일깨워 준다. 깊은 확신을 품은 우리를 격려하여, 위축되지 않고 지혜와 사랑으로 담대히 진리를 말하게 해 준다. 철저히 예수를 따르는 이들도 시의성을 잃지 않을 수 있다.

짐 데일리 Jim Daly
포커스 온 더 패밀리(Focus on the Family) 대표

데이비드 키네먼과 게이브 라이언스는 그리스도인들에게 닥쳐오는 각종 도전을 깊이 이해할 뿐 아니라 탄탄한 연구로 이를 뒷받침한다. 원칙을 타협하지 않으면서 참으로 이웃을 사랑하고 싶다면 이 책이 제격이다.

마크 배터슨 Mark Batterson
<뉴욕 타임스> 선정 베스트셀러 「서클 메이커」「기도의 원 그리기」 저자

목사들은 새로운 문화 현실의 위력을 절감하고 있다. 어떻게 대응할 것인가? 어떻게 교인들을 무장시켜 이에 반응하게 할 것인가? 키네먼과 라이언스는 냉철하게 문화 참여의 연장통을 내놓아 지도자들 스스로도 활용하고 교회에도 전수할 수 있게 한다. 모든 목사와 리더십 팀이 꼭 읽어야 할 책이다.

크리스틴 케인 Christine Caine
저자, A21캠페인 설립자

「좋은 신앙」은 교회를 향한 예언자적 목소리로 우리의 실태를 진단하고 강력한 치료법을 처방한다. 자아에 충성하는 문화 속에서 하나님의 백성은 성령 충만한 충실함을 실천해야 하는데, 이 책은 그 실천의 든든한 길잡이다.

새뮤얼 로드리게스 Samuel Rodriguez
목사, 전국 히스패닉 기독교 리더십 총회 감독

우리는 구원을 전할 주역이며, 하나님 나라를 증명하는 성경적 기준은 우리의 말이 아니라 행동이다. 우리가 구원받은 것은 세상을 구원하기 위해서다. 「좋은 신앙」은 그리스도를 은혜와 사랑으로 전하는 데 필요한 여러 도구로 우리를 무장시켜 준다.

코리 로버트슨 Korie Robertson
"덕 다이너스티" 출연자

오늘의 세상에서 우리의 신앙을 실천하되 하나님의 말씀에 충실하면서 문화적 시의성도 잃지 않으려면 어떻게 해야 할까? 어떻게 하면 사람들을 하나님으로부터 멀어지게 하는 게 아니라 그분께로 돌아오게 할 수 있을까? 윌리와 내가 날마다 씨름하는 까다로운 질문이다. 그리스도인이라면 누구나 똑같이 자문해야 한다. 하나님은 우리를 세상의 빛과 소금으로 부르셨고 세상에 살되 세상에 속하지 않게 하셨다. 「좋은 신앙」은 그 방법을 담대하게 사랑으로 제시한 책이다. 모든 그리스도인이 읽어야 할 중요한 책이다.

더윈 그레이 Derwin Gray
Transformation Church 목사, *The HD Leader* 저자

우리 문화는 예수를 따르는 이들을 점점 덜 우호적으로 대하고 있다. 「좋은 신앙」은 이런 변화하는 문화 속에서 용기와 지성과 사랑으로 충실하게 살아가도록 당신을 무장시켜 줄 것이다.

배닝 리브셔 Banning Liebscher
Jesus Culture 설립 목사

모든 그리스도인의 내면 깊은 곳에는 주변 세상에 영향을 미치고픈 갈망이 있다. 그런데 그 갈망과 실제 영향력 사이에 큰 괴리가 존재할 때가 너무 많다. 신앙을 극구 배척하는 문화 속에서 그리스도인들은 무력감이 들 수 있다. 그동안 교회는 문화 참여에 대한 거짓말을 믿었고, 우리는 기독교 공동체 속으로 물러나 영향력을 잃었다. 「좋은 신앙」은 그 무력감을 봉쇄하며 우리에게 후퇴가 아닌 참여를 촉구하는, 바로 지금 꼭 필요한 책이다. 게이브 라이언스와 데이비드 키네먼은 그리스도인들에게 신앙으로 사회를 더 좋게 만들 것을 촉구하면서, 더 중요하게 우리를 용기와 소망 가운데서 행하도록 무장시켜 준다.

짐 헨더슨 Jim Henderson
Jim Henderson Presents

자신의 가치와 격동적인 세상에서 소통하는 법에 혼란스러워하는 젊은 그리스도인들에게 최고의 유익을 선사할 것이다. 많은 온건한 보수 그리스도인들에게 좋은 신앙을 새로운 방식으로 실천할 성경적 근거를 제시한다.

마크 A. 야하우스 Mark A. Yarhouse
심리학박사, 리젠트 대학교 심리학 교수

어떤 그리스도인들은 믿음은 강한데 세상 가운데 그리스도인의 대표로 내놓을 만하지 못하다. 반대로 예의는 아주 깍듯한데 도대체 무엇을 믿는지 모르겠는 그리스도인도 많다. 「좋은 신앙」에는 급변하는 문화 속에서 신앙대로 살아가는 데 필요한 여러 실제적 도구가 들어 있다.

토드 헌터 Todd Hunter
박사, Churches for the Sake of Others 설립 주교, 성삼위일체 성공회교회 설립 목사

이 책은 그리스도인들이 따라야 할 리더십 강령이다. 그리스도인과 비그리스도인 사이의 서투른 대화를 적나라하게 드러내 준다. 그래서 「좋은 신앙」은 신앙에 대한 더 나은 대화를 원하는 목사와 학생, 평범한 그리스도인이 꼭 읽어야 할 책이다.

리처드 스턴스 Richard Stearns
월드비전 미국 대표, 「구멍 난 복음」 「끝나지 않은 복음」 저자

예수의 첫 제자들은 세상을 변화시킬 사명에 불탔고 문화를 변혁했다. 게이브 라이언스와 데이비드 키네먼은 그리스도인들이 당면한 도전을 정확히 짚어내는 한편, 주어진 능력을 인식하고 다시금 불을 붙여 세상을 변화시키도록 우리를 독려한다.

제니 앨런 Jennie Allen
IF: Gathering 설립자, *Restless*, 「온전한 포기」 저자

온갖 이슈들이 교회를 분열시키려고 위협하는 이때에 우리는 지혜와 진리를 고수하면서도 아낌없이 은혜로 사랑해야 한다. 어느 세대를 막론하고 그런 긴장 속에 살아가기란 쉬운 일이 아니다. 교회를 위해 그 길을 선도하는 게이브와 데이비드의 도움으로 우리도 새로운 땅을 충실하게 헤쳐 나갈 수 있다.

CONTENTS

추천의 글 __006

1
진단
우리 시대 이해하기

1 나쁜 신앙, 좋은 신앙 __021
2 시의성이 없다 __037
3 극단적이다 __053
4 우리가 느끼는 긴장과 그 이유 __065

2
이슈
좋은 신앙, 삶으로 실천하기

5 사랑하고, 믿고, 살아가라 __087
6 올바른 질문 던지기 __101
7 누가 이끌 것인가? __117
8 동화인가, 공존인가? __135
9 성혁명 이후 __149
10 결혼, 가정, 우정 __159
11 생명, 죽음, 장애 __173
12 인종과 편견 __187
13 동성애에 대한 대화 __203
14 친밀함 없이는 살 수 없다 __219
15 신실함을 지키는 5가지 길 __241

3

미래

교회,
그리고
우리의 미래

16 중심은 견고하게 가장자리는 유연하게 __265

17 새로운 세상 속의 교회 __283

18 충실한 포로 생활 __305

감사의 말 __317

주 __320

용어 설명 __339

사용된 연구 자료 __341

진단

우리 시대 이해하기

1

나쁜 신앙,
좋은 신앙

01

극단주의자. 요즘 세상에서 이 단어는 매우 공격적인 모욕의 뜻을 담고 있다. 점잖은 좌중에서 이 단어를 뽑아드는 순간 그 대상자는 총기를 휘두르는 IS 무장단체, 프랑스 파리의 폭파범, 보코하람 유괴범 등과 동급이 된다.

당신이 헌신된 기독교인이라면, 보는 사람들의 눈에 따라 이 극난주의자라는 호칭은 바로 당신에게 해당한다.

예수를 통해서만 천국에 갈 수 있다고 믿는가? 그렇다면 당신은 극단주의자다. 모르는 사람을 위해 기도한 적이 있는가? 그렇다면 당신은 극단주의자다. 결혼이 본래 한 남자와 한 여자 사이의 연합이라 믿는가? 그렇다면 당신은 극단주의자다. 수입이 좋은 직장을 포기하고라도 선교 사역을 할 마음이 있는가? 그렇다면 당신은 극단주의자다.

비신자와 심지어 생면부지의 사람에게도 예수를 전할 책임이 기독교인들에게 있다고 믿는가? 그렇다면 당신은 극단주의자다.[1]

신앙의 공적인 실천을 점점 더 어렵게 만드는 것들이 있다. 종교에서 가장 큰 죄로 여기는 것들에 대한 반감, 공적인 삶에서 종교를 몰아내려는 정치 풍조, 무신론의 대중적 발흥, 사람들이 양극화된 관점을 받아들이는 폭이 넓어진 것 등이 그것이다.

많은 신앙인이 종교 공동체 바깥에서 자신의 신념을 삶으로 실천하는 것이 어려워지고 있다. 마치 어떤 세력들이 종교를 주변으로 밀어내고 있는 것 같다. 사실 많은 이들에게 신앙은 시의성이 없거나 아예 나쁜 소식이다. 금세기의 한 베스트셀러 서적에는 "종교가 모든 것을 죽인다"라는 부제까지 붙어 있다.[2]

많은 기독교인—타종교의 전통을 지닌 신자들도 마찬가지다—이 압도당하고 주변으로 밀려나며 제대로 이해받지 못한다고 느낀다. 그들은 무조건 편협하고 비판적이고 위선적인 존재로 매도당하는 기분이다. 많은 신자들이 느끼기에 사회는 신앙 전반과 특히 기독교에 적대적이다.

이는 비단 느낌만의 문제가 아니다. 대학생 나이의 성인 중 3분의 1은 종교에 전혀 관심이 없다. 기독교인 청년의 59%는 20대에 교회를 떠난다. 문화적으로 반대편의 압승처럼 보인다. 그 반대편이 누구든 말이다.

그래서 이 책의 취지는 다음과 같은 질문들을 탐색하는 것이다.

◆ 기독교인을 시의성 없고 극단적인 존재로 보는 이때 신앙인들의

미래는 어떠할 것인가?
- ◆ 신앙이 사회의 선을 이루는 동력이 될 수 있는 방법은 무엇인가?
- ◆ 세상은 갈수록 더 종교를 나쁘게 보는데 신앙인들은 그런 세상에 어떻게 기여할 수 있겠는가?

신실함은 극단주의가 아니다

문화적 추세가 우리 마음에 들든 그렇지 않든 우리는 현실을 파악하고 전진의 길을 모색해야 한다. 모든 종교적 전통을 지닌 사람들—세속주의자까지도—은 현실의 본질에 대해, 그리고 인간이 그 안에서 어떻게 살아야 하는가에 관해 주장하는 바가 있다. 그리고 대개 자기 종교(또는 무종교)의 현실관이 옳다고 믿는다. 그것도 '내게만 옳은' 게 아니라 세상 모든 인간에게 옳다고 믿는다. 예컨대 실천하는 기독교인 열 명 중 여덟 명은 성경에 나오는 도덕적 진리들이 예외 없이 모든 인간에게 적용된다는 데 의견을 같이한다.[3]

그런데 이를 못마땅하게 여기는 사람들이 있다. 그들이 믿기로 종교란 사생활, 가정, 예배 처소 등의 영역으로 예외 없이 한정되어야 한다.[4] 그들의 주장에 따르면 '진짜' 삶은 실험실과 시장과 회의실과 시청에서 벌어진다. 영성과 기타 애매하고 비가시적인 문제의 중요성은 '진짜' 삶에 대해 주변적일 뿐이라고 그들은 확신한다. 그런 관점이 우리 문화에 널리 퍼지고 있다.

◆ 미국인 다섯 명 중 둘 이상은 '신앙인'(42%)과 '종교'(46%)를 오늘날 자국에 벌어지는 문제의 일부로 여긴다. 종교인이 문제 해결에 일조할 수 있다는 개념을 그들은 거부한다.[5]

◆ 실천하는 기독교인 열 명 중 여덟 이상은 전통적인 기독교 가치관을 사회에서 몰아내려는 일부 집단의 적극적인 시도 때문에 종교의 자유가 더 위축됐다고 응답했다.

◆ 나아가 성직자에 대한 대중의 시각도 바뀌었다. 50년 전까지만 해도 성직자들은 흔히 우리 사회의 가장 중요한 지도층으로 간주되었고, 다양한 분야의 문제에서 지혜의 출처로 신뢰받았다. 그러나 현재 대중이 목사와 신부, 기타 신앙 지도자를 존중하는 정도는 현저히 떨어졌다. 오늘 우리 시대의 주요 현안들에 대한 지혜와 통찰을 성직자들에게서 얻을 수 있다고 믿는 사람은 성인 중 5분의 1에 불과하다.

종교적 헌신을 공적으로 표현하는 것에 대한 세간의 태도가 어떻게 변했는지도 생각해 보라. 서구 문화가 세속화되면서 무종교 인구가 늘다 보니 신앙인들-기독교, 유대교, 이슬람교, 기타 많은 종교의 신자들-이 매일 실천하는 많은 경건 행위를 부적절하게 여기는 부류도 계속 늘고 있다.

다시 말해서 강경 노선과 굳센 확신을 회의적으로 보는 사람들이 전보다 많아졌다. 그들은 힘들게 평화를 얻어내기보다 차라리 희석된 관용을 선호한다. 신세대는 무엇이든 경건의 냄새가 난다 싶으면 무조건

의심부터 하고 본다. 그들에게 종교적 신념에 가득 찬 삶이란 문화나 직관에 반할 뿐 아니라 위험하고 해롭기까지 하다. 당신의 자녀도 당신과 똑같은 확신을 품도록 기른다면 그 사람들이 보기에 당신은 극단주의자 정도가 아니라 범죄자일 수도 있다.[6]

그러나 좋은 신앙의 사람들이 주장하는 바에 따르면 모든 사고와 말과 행동은 본래 신앙의 저울에 달아 보게 되어 있고, 삶을 바라보는 기본 렌즈는 신앙이어야 하며, 과학과 무역과 기업과 정치와 기타 모든 분야의 인간사는 명백한 신학적 관점에서 접근해야 최고의 상태에 이를 수 있다.

그렇다면 오늘의 기독교인들에게는 그것이 어떤 의미일까?

넓게 말해서 신학적 접근의 주장에 따르면 하나님은 삶의 주변이 아니라 중심이다. 신앙에 함축된 의미는 삶 전체에 미치는 것이지 일주일에 한두 시간 뜻 맞는 신자들끼리 모여서 예배하고 기도할 때로만 국한되는 게 아니다.

우리 신자들은 신앙이란 제대로만 하면 좋은 것이라고 역설한다. 신앙은 성도뿐 아니라 비신자에게도 유익하다. 잘 살아내고 일관되게 실천한다면 좋은 신앙이야말로 우리 이웃들과 사회 전반에 최고의 희망이 될 수 있다.

이 책의 취지는 좋은 신앙의 정당성을 입증하는 데 있다. 기독교는 역사상 무수히 많은 시기에 용케 소수 종교로 살아남고 번성했으며, 지금도 전 세계의 많은 지역에서 똑같이 하고 있다. 그러므로 성경적 신앙을 고수하는 일이 가치 있고 중대할 뿐 아니라 얼마든지 가능하다는 확신을 당신도 얻게 되기를 바란다. 기독교인들이 기독교에 오점을 더하긴 하지만, 그래도 기독교를 잘 실천하면 사람들이 형통하고 공동체가 번성하는 데 도움이 된다. 기독교인들이 어떻게 주변 사람들을 위하여, 그리고 그들과 더불어 선을 행할 수 있는지 지금부터 함께 알아보고자 한다. 그렇게 선을 행하는 노력이 처음에는 혹 환영받지 못할지라도 말이다.

좋은 신앙은 당신을 현명하고 용감해지도록 그리고 변화하는 문화 속에서 충실하게 살아가도록 준비시켜 줄 것이다. 물론 우리 문화는 이제 신앙에 별로 우호적이지 않다.

오늘의 북미와 같은 다양한 다원주의 문화들은 기껏해야 신앙인에게 무관심한 정도다. 가장 미온적이고 눈에 거슬리지 않는 형태의 종교적 표현만 용인할 뿐이다. 최악의 상황에 그런 문화들은 종교적 실천과 신념을 노골적으로 대적한다(최근의 한 논평란에는 종교가 '미신적 의식(儀式)'이자 '웃기는 억지 주장'이라고 표현되었다).[7] 이 책은 신앙과 문화 전반의 복잡한 교차점에 해당하는 주제를 다룬다. 성과 성의식, 정치, 인종, 종교와 공적인 삶, 도덕과 가치관 등 그밖에도 많다. 좋은 신앙을 논하려면 그런 전체를 함께 보아야 한다.

힘들어진 대화

장소는 엘리베이터 안이었다. 거기는 어색한 대화를 피할 수 없는 곳이다. 당시 나는 런던의 번화가에 있었다. 같은 호텔 투숙객이 물었다. "무슨 행사로 오셨나요?"

"교회 지도자들의 모임입니다. 기독교인들이 서로 듣고 배우려고 전 세계에서 모인 거지요."

나의 설명에 그는 잘난 체하며 대답했다. "당신네 기독교 집회에 대해 나한테 좋은 생각이 하나 있습니다. 런던보다 덜 비싼 곳에서 모이고 그렇게 해서 아낀 돈을 가난한 사람들한테 주면 어떨까요?"

"음, 여기서 모이는 데는 많은 이유가 있습니다. 집회를 주최한 교회가 이 동네에 있는데 그 교회에 자원봉사자도 많고 무료로 모일 장소도 많이 있거든요. 그러니까 웬만한 다른 데보다 여기서 모이는 게 사실은 비용이 덜 드는 거지요."

중년의 회의론자는 그래도 못마땅하다는 듯 일행과 함께 4층에서 엘리베이터를 내리며 중얼거렸다. "어쨌든 말이 안 되잖아요!"

나는 닫히는 문을 향해 말했다.

"원하신다면 더 대화를 나눌 용의가…."

상대가 당신의 말을 끝까지 듣지 않을 때 정말 싫지 않은가?

이튿날 아침 호텔에서 뷔페식 식사를 하는데 그 사람이 바로 한 탁자 건너에 앉아 있었다. 모험인 줄 알면서 최대한 친절하게 말을 걸었다. "안녕하세요."

그는 나를 또 봐서 놀라는가 싶더니 약간 귀찮아했다. 그러다 불퉁거리며 대꾸를 하고는 전날 밤에 끊겼던 말을 도로 꺼냈다. "내 질문의 답이 나왔나요? 당신네는 왜 여기서 돈을 낭비하는 겁니까?"

'정말 집요한 사람이구나' 하는 생각이 들었다. "어제도 조금 설명해 드렸다시피 그럴 만한 이유가 많이 있습니다. 우선…."

본론에 들어가기도 전에 그가 내 말을 툭 잘랐다. "그럴 만한 이유야 하나뿐이겠지요. 돈을 낭비하면 못 씁니다. 당신네는 우선순위가 엉망이에요!" 그때부터 그는 일부러 자기 접시의 계란과 콩과 토마토와 베이컨에서 눈을 떼지 않았다.

대화는 그것으로 끝이었다. 몇 분 만에 그는 소지품을 챙겨 자리를 떴다.

◆ ◆ ◆

요즘은 좋은 대화를 나누기가 힘들어졌다. 신앙에 관한 대화는 특히 더하다. 두 사람의 의견이 상당히 일치할 때도 진솔한 소통은 아득해 보인다. 차이를 뛰어넘어 친구가 되는 것은 힘들고, 좋은 대화를 가꾸는 일은 험한 오르막길이다. 좋은 대화가 이루어지려면 잘 귀담아듣고, 생각과 감정으로 동참하고, 내가 틀렸을 가능성에 마음을 열고, 상황을 상대의 처지에서 보며 공감해야 한다.

여기에 진정한 견해 차이─종교적 관점이나 세계관의 깊은 간극─가 더해지면 좋은 대화는 멀리 달아나고 만다. 의견이 다른 사람끼리 동성혼 같은─무엇이든 조금이라도 논란이 되는─주제로 대화를 시도해 보라. 금방 감정의 열기가 달아오를 것이다. 때에 따라 상대가 다른 언어로 말하거나, 나의 관점을 일부러 오판하거나, 양쪽 다 서로를 최악으로 단정하는 것처럼 느껴진다. 서로 경청하고 이해하고 존중한다고 느껴져야 할 좋은 대화는 그래서 방어와 비방, 비난, 반감, 심지어 증오로 전락한다. 갈등 관계에 화해를 이루려면 좋은 대화가 최고의 희망인데 이제 그런 대화는 멸종 위기에 처해 있다.

연구 결과를 보면 의미 있는 대화를 나누는 것이 점점 힘들어지고 있다. 개인 차원에서만 그런 것이 아니라 사회적으로도 그렇다. 오늘날 좋은 대화를 찾아보기가 이토록 힘든 이유는 무엇인가?

첫째로, 친절함만으로는 부족하다. 신념과 도덕과 신앙에 관한 대화에서 기독교인들은 흔히 매력과 참여의 중요성을 강조해 왔다. 배후 동기야 옳지만, 이는 기독교인이 사안에 대해 정말 친절할 수만 있다면 사람들이 최소한 존중은 해 줄 것이라는 개념이다.

그러나 기독교인이 매력을 풍기는 것만으로는 충분하지 않다는 게 우리의 논지다. 물론 매력은 나쁜 게 아니라 좋은 것이다. 하지만 친절함을 우리의 최종 목표로 삼으면 우리가 사람들의 삶을 변화시키고 있다는 착각에 빠질 수 있다. 게다가 이 책을 위해 따로 시행한 연구를 보면 알겠지만, 기독교인들이 믿는 기본 개념들은 다분히 시의성이 떨어지고 극단적인 것으로 간주되고 있다. 기독교인들이 미쳤다는 이런 인식은 우리의 친절함으로 극복되지 않는다.

기독교계가 완전히 시대에 어긋나 있다고 생각하는 사람들이 점점 많아지고 있다. 신자들이 자신의 신념을 아무리 친절하게 우호적으로 제시해도 큰 차이는 없을 것이다. 많은 이들의 마음에 기독교의 개념들은 이상하다고 이미 정해져 있다. 그런 사람들이 혹시 재미 삼아 들을지는 몰라도, 기독교인들이 그들을 상대로 진정한 이해의 돌파구를 열게 될 가망은 별로 없다.

그렇다고 덜 친절해도 된다는 말은 아니다. 천만의 말이다. 강조하고 싶은 것은 "세상 안에 있되 세상에 속하지 않은" 우리 기독교인들의 존재 양식을 상기해야 한다는 것이다. 이 책이 그 전진로를 보여 주는 지도가 되었으면 좋겠다.

갈등을 겪느니 차라리 주변 사람들에게 동조하려는 기독교인이 우려스러울 정도로 많다. 이런 관점에 따르면 사람들이나 그들의 결정과 생활방식을 비판하는 것은 언제고 옳지 못하다.[8] 많은 기독교인이 이런 가치관을 별생각 없이 받아들인 채 자신의 신념을 속에만 묻어 두고 있다. 그렇게 기독교인이 자신의 가장 깊은 신념을 꼭꼭 숨겨 두면 그 신념이 진정한 대화에 영향을 미치지 못한다. 물론 우리 시대는 복합적이며 인간관계도 복잡하다. 하지만 그렇다고 해서 현실을 더 명확히 보고 소통하려는 노력을 접어야 하는 것은 아니다. 무엇이 최고인가에 대해 합의에 이르기는 어렵지만, 갈등을 피하려고 대화에서 빠진다면 아무에게도 도움이 되지 않는다.

둘째로, 인간 집단들 사이의 간극이 더 커지고 있다. 그런 균열이 늘 있긴 했지만, SNS와 연중무휴의 케이블 뉴스를 통해 더 넓어졌다. 빈부, 인종, 성별, 신앙 집단, 정당 등의 사이가 크게 벌어져 있다. 세대, 성별, 사회경제, 인종, 신앙, 정치 등이 우리를 갈라놓고 있다. 비근한 예로 인디애나 주와 켄터키 주에서 각각 종교자유법과 혼인신고서를 둘러싸고 점화되었던 광란을 보라. 폭력으로 비화한 퍼거슨과 볼티모어의 시위를 생각해 보라. 심지어 기독교계 **내에서도** 첨예한 균열들이 우리를 다양한 '부족(部族)'들로 갈라놓고 있다.

요컨대 우리 사회의 많은 구조-사회와 개개인을 온전하고 건강하게 유지해 주는 각종 제도와 질서-가 해체되고 있다.[9]

셋째로, 페이스북과 트위터, 스냅챗, 인스타그램 같은 디지털 도구의 모든 놀라운 유익에도 불구하고, 간극을 잇는 일이 SNS 때문에 더 쉬워지는 게 아니라 어려워질 수 있다. 디지털 혁명은 정말 신기한 선물을 가져다주었지만, SNS의 역기능은 우리의 차이를 심화시킬 수 있다. 그러면 중요한 대화가 더 힘들어진다. SNS 때문에 사람들의 참모습을 보기가 더 어려워질 수 있다. SNS에서 쉽게 찾을 수 있는 작은 파벌은 내가 믿는 무모한 내용을 이미 확신하고 있는 사람들이다. 즉 나의 사상을 늘 성역으로 인정해 주고 결코 이의를 제기하지 않는 목소리들만 선택하기가 훨씬 쉽다. 게다가 가장 건전한 사상가들과 지도자들 중 다수는 일부러 그런 난타전에 아예 가담하지 않는다. 사람들이 "좋아요"를 누르고 공유하고 퍼 나르는 내용일수록 이성적인 목소리들이 아니라 시끄럽고 극단적인 목소리들이라는 뜻이다.

당신은 우리의 차이에 대한 긴장하고 효과적인 대화의 역량이 SNS 때문에 어떻게 달라졌다고 보는가?

바나의 연구에 따르면 대부분의 사람들이 디지털 도구가 의미 있는 대화와 깊은 소통을 더 어렵게 만들었다고 믿는다. 성인의 61%는 SNS 때문에 사람들의 사회성이 떨어졌고 깊은 우정과 굳센 소신을 유지하는 능력도 줄었다고 보았다. 그뿐 아니라 10년 전에 비해 외롭다고 답하는 미국인의 비율이 두 배나 높아졌다.

SNS가 늘 우리의 관계를 더 풍성하게 해 주는 것은 아니다.

개인이든 집단이든 어떻게 하면 중요한 문제들로 서로 대화할 수 있을까? 어떻게 하면 용감하게 믿고 확신하면서도 사회적, 영적 유대감을 회복할 수 있을까?

이 책의 취지는 새로운 문화 현실 속에서 충실하게 살아가야 할 도전을 현실적으로 직시하는 데 있고, 나아가 거기에 효과적으로 대응하도록 신앙 공동체—개인과 집단 모두—를 돕는 데 있다.

시대 진단_ 집필 배경과 비전

우리 둘은 이전에 「나쁜 그리스도인」(살림)이라는 책을 공저했다. 2007년에 출간된 그 책은 북미 교회를 '외부인의 관점'으로 보면서, 기독교인 개개인과 교회 공동체들에 젊은 비신자들의 비판을 진지하게 생각할 것을 도전했다. 그 뒤로 거의 10년이 흘렀는데 그동안 수많은 지역 교회가 그 도전을 수용해 자신들이 신앙을 실천하고 소통하는 방식을 겸허히 성찰했다. 젊은 층의 태도에 대한 인식이 깊어지면서 그 교회들은 정치, 성의식, 사회 문제, 대중문화 등의 주제로 대화하는 법과 예수를 따르는 데 요구되는 삶을 기술하는 법에서도 더 현명해졌다.

이번에 「좋은 신앙」을 다시 공저하기로 한 것은 기독교인들이 참신하고 설득력 있는 방식으로 오늘의 문화를 선도할 절호의 기회들이 보이기 때문이다. 물론 도전도 많이 있으며 당신에게 냉엄한 현실을 제시하는 게 우리의 의무다. 하지만 희망도 곁들일 것이다. 만만찮은 문화적 정황 앞에서 우리는 하나님의 백성이 능히 시대를 이해하고 잘 대응할 수 있다는 뿌리 깊은 희망이 있다(대상 12:32 참조).

이 책의 지형을 그리고자 바나 그룹은 수천 명의 미국 성인들과 1,000명 이상의 신앙 지도자들을 인터뷰했다. 거기에는 개신교 목사와 천주교 신부는 물론이고 유대교, 이슬람교, 모르몬교, 기타 종교의 성직자도 포함된다. 문화적 풍경의 실태를 정확히 파악할 목표로, 특히 신앙 공동체와 주변 문화가 서로 마찰을 느끼는 분야들에 집중했다.

이 책은 바나의 여러 연구와 그 밖의 자료를 분석하면서 그것이 현재와 미래에 우리의 신앙을 실천하고 살아내는 방식에 미치는 의미를 탐색한 결과를 담고 있다. 이 모든 새로운 작업을 통해 기독교인에 대한 두 가지 인식이 우리 문화를 지배하고 있음이 밝혀졌다.

그에 따르면 우리 기독교인들은 **시의성이 없고 극단적이다.**

시의성이 없다는 인식은 주로 종교 전반과 특히 기독교를 향한 만연한 냉담함으로 나타난다. 이전의 책에서 우리는 기독교를 향한 비기독교인 젊은 층의 반감을 주로 다루었고, 그들의 인식에 어느 정도 일리가 있다는 점도 인정했다. 그러나 여기 어쩌면 그보다 더 중대한 도전이 있다. 기독교가 중요하다는 사실과 자신에게도 중요할 수 있음을 전혀 모르는 성인들과 특히 청년들이 증가하고 있다. 나아가 그들은 기독교인들이 세상에 어떻게 선을 창출하고 있는지도 잘 모른다.

극단적이라는 인식은 오늘의 기독교인이 넘어야 할 두 번째로 큰 걸

림돌이다. 물론 극단주의라 불려 마땅한 아주 악한 일들도 많이 있으며 당연히 사회는 이를 막아야 한다. 그러나 일부 종교적 신념과 실천이 극단주의로 치부되는 것은 그것이 폭력적이어서가 아니라 단순히 다르기 때문이다. 기독교인들은 어떻게 이런 거친 바다를 항해하며 자기와는 관점이 다른 사람들과 대화할 것인가?

이 책의 연구 과정에서 의심의 여지 없이 확인된 사실이 있다. 주변 세상은 변하고 있으며 인간이 충실하게 살아가기는 더 어려워졌다. 누구를 믿을 것이며 과연 성경을 믿을 수 있는가에 대해 의구심이 있고, 때로는 이런 단층선이 기독교인들과 교회들을 갈라놓기도 한다. 그러나 힘들여 이 책을 쓰는 동안 우리 안에는 그간 상대한 기독교인들과 교회들과 신앙 기관들을 향한 감탄과 사랑이 싹텄다. 그리스도를 따르는 우리 모두에게 세상을 향한 기독교의 향후 10년의 증언을 함께 빚어낼 놀라운 기회가 주어져 있다. 저자이자 지도자이며 남편이자 아버지로서 우리는 이 미치고 복잡한 문화 속에서 예수와 그분을 따르는 이들로 더불어 이 사명에 임하는 것이 한없는 영광임을 안다!

그래도 많은 기독교인이 겪는 긴장이 점증하고 있는 만큼 우리 둘은 다시 힘을 합할 당위성을 느꼈다. 이 책은 낯선 땅에 발 디딜 곳을 찾도록 기독교인 형제자매들을 돕기 위한 것이다. 그 목표를 달성하고자 가용 자원을 모두 동원했다. 사회 연구를 새롭게 시행했고, 다양한 견해의 폭넓은 지도자들과 인터뷰나 대화도 했으며, 각자의 결점 이야기를 비롯해 우리가 힘들게 배운 교훈도 나누었다. 또 신앙 좋은 기독교인의 습관을 분석해 우리도 그들에게서 배워 삶이 성장할 수 있게 했다. 「나쁜 그리스도인」과 마찬가지로 이번에도 비방이나 흠잡기는 삼갔다. 그런 게 무슨 도움이 되겠는가?

이 책에는 사고와 삶의 틀이 제시되며, 변화하는 사회에 대응하는 법에 대한 실제적 제안도 들어 있다. 비록 맞바람이 거셀지라도 이 책을 통해 당신이 새로운 희망과 목적으로 충만해지기를 기도한다.

우리가 믿거니와 예수께서 빚어 주신 생활방식에 헌신하는 사람들은 공동선을 위한 반문화를 창출한다. 그들은 자신을 위해 살지 않고 다른 사람들을 유익하게 하여 하나님께 영광을 돌린다. 우리가 그렇게 하면 우리 문화의 사고를 바꾸어 놓을 수 있다. 그리하여 오는 여러 세대에 복음이 사람들의 마음과 생각을 새롭게 할 수 있다.

그렇다면 오늘의 기독교인들이 당면한 두 가지 부정적 인식부터 자세히 살펴보자.

시의성이 없다

02

　나는 보드게임을 좋아하지 않는다. 영화 관람, 대화, 맛있는 음식 먹기, 흥미로운 독서, 그림 그리기, 목공예 등 다른 많은 활동을 즐기지만, 보드게임은 아니다. 가족을 사랑하기에 가끔 순전히 의지적 행위로 자리에 앉아 게임에 동참할 뿐이다.

　우리 키네민 집안에 그렇지 않은 사람들도 있다. 내 형제 매드(Matt)와 내 아들 잭(Zack)은 보드게임이라면 사족을 못 쓴다. 그들은 여러 웹사이트에 들어가 게임의 순위를 확인한다. 게임에 쓰이는 카드마다 비닐을 입혀 사람들의 손때가 묻지 않게 한다. 나로서는 상상도 못 할 주사위의 조합에 대한 비밀도 그들은 훤히 꿰고 있다. 그야말로 게임광이다.

　작년에 잭과 나는 비행기로 국토를 가로질러 버지니아 주에 살고 있는 매트와 케이트(Kate) 부부, 그 집의 아이들을 방문했다. 2월의 눈과 얼음 때문에 그들의 집은 작고 아늑한 이글루로 변해 있었다. 그래서 단골 보드게임들이 등장했다. 그 며칠의 겨울밤 동안 매트가 우리에게 새로 가르쳐 준 보드게임만 해도 내가 세 본 바로는 **여섯** 가지나 된다.

처음 두 가지는 좋았다. 나도 버티며 규정을 익혔고 즐기기까지 했다.

이틀째 밤 11시에 아이들이 잠자리에 들자 매트는 롤 포 더 갤럭시(Roll for the Galaxy)라는 **또 다른** 게임을 새로 꺼냈다. 정말이지 별의별 색깔의 주사위가 수백 개는 되는 데다 전부 낯설고 이상한 아이콘이 새겨져 있었다.

매트가 게임의 복잡한 규정을 설명하기 시작했다. 잭은 제자처럼 귀를 쫑긋 세우고 삼촌의 교육에 열심히 집중했다. 내 아들은 랍비인 매트 삼촌이 전하는 '게임 복음'을 듣는 귀와 보는 눈이 있었다.

하지만 나는 눈꺼풀이 반쯤 감기고 귀가 먹먹해 왔다. 너무 **졸렸다**. 아마도 행성 제논을 탐사할 실제 우주선에 대해 대화하는 편이 나았을 것이다. 나는 생소한 아이콘들은 고사하고 주사위의 서로 다른 색깔들이 무슨 뜻인지조차 몰랐다. 매트가 게임의 미묘한 차이들을 최대한 쉽게 설명하려 했지만, 나한테는 그의 목소리가 그렇게 자장가로 들려 본 적이 없었다. 나는 사랑하는 형제와 그의 어린 조수의 기분을 (너무) 상하게 하지 않을 변명 거리를 찾아야 했다. 뇌의 작동 부위도 그 답을 찾는 시냅스 뿐이었다.

우리 문화의 많은 사람들에게 기독교가 바로 그렇게 느껴진다.

배경 소음이 되어버린 듯한 기독교

시의성을 잃는 때란 당신과 상대의 관심사가 서로 겹쳐지지 않을 때다. 상대에게는 보드게임이 영혼을 말리는 고문 도구인데도 당신이 좋아하는 그 게임의 기쁨을 상대와 공유하려 할 때다. 상대는 당신의 열정에 감탄할지는 몰라도 자신과는 무관하게 느낀다.

문화 전반에 점증하는 허다한 무리에게 기독교란 **남에게나 중요한 긴 규정의 목록**처럼 느껴진다. 일부는 의무감이나 책임감으로 버텨 보려 한다. 교회에 참여하려고 진심으로 노력하지만, 자기가 사랑하는 이들에게 그것이 중요하기 때문일지도 모른다. 그런 기독교는 오래가지 못한다.

그들은 구원을 탐색하기는커녕 은하계에 도달하려 주사위를 굴리는 일도 없다. 신앙이 자신과 무슨 이유로, 어떤 관계가 있는지도 모른다. 그래서 자리를 뜰 구실을 찾는다.

연구를 통해 우리는 신앙을 배경 소음쯤으로 여기는 이들과 게임에 적극적으로 참여하는 이들을 구분하는 분명한 기준을 정리했다. 후자의 집단은 '실천하는 기독교인'이다. 기독교 신앙이 자신의 삶에 아주 중요하다고 고백하며 적어도 한 달에 한 번은 교회에 나가는 사람들이다. 이들에게는 기독교가 단지 문화적 꼬리표가 아니라 생활방식이다. 미국인 열 명 중 셋은 실천하는 기독교인이다.

그러나 '유전적 기독교인'이라 할 수 있는 수많은 사람에게 기독교란 무시해도 무방한 배경 소음이다. 그들은 한때 기독교인이었던 기억만 남아 있을 뿐 오늘의 삶 속에 신앙을 구사하는 일은 거의 없다. 전에는 활동적인 기독교인이었거나 기독교인으로 자라났지만, 지금은 신앙의 교리와 실천이 풍경의 일부일 뿐 우선순위와 생활방식을 이끄는 빛은 아니다.

이런 사람들–유전적 기독교인 또는 명목상의 기독교인–이 오늘날 미국의 가장 큰 신앙 집단을 이룬다. 미국의 성인 네 명 중 셋은 기독교적 배경이 있으나 미국의 기독교인 다섯 명 중 셋 정도는 대체로 신앙생활을 하지 않는다.

앞의 은유로 돌아가 유전적 기독교인이란 오래전에 게임의 규정을 배운 사람들이지만, 언젠가부터 그 규정이 그들에게는 거의 완전히 시의성을 잃었다고 할 수 있다. 게임에 참여하는 일 자체도 자신과 무관하게 느껴진다. 유전적 기독교인들을 인터뷰하면서 신앙에 우선순위를 두지 않는 이유 또는 신앙 관련의 활동에 참여하지 않는 이유를 물어보면, 그들은 그냥 너무 바쁘거나 다른 데서–예컨대 자연이나 예술에서–신을 발견했다고 말한다. 그들에게 교회는 따분한 곳이고 기독교는 희미한 배경으로 변했다. 남에게나 중요한 생활방식일 뿐이다.

시의성이 얼마나 없는지 따져 보자

대부분의 유전적 기독교인들이 보기에 예수를 따르며 신앙에 우선순위를 두는 사람들은 시의성이 없고 어쩌면 귀찮은 존재이지만, 그래도 대체로 선량하다. 하지만 기독교를 사회악으로 보는 사람들도 있다. 대개 무종교인들이 그렇다. 그들이 보기에 우리는 성실한 사람들이 아니다.

그들의 관점에서 우리를 보자.

인식 | 기독교 지도자들은 삶의 믿을 만한 길잡이가 아니다

1장에 잠시 언급했듯이 기독교 사역자들의 신뢰성에 대한 인식은 지난 반세기 동안 곤두박질쳤다. 일례로 미국의 성인들은 목사와 신부를 다양한 이슈에 대한 정보와 조언의 출처로서 얼마나 믿을 만하다고 보는가? 명백한 '영적' 분야에서는 이들 지도자들의 성적이 꽤 괜찮은 편이다. 성인의 3분의 1은 인간을 향한 하나님의 뜻에 대해서나 사람들이 하나님의 뜻대로 살도록 교회가 돕는 법에 대해서는 기독교 지도자들이 주는 지혜를 매우 믿을 만하다고 보았다. 또 다른 3분의 1은 이런 이슈들에 대한 조언의 출처로 사역자들을 약간 믿을 만하다고 답했다.

그러나 현실과 더 밀접한 이슈들에서는 목회자의 필요성이 약해진다. 기독교가 정치나 사법 제도를 어떻게 형성해야 하는가에 대해서 기독교 지도자들을 매우 믿을 만한 길잡이로 본 사람은 여섯 명 중 하나에 불과했다. 사적으로나 공적으로나 자신의 확신대로 살아가도록 사람들을 돕는 부분에서도 사역자들을 매우 믿을 만하다고 본 성인은 25%에 그쳤다.

전체적으로 목사와 신부에 대한 호감도는 높지만—미국인의 3분의 2는 성직자가 존재하는 게 지역 사회에 유익하다고 보았다―그들의 통찰은 현실 생활과 동떨어진 것으로 여긴다. 세상에 비친 기독교 지도자들의 모습은 백화점에서 웃으며 손님을 맞이하는 점원과 비슷하다. 그들이 방향을 제대로 가리켜 보일 수는 있으나 그다음은 우리가 알아서 해야 한다.

이런 인식은 큰 문제다. 아주 오랜 세월 이들 지도자들의 영향력은 인간 삶의 도덕적, 영적 차원을 우리 문화의 레이더망 안에 붙잡아 두는 역할을 해 왔다. 이제 누가 그들을 대신해 삶의 믿을 만한 길잡이가 될 것인가?

인식 | 신앙 주도의 기관들은 사회 복지와 무관하다

자선사업의 현실을 통 모르는 사람들이 너무도 많다. 우리의 연구 결과에 따르면 종교인들이나 종교 기관들이 굳이 없어도 미국 내 자선사업의 대부분―예컨대 의식주와 상담과 재난 구호 등―이 지금과 똑같으리라고 믿는 사람이 최고 절반에 달한다.[1] 무종교를 자처한 부류에서 다섯 명 중 거의 셋은 기독교인들이 없어도 대부분의 자선사업이 지속될 거라고 보았다. 실천하는 기독교인들 중에도 똑같이 답한 비율이 17%나 되어 충격을 준다. 사회를 이롭게 하는 기독교의 기여에 대해 그만큼 확신이 부족하다는 증거인데, 그들의 관점은 현실과 거리가 멀지만 이런 인식 자체는 중요하다.

비영리 종교기관에 대한 세금공제 혜택을 중단해야 한다고 요구하는 사람들도 있다. 그런 부류의 단체들을 정부가 보조해 주어서는 안 된다는 것이다. 이런 식의 논리는 ❶ 교회들과 신앙에 기초한 기관들이 우리의 공공 사회에 끼치는 가시적이고도 광범위한 유익을 보지 못하며 ❷세금 면제를 곧 정부 지원으로 등식화한다. 물론 어떤 기관도 재정적 책임과 법적 감시와 건실한 운영을 면제받아서는 안 된다. 그러나 종교가 공동선과 무관하다는 인식은 모든 종교 기관이 수입에 기초하여 정부에 돈을 바쳐야 한다는 논리적 결론으로 귀결된다.

이것은 보통 비참한 일이 아니다. 우리가 좋은 신앙의 문제를 충분히 다루지 않으면 자선사업의 미래가 위험해진다. 세금공제 상태가 철회되면 수많은 교회와 신앙에 기초한 다른 비영리기관들의 운영이 중단되어 결국 공동선에 끼치는 영향도 종식될 것이다. 그야말로 재앙이 아닐 수 없다.

종교적 대의와 종교 단체에 내는 헌금은 국내 자선 기부금의 가장 큰 몫을 차지해, 모든 비영리기관에 기부되는 총액의 3분의 1에 해당한다.[2] 후한 재정적 나눔이야말로 좋은 신앙이 가장 선도하는 분야 중 하나다. 공동선을 위한 사업의 엄청난 분량이 바로 종교인들과 종교 기관들 덕분에 이루어지고 있으며, 미국의 경우 기독교의 역사적 전통으로 보아 그런 사업은 대부분 기독교인들 덕이다.

2009년에 나(게이브)는 백악관의 종교분과에서 개최한 회의에 30명의 신앙 지도자들과 함께 참석했다. 오바마가 대통령으로 당선된 후 종교사회협력국의 조슈아 듀보이스(Joshua Dubois) 국장이 신속히 종교 지도자들을 소집했다. 선의 증진을 위해 정부와 기독교 기관들이 협력할 방안을 모색하는 자리였다. 거기서 감옥 제도 개혁, 기아 구호, 성매매 척결, 세계의 극빈 퇴치 같은 사업들이 논의되었다.

우리는 기독교 기관들이 행하고 있는 모든 놀라운 일을 몇 시간 동안 감동적으로 들었다. 그 후 내가 백악관 보좌관 한 명을 한쪽으로 불러 물었다. "이런 대화에 타종교 단체들도 참여시키고 있습니까?"

그는 작은 소리로 대답했지만, 그 속에 뼈가 있었다. "예, 하지만 비중은 다릅니다. 이 분야에서 가장 많은 일을 하는 사람들은 개신교 복음주의와 천주교입니다."

물론 공동선에 기여하는 비기독교 기관도 많고, 교회의 전체 헌금도 지난 50년 사이 감소했다.[3] 그러니 우리끼리 자화자찬에 빠질 일은 아니다. 그러나 세상에 선을 행하려는 기독교인들의 열정과 자원이 갑자기 증발해 버린다면 우리 사회와 그 안의 가장 힘없는 사람들은 큰 손해를 입을 것이다.

그런데도 대다수 비기독교인들은 기독교인들이 그리스도의 이름으로 행하는 사회적 선을 미미한 수준으로 본다. 심지어 시의성이 없다고까지 말한다.

인식: 기독교는 '진짜' 삶이나 문화와는 무관하다

웬만한 사람들은 예수를 아주 훌륭한 인물로 보지만 그분의 가르침이 현대 사회에 지대한 영향을 미쳤다고는 믿지 않는다. 기독교인을 포함해 인구의 절대다수가 보기에 기독교 신앙은 예술, 문화, 개인 복지, 정치, 공동체의 단결, 지역 사회의 서비스 제공 등에 거의 혹은 전혀 영향을 미치지 못했다. 기독교 신앙과 사회적 영향이 별개라는 이런 인식은 비기독교인들 사이에 특히 더 뚜렷하다.[4]

게다가 많은 사람이 터무니없이 과소평가하는 게 있다. 우리의 경제를 움직이고 건강한 사회를 창출하는 각 분야에 실천하는 기독교인들이 많이 포진해 있다는 사실이다. 공교육은 그중 한 예에 불과하다. 바나의 추산에 따르면 미국 공립학교의 교직원 다섯 명 중 둘은 실천하는 기독교인이다. 물론 기독교인들이 존재한다는 이유만으로 공립학교에 문제점이 없다고 말할 수는 없다. 그러나 그리스도를 따르는 수백만의 교사들이 다른 많은 업계보다 박한 봉급을 받고 일하면서, 좋은 신앙을 공교육에 접목하고 있다. 아이들을 교육하는 일이 그들 중 다수에게 소명과 부르심의 일부이기 때문이다. 한 기독교인 교육자는 우리에게 "학교 내의 공식 기도는 없어졌지만 나는 거기서 매일 기도하고 있다"라고 말했다. 이것은 사회의 한 분야일 뿐이다. 실천하는 기독교인들은 그밖에도 각계각층에서 선을 행하며 의미 있게 기여하고 있다.

신앙이 좋은 기독교인들에게 일은 예배의 표현이기도 하다.

인식: '행복한 삶'은 기독교가 없어도 가능하다

많은 사람에게 삶이란 신앙이 없어도 썩 괜찮아 보인다. '삶이라는 게임'에 기독교의 규정집이 없어도 그들은 '이기는' 기분을 맛볼 수 있다. 그거야 기독교인들도 어느 정도는 인정하는 바다. 예수는 그분을 따르는 이들에게 풍성한 삶과 영생을 주시지만, 훌륭하고 생산적인 삶은 굳이 기독교인이 되지 않아도 충분히 가능하다. 그런 예는 얼마든지 있다. 단적인 예로 마하트마 간디(Mahatma Gandhi)는 기독교인이 아니었지만, 분명히 그의 삶은 그가 죽은 지 70년이 다 된 지금도 세상에 좋은 영향을 미치고 있다.

예수 없이도 의미 있고 만족스러운 삶을 살 수 있다고 해서 기독교의 주장들이 무효가 되는 것은 아니다. 그리스도는 이 세상의 정당한 통치자이시며 지금도 죄악과 죽음으로부터 세상 사람들을 구원하시는 중이다. 그래도 우리가 인정해야 할 사실이 있다. 많은 사람이 '행복한 삶'을 달성할 수 있다고 여긴다는 것이다. 미국 성인의 75%는 "기독교인이 되지 않아도 아주 행복하고 훌륭한 삶을 살 수 있다"라는 데 동의했다. 그런 그들에게 기독교는 배울 가치가 없는 보드게임처럼 느껴진다.

기독교계 내에 행복한 삶의 의미에 대한 비성경적 개념들을 받아들인 이들이 너무 많다는 데도 문제가 있다. 그래서 외부인들의 눈에 우리가 특별히 달라 보이지 않는다. 우리는 장차 임할 하나님 나라를 증언하며 반문화적 공동체로 살아가야 한다. 그런데 우리 중 다수는 문화의 흐름에 편승해 트위터와 페이스북에서 홍수처럼 끝없이 쏟아져 나오는 각종 제품과 개념과 욕구를 아무 생각 없이 소비하고 있다. 지금 같은 스크린 시대에 무엇 하나에라도 아주 오랫동안 주의를 집중하기란 몹시 어려운 법인데, 2천 년 전 중동의 시골 사람들에게 도입되었던 생활방식이라면 더 말할 것도 없다. 그러니 시의성이 없어 보일 수밖에 없다! 기독교의 뿌리가 과거의 사건과 미래의 소망에 있다 보니 많은 사람이 보기에 **현재** 지향의 인터넷 생활과는 궁합이 맞지 않아 보인다.

인식: 기독교의 여러 좋은 개념도 이제 일상처럼 느껴진다

많은 사람이 모르고 있지만, 우리 사회의 일부 필수 기관들은 기독교 세계관에서 출현했다. 또 그들은 잊었지만, 오늘날 우리가 누리고 있는 여러 제도도 신앙 좋은 기독교인들이 오랜 세월에 걸쳐 적극적으로 깊이 있게 빚어낸 결과다. 예컨대 학교와 대학, 병원, 노동조합, 공공도서관, 여성과 소수민족의 투표권, 예술과 과학을 위한 기부 등 수없이 많다. 이런 제도는 세상에 복을 끼치려는 기독교적 열정에서 시작되었으나 지금은 처음에 그것을 태동시킨 종교적 동기에서 멀어진 경우가 대부분이다. 예컨대 하버드와 예일 등 아이비리그 학교를 설립한 청교도들은 헌신된 기독교인이었으나 지금은 이런 유서 깊은 기관이 '신앙에 기초했다'라고 보는 이들이 거의 없다.

한때 신앙 공동체가 독점했던 분야들도 이제는 신앙의 옷이 벗겨졌다.

어떤 회사들은 신앙과 전혀 무관하게 사명 및 봉사 여행을 보낸다.

비종교 비영리기관들이 기부금을 받아 굶주린 이들을 먹이고 헐벗은 이들을 입히고 병사들을 치료해 준다.

주류 잡지들이 디지털 휴가의 유익을 설파하는데 이는 성경의 안식일 개념을 변용한 것이다.

종교적 부속물 없이 각자 명상에 잠기는 피정(避靜, retreat)이 대유행이다.

기업 지도자들은 지역 사회의 번성, 사회적 선, 인간의 복지를 말한다.

정치가들은 초월적 목표 쪽으로 양떼를 목양한다.

명사들은 금식의 신체적, 영적 유익을 증언한다.

인생 코치들은 사람들을 도와 목적과 소명을 찾게 한다.

이중 어느 것도 그 자체로는 아무런 문제가 없다. 오히려 신앙의 옷이 벗겨진 이런 문화 운동들은 어떤 면에서 기독교의 지속적 시의성을 증언해 준다. 이처럼 기독교의 개념들이 문화 전반에 미친 공로는 엄연히 존재한다. 하지만 거기에 저절로 따라 나오는 질문도 있다. 기독교의 여러 좋은 개념이 문화 전반에 흡수된 지금, 기독교가 더 기여할 수 있는 것은 무엇인가?

기독교라는 옛 신앙이 없이도 사람들의 '일상'은 멀쩡해 보이는데, 우리는 정말 그들이 앉아서 이 신앙의 규정을 배우기를 원하는가?

물론이다.

시의성 없음에서 좋은 신앙으로

그리스도를 따른다는 것은 그분을 주님으로 선포한다는 뜻이고, 또 장차 임할 그분의 나라의 기쁜 소식을 그분을 모르는 이들에게 전한다는 뜻이다. 그러나 우리가 인정해야 할 것이 있다. 사회의 변화하는 가치관에 따르면 그리스도의 주권 아래 충실한 삶은 갈수록 시의성을 잃고 있다. 우리 문화의 밑바닥에 깔린 도덕과 윤리 기준은 "남에게 피해를 주지 않는 한 네 마음대로 하라"이다. 그 기준으로 보면 "예수를 주님으로 선포하고 그분의 주권과 통치 아래 살아간다"는 개념은 당연히 시의성이 없다.

그러나 단언컨대 그리스도의 통치를 선포하고 그 아래 살아갈 때 우리는 주류 문화의 공동선을 구축하되 시의성 있는 방식들로 그리할 수 있다(분명히 말하지만, 세속화와 자아도취로 치닫고 있는 사회가 복음을 시의성이 없다고 본다는 이유만으로 복음이 시의성을 잃는 것은 아니다. 오히려 복음을 전하는 일이야말로 우리가 할 수 있는 가장 시의성 있는 일 중 하나다!).

이 책의 비전이기도 하거니와 우리는 함께 로마서 12장 2절에 나오는 바울의 권고대로 오늘날 좋은 신앙을 삶으로 실천하는 법을 더 잘 배울 수 있다. "너희는 이 세대를 본받지 말고 오직 마음을 새롭게 함으로 변화를 받아 하나님의 선하시고 기뻐하시고 온전하신 뜻이 무엇인지 분별하도록 하라".

그 일환으로 우리는 예수께서 빚어 주신 생활방식을 실천하는 사람들을 이 책에서 수시로 만날 터인데, 때로 가장 아닐 것 같은 자리에서 그렇게 살아가는 사람도 있다. 앤 스나이더(Anne Snyder)도 그런 경우다.

우리 둘 다 앤을 만난 지 어언 5년도 더 되었다. 당시 그녀는 중서부의 어느 기독교 대학을 졸업한 지 3년 만에 워싱턴 DC에서 일하고 있었다. 전공 분야의 처음 몇 가지 프로젝트로 학계와 언론계를 오가다가 막 꿈의 직장을 잡은 뒤였다. "몇 달 전에 데이비드 브룩스가 나를 자신의 편집자 겸 연구 조수로 채용했어요. 아시죠? 〈뉴욕타임스〉의 그 칼럼니스트요." 앤이 우리 중 데이비드에게 한 말이다.

'그렇구나.'

"정말 잘 됐네요. 일은 어떻습니까?"

"아직은 잔일을 거드는 정도예요. 그의 칼럼의 초고를 읽거나 통계 수치를 조사하거나 예화의 아이디어를 제공하는 일을 하죠. 보람도 있고 재미도 있어요. 졸업한 지 얼마 안 된 내가 이런 일을 하고 있다는 게 믿어지지 않아요."

앤은 남달리 지성적이고 표현력이 뛰어난 사람이므로 거기까지는 우리에게 놀랄 일이 아니었다. 정작 **놀라웠던** 것은 그 분야의 풋내기인 젊은 복음주의 기독교인이 영향력 있는 공공의 대변자, 저명한 언론인, 사상적 지도자, 예일과 듀크의 교수인 비기독교인과 함께 아주 긴밀하게 일하고 있다는 점이었다.

이제 2015년 중반으로 넘어온다. 데이비드 브룩스는 「인간의 품격」(부키)을 출간해 평단의 호평을 받았다. 좋은 책이라는 말을 들었으므로 나도 덴버 공항에서 한 권을 구입했다. 처음 몇 장을 읽으며 책의 힘찬 문체와 논지에 압도되었다. 문득 이런 생각이 들었다. '참, 책 속에 앤이 언급되어 있으면 좋지 않을까?' 흔히 저자들은 원고를 출판사로 보내기 직전에 부랴부랴 많은 사람에게 감사를 표한다. 그래서 나는 명단에 그녀의 이름이 나오기를 기대하며 감사의 말 끝부분을 대충 훑어보았다.

낭패였다. 이름이 없었다.

그런데 잠깐.

페이지를 넘겨 감사의 말 앞머리를 보니 거기에 브룩스가 이렇게 써

놓았다.

이 책이 태동될 때부터 처음 3년간 집필되기까지 앤 C. 스나이더가 그 과정을 쭉 나와 함께했다. 처음에는 인지와 의사 결정에 관한 책으로 구상했는데 앤의 영향으로 도덕성과 내면생활에 관한 책으로 바뀌었다. 그녀는 수십 차례의 토의를 이끌어 내용을 다듬었고, 자신의 지식 창고로부터 내게 읽을거리를 숙제로 내주었고, 끝없는 메모를 통해 내 사고의 피상성을 지적했으며, 그리하여 프로젝트에 일대 변화를 가져왔다. 그녀의 서정적 산문이나 예리한 관찰력은 내가 능히 따라갈 수 없지만, 그녀의 아이디어를 많이 훔쳐온 것과 도덕적으로 투철하면서도 너그러운 그녀의 생활방식에 감탄한 것만은 분명하다. 이 책에 중요한 내용이 하나라도 있다면 아마 그 출처는 앤일 것이다.[5]

'와! 앤 스나이더. 내가 아는 사람인데!' 그런 생각이 들었다.

곧이어 배후의 이야기가 내게 점점 또렷이 다가왔다. 앤의 생생한 신앙이―하나님께 받은 총명함, 나태를 모르는 직업윤리, 광범위한 독서량과 더불어―브룩스에게 깊고도 시의성 있는 영향을 미쳤던 것이다.

그녀의 신실한 현존이 변화를 낳았다.[6] 앤의 좋은 신앙 덕분에 기독교가 한 사람에게 좀 더 시의성을 띠게 되었는데, 마침 그 사람은 베스트셀러 작가이자 〈뉴욕타임스〉에 고정 칼럼을 쓰는 사람이었다.

극단적이다

03

웬만한 사람들은 사춘기 때 더럽거나 징그러운 무엇에 집착하다가도 나이가 들면 거기서 벗어난다. 그런데 우리 중 더러는 극단적 혐오 대상에 계속 병적으로 매료된다. 눈을 돌리기도 어렵거니와 은근히 즐기는 마음도 있다. 내게 목공예를 가르쳐 준 키네먼 할아버지는 손톱 밑에 피멍울이 맺히면 동력 드릴로—속이 메슥거릴지 모르니 조심하라—손톱에 구멍을 뚫고 피를 짜내 '고치곤' 했다. 그의 자가 수술을 지켜보는 일은 무서우면서도 매혹적이었다. 쳐다보지 않을 수가 없었다.

인간은 뭔가에 대해 극단으로 치달을 때까지 매력을 느낀다는 점에서 여타 동물들과 다르다. 다이어트, 할인 쿠폰, 취미, 스포츠, 주택 개조, 물건 비축 등 대상은 얼마든지 많다.

무엇이든 '극단적인' 것에 대한 TV 쇼들과 유튜브 동영상들의 선풍적 인기를 생각해 보라. 성형수술로 외모를 전면 개조하거나 체중을 확 줄여 주는 프로그램도 있고, 집을 완전히 뜯어고치는 프로그램도 있다. 또 엑스게임(X는 extreme의 준말이다), "아메리칸 닌자 워리어"(American Ninja Warrior), "샤크 위크"(Shark Week)도 있다. 별난 음식을 먹으며 담력을 겨루기도 한다(남의 불행을 즐긴다고 할 수도 있지만, 솔직히 메뚜기 튀김이나 살짝 부친 동물 생식선[腺]을 억지로 삼키고 있는 사람에게서 시선을 떼기는 어렵다).

잘못된 극단주의

지난 15년 사이 미국인들이 배웠듯이 종교적 극단주의는 엄연한 현실이다. 각종 테러, 총기 난사, 끝없는 종교전쟁, 상상을 초월하는 만행 등이 화면에 쏟아져 나오다 보니 당연히 우리는 신앙을 구실로 폭력을 행사하고 공포를 조장하는 사람들을 경계하게 되었다.

그러나 우리 사회는 종교적 확신과 공적인 표현까지도 종교적 극단주의와 똑같이 취급할 때가 너무 많다. 아마도 9·11 테러 사건 이후 주입된 두려움과 안전하지 못한 세상에서 자신을 '안전하게' 지키려는 집념 때문일 것이다. 그래서 반문화적 충실성에도 과격함이 덧씌워지곤 한다.

이 세상에서 자신이 믿는 진리대로 살아가는 사람들은 극단주의자인가? 물론 그들의 세계관이 현실을 제대로 설명해 주는지는 따져 볼 수 있다. 하지만 설령 그 설명이 틀렸다 해도 그들의 믿음과 행동이 주류와 다르다고 해서 꼭 극단적인 것은 아니다. 그런데도 미국 사회는 바로 그런 시각 쪽으로 뚜렷이 경도되고 있다.

대부분의 사람은 종교적 극단주의가 사회에 위협이 된다고 본다. 전체 미국인의 4분의 3과 종교가 없는 미국인 열 명 중 아홉이 그렇게 답했다. 하지만 종교적 극단주의를 생각할 때 사람들에게 떠오르는 행동과 신념은 정확히 무엇인가?

신앙인들이 종교적 확신을 지키거나 표현하는 방법 15가지에 대해 18세 이상 미국인들의 의견을 물었다.[1] 종교로 폭력을 정당화해 남을 해치는 일은 예상대로 만장일치에 가깝게 극단주의로 단죄되었다. 성인 열 명 중 아홉 이상이 그런 행위를 '매우' 또는 '약간' 극단적이라고 보았다.

그러나 또 하나 밝혀진 결과가 있다. 요즘은 꼭 비행기를 납치하거나 지하철을 폭파하거나 사람의 목을 베지 않아도 극단주의자로 여겨진다. 다음 표에서 보듯 웬만한 기독교인은 외부에 극단적 존재로 비치기 십상이다. 높은 비율의 미국인들과 특히 비기독교인들이 기독교의 역사적 신념과 실천 중 다수를 극단적이라고 보았다. 예컨대 성인 다섯 명 중 둘은 다른 사람을 자신의 신앙으로 회심시키려는 일을 극단주의로 보았고, 미국 성인 전체의 60%와 무신론자와 불가지론자의 83%는 기독교 신앙의 핵심 활동 중 하나인 전도를 극단주의로 보았다. 동성애 관계가 도덕적으로 잘못이라는 신념을 극단적이라고 여긴

이들도 절반을 조금 넘겼다. 성인 다섯 명 중 둘은 수입이 좋은 직장을 그만두고 다른 나라에서 선교 일을 하는 것을 극단적으로 본다.

다음 장에 제시된 표에서 목록의 하단에 열거된 기독교인의 여러 기본적 실천조차도 이제 극단적으로 인식된다. 다수의견은 아니지만, 그래도 종교적 대의에 헌금하거나 공공장소에서 성경을 묵독하거나 심지어 교회에 나가거나 봉사하는 등의 행동을 종교적 극단주의의 사례라고 주장하는 성인들이 수백만에 달한다.

사람들이 가장 우려하는 극단주의는 종교의 공적인 표현이다. 종교적 신념과 실천이 공공 광장으로 나와서는 안 된다는 것이다. 신앙의 문제가 사회로 흘러나오지만 않는다면 당신이 일요일 아침에 교회에서 무엇을 하든 사람들은 대체로 상관하지 않는다.

우리가 명시한 구체적인 종교 활동들 외에도, 대체로 말해서 미국의 비기독교인들 사이에 극단주의에 대한 인식이 뿌리 깊이 박혀 있다. 무신론자와 불가지론자와 무종교인 사람들의 45%가 "기독교는 극단주의다"라는 말에 동의했다.

미국의 성인들이 극단으로 간주하는 종교 활동들

다음 표는 사람들이 종교적인 이유로 행하는 몇 가지 일들이다. 즉 신앙이나 신념에서 비롯된 행동이나 태도다. '매우 극단적이다', '약간 극단적이다', '과히 극단적이지 않다', '전혀 극단적이지 않다' 중에서 당신이 보기에 각 행동이 어디에 해당하는지 표시하라.
모든 수치는 '매우 극단적이다'와 '약간 극단적이다'라는 응답을 합한 것이다.

> * '복음주의자'와 '실천하는 기독교인'에 대한 바나의 자세한 정의는 책 뒷부분의 '용어 설명'을 참조하라.
> 출처: 바나 옴니폴, 2015년 8월, 표본집단 1,000명

	성인(미국) (%)	복음주의자 (%)	실천하는 기독교인 (%)	타종교 (%)	무신론자 불가지론자 무종교(%)
종교로 폭력을 정당화하여 남을 해친다	93	93	92	96	94
고객의 생활방식이 자신의 신념에 어긋난다는 이유로 서비스 제공을 거부한다	83	53	68	88	89
부도덕하다고 여겨지는 기관 앞에서 시위를 벌인다	64	25	49	71	73
다른 사람을 자신의 신앙으로 회심시키려 한다	60	10	29	63	83
동성 간의 성관계가 도덕적으로 잘못이라고 믿는다	52	5	25	55	75
자신의 종교에 어긋나는 정부 정책에 항의한다	51	15	33	58	60
수입이 좋은 직장을 그만두고 다른 나라에서 선교 일을 한다	42	13	25	36	47
종교적 표현으로 특수한 복장을 하거나 머리를 가린다	31	28	28	26	32
종교적 이유로 특수하게 제한된 식생활을 고수한다	29	20	22	20	34
성관계를 결혼할 때까지 기다린다	24	5	11	20	34
공공장소에서 코란을 묵독한다	18	21	23	16	14
자신의 종교 공동체에 꾸준히 헌금한다(십일조)	18	0	12	15	27
공공장소에서 성경을 묵독한다	11	0	11	10	13
교회나 회당이나 신전에 매주 나간다	7	0	7	5	11
자원봉사자로 어려운 사람들을 돕는다	6	0	8	2	8

거의 절반에 가까운 수치다

그 못지않게 우려스러운 사실이 있다. 이들 무신론자와 불가지론자와 무종교 집단 중 기독교가 극단주의임을 강하게 부정한 사람들은 14%에 불과하며 41%는 약간 부정했다. 약간의 부정과 강한 부정은 각각 "아닌 것 같다"와 "당연히 아니다"의 차이라 볼 수 있다. 기독교가 극단주의라는 개념을 거부하는 비기독교인들 사이에도 그만큼 양면적 감정이 많다는 뜻이다.

어찌 된 일인가? 종교적 확신의 공적 표현이 극단주의라는 인식은 도대체 무엇을 배후로 하여 퍼지고 있는가?

'극단주의'의 전체 문맥

북미는 종교적으로 더 다원화되고 있다. 인구를 대변하는 신앙 집단의 종류가 50년 전보다 많아졌고, 더 많은 종교 '부족'들이 문화적 대화에서 중요한 목소리를 내고 있다. 예컨대 2012년에 미트 롬니(Mitt Romney)가 대통령 선거에 출마했는데 이는 50년 전만 해도 생각할 수 없던 일이었다. 이제는 모르몬도 이전처럼 비주류로 여겨지지 않는다. 무슬림도 이제 미국 여러 도시에서 인구의 상당 비율을 차지하며, 유럽 인구에서는 그 비율이 더 높다. 또 최근에 약진하고 있는 무신론자들과 그들의 철학적 사촌인 무종교인들도 빼놓아서는 안 된다.

반면 기독교인의 인구 비율은 감소했다. 복음주의의 목소리는 오랜 세월 정치적으로나 문화적으로 가장 반향을 불러일으키는 축에 속했으나 이제 갈수록 많은 이들에게 설득력을 잃고 있다. 특히 종교란 공적인 것이 아니라 늘 사적이어야 한다고 생각하는 이들에게 그렇다. 복음 전파(이거야말로 공적인 행위다)를 중요시하는 복음주의의 근본적 신념을 대다수 성인이 극단주의로 여긴다. 바야흐로 사회는 종교적 다양성의 문제를 정면 돌파하려 하고 있다.

그러나 이는 복음주의만의 문제가 아니다. 미국인 성인들에게 우리는 종교와 비종교를 망라해 여러 소수집단에 대해 물었다. "각 집단에 속한 사람과 평소에 자연스럽게 대화를 나누기가 얼마나 어렵게 느껴지는가?" 다음 표에서 보듯 과반수 미국인이 무슬림(73%), 모르몬(60%), 무신론자(56%), 복음주의자(55%), LGBT(레즈비언·게이·양성애자·성전환자) 진영 사람(52%)과의 대화에 어려움을 느낀다.

흥미롭게도 특정 집단이 자연스러운 대화에 어려움을 느끼는 대상은 신앙 스펙트럼의 반대쪽에 놓인 경우가 많다. 예를 들어 무종교인에게는 복음주의자와의 대화가 가장 어렵게 느껴진다.

실천하는 기독교인과 복음주의자도 대화에 큰 장벽을 느끼는 편이다. 생각해 보라. 기독교인들은 가서 제자를 삼으라는 예수의 명령을 받았는데 그러려면 반드시 대화가 필요하다. 성령과 협력하여 '은혜롭고 효과적인 대화'를 해야 한다(골 4:5~6 참조). 그런데 어찌 된 일인지 기독교인들은 긴장을 가장 많이 느끼는 집단 중 하나다. 그러면 이견을 품은 사람들과의 대화가 막힐 수 있다.

우리 기독교인들이 좋은 신앙의 주역이 되려면 주관적, 객관적 장벽을 극복하고 의견이 다른 사람들과 대화할 수 있어야 한다. 까다로운 대화에 참여하는 데 전문가가 되어야 한다.

대화하기 어려운 상대

평소 당신이 자연스럽게 대화를 나누기가 어렵다고 생각되는 집단은 누구인가? 해당하는 항목에 모두 표시하라. 모든 수치는 '매우 어렵다'와 '약간 어렵다'라는 응답을 합한 것이다.

	성인(미국) (%)	복음주의자 (%)	실천하는 기독교인 (%)	타종교 (%)	무신론자 불가지론자 무종교(%)	LGBT (%)
무슬림	73	87	81	73	63	57
모르몬	60	67	65	66	61	63
무신론자	56	85	75	38	29	39
복음주의자	55	28*	44	69	66	58
LGBT 진영	52	87	74	47	39	39

* '복음주의자'에 대한 바나의 정의는 본인의 분류가 아니라 일련의 신념 진술에 대한 동의에 기초한 것이다(정의의 전문은 용어 설명을 참조하라). 따라서 바나의 정의에 해당하는 사람들 중에 본인이 복음주의자라고 생각하지 않는 경우도 있다.

출처: 바나 옴니폴, 2015년 8월, 표본집단 1,000명

대체로 인간은 자신의 집단에 속하지 않은 사람이라면 누구하고든 대화가 어렵게 여겨지는 법이다. 다시 말해서 타인과 소통하며 의미 있는 대화를 나누는 것이 많은 이들에게 도전으로 다가온다.

미국은 연합 국가이지만 분열된 상태다.

우리 사회의 대화는 병들어 건강을 잃었다.

우리 문화는 점증하는 종교적, 이념적 차이를 날마다 겪으면서 그 의미를 파악하려 애쓰고 있다. 때로 우리가 모두 거대한 줄다리기를 하는 것처럼 느껴진다. 현실을 해석할 주체가 누구이고 참과 선이 무엇인지를 결판내기 위해서 말이다. 그런데 인위적 중도 입장으로 기우는 사람들이 많아 저절로 승리는 두루뭉술한 중간파의 몫인 양 보인다. 특정한 신념을 너무 고수하는 사람만 없다면 무엇이든 다 좋다는 식이다. 하지만 이런 인위적 중도 자체도 하나의 이데올로기가 되고 있으니 아이러니다. 사람들은 그 입장을 점점 더 세게 움켜쥐면서, 양쪽 끝에서 줄을 당기는 이들을 극단주의자로 몰아세운다.

이런 배경에서 본다면 신앙을 **발언하는** 기독교인들이 왜 깨지기 쉬운 문화적 합의에 위협이 되는지 알 만하다. 분명히 말하거니와 이 신앙은 **위협 요소가 맞다**. 기독교인들은 하나님이 참과 선을 계시하신다고 믿으며, 남들이 모두 의견을 달리할지라도 끝까지 줄을 당길 의향이 있다.

극단주의, 그리고 어려운 대화

차차 보겠지만, 의견을 달리하는 사람들은 **계속** 늘고 있다. 광범위한 연구와 우리 자신의 경험에 근거해 볼 때, 기독교를 극단주의로 (또한 시의성이 없다고) 보는 인식은 네 가지 영역에서 엄청난 긴장을 유발하고 있다. 여기서 긴장이란 신앙 좋은 기독교인들이 자신의 종교적 확신과, 남들과 화목하게 살려는 마음 사이에 끼어 있는 느낌을 뜻한다. 그 네 가지 영역을 여러 장에 걸쳐 자세히 살펴볼 것이다. 책을 다 읽고 나면 당신이 어려운 대화에 참여해야 할 때 느끼는 부정적 긴장이 덜어지기를 바란다. 지금 같은 다양성의 세상을 살아가려면 그런 대화를 피할 수 없다.

무엇을 믿을 것이고, 어떻게 그런 신념에 일치되게 살아갈 것이며, 신념이 다른 사람들을 어떻게 사랑할 것인가? 이 책을 읽고 나서 이런 문제에 대한 당신의 확신이 더 깊어졌으면 좋겠다.

우리가 살펴볼 네 가지 영역은 다음과 같다.

❶ 공적인 삶에서의 화목과 불관용

기독교인들은 이웃, 지역 사회, 정부에 참여하는 부분에서 긴장을 느낀다. 기독교인은 어떻게 좋은 이웃이 될 수 있는가? 좋은 신앙에서 비롯된 기독교 전반의 노력은 선한 사회의 건설에 어떻게 도움이 될 수 있는가? 친구들과 견해가 다르면 그냥 입을 다물고 있어야 하는가? 많은 기독교인들도 다른 신앙인들처럼 다원주의 문화 속에서 선을 행하며 잘 살아가는 법에 대해 씨름하고 있다.

❷ 관계

우리가 실천하는 신앙은 어떻게 인간관계에 유익한가? 교회는 지역 사회를 성적인 온전함과 인종 간 화해 쪽으로 이끌 수 있는가? 모든 생명은 중요한가? 우리는 성령 충만하고 깊이 있는 기독교 공동체만이 우리 문화를 괴롭히는 뿌리 깊은 관계적 병폐를 치유할 수 있다고 주장한다.

❸ 성윤리

가장 첨예하게 인식되는 극단주의는 아마 기독교의 전통적 성윤리와 관계된 부분일 것이다. 성에 대한 정통 관점에 헌신한 기독교인은 그저 시대를 잘못 타고난 것인가? 독신 신자들은 어떻게 현실적으로 순결을 지킬 수 있는가? 기독교인들은 어떻게 LGBT 사람들에게 사랑으로 말하고 행동할 수 있는가? 우리는 기독교인이 성의식에 대한 정통 관점을 고수하면서도 LGBT 사람들을 대적하지 않을 수 있다고 믿는다. 하나님은 그들을 사랑하시며 그분의 형상대로 지으셨다.

❹ 교회와 종교

신앙은 현대인의 삶에 어떤 역할을 할 수 있는가? 어떤 역할을 **해야 하는가**? 종교 공동체는 만인에게 유익한가, 아니면 그 공동체에 속해 있는 사람들에게만 유익한가? 우리는 교회와 사회의 관계를 과거에서 현재까지 밝은 면과 어두운 면 모두 살펴본 뒤, 그 역동적인 미래를 다각도로 짚어 볼 것이다.

예수 시대 이후로 기독교인들은 늘 이런 굵직한 개념들과 현실적 도전들로 씨름해 왔다. 과거의 사상가들과 실천가들을 용케 피해 간 무슨 비장의 해법이 우리에게 있는 것은 아니다. 그러나 바라기는 신빙성 있는 데이터, 신중한 분석, 충실한 시대 파악 등에 힘입어 당신은 오늘과 미래에 어떻게 대처해야 할지를 더 잘 알게 될 것이다.

우선 지금의 우리가 있기까지 지배 문화 전반에 정확히 무슨 일이 벌어졌는지부터 진솔하게 논할 필요가 있다.

우리가 느끼는
긴장과 그 이유

04

　　　　　　　선정적인 사람들이 곧잘 무시되는 데는 그만한 이유가 있다. 일례로 근거 없는 두려움을 조장하는 일이 기독교인들 사이에도 많다.
　그러나 정작 언급되어야 할 실화는 그런 허구의 한복판에서 실종되고 있다. 우리가 기독교계에서 일한 지난 20년 동안에도 당연히 우려를 자아낼 만한 일들이 발생했다. 하늘이 무너진다는 식의 이야기들에 대해 당신이 (우리처럼) 회의적이라 할지라도 말이다.
　우리가 알고 상대하는 신자들은 상당한 압박감을 느끼고 있다. 이것은 기독교인들이 아무런 근거도 없이 지어낸 피해의식이나 신세타령이 아니다. 우리가 살고 있는 사회는 기독교적 세계관을 버렸을 뿐 아니라 신앙의 성장을 꾀하는 이들을 노골적으로 대적한다. 그 여파가

가시적으로 느껴지고 있다.

해마다 바나와 Q는 비영리기관, 기업체, 학계, 교회 등 각계각층의 수많은 기독교 지도자와 교류한다. 교파를 초월한 다양한 집단의 지도자들에게 강연과 자문도 하고 있다. 주로 복음주의이지만 주류 기관과 천주교도 있다. 이렇게 우리는 현장의 실태를 두 눈으로 똑똑히 보고 있다.

우리가 상대하는 기업 지도자들은 자신의 기독교적 생활방식 때문에 해당 업계에서 손가락질받은 사례를 보고한다.

우리가 아는 교육 지도자들은 대학 인정 협회로부터 앞으로 신중을 기해 달라는 경고를 받았다.

우리 친구인 목사들은 시 정부와 주 정부로부터 적잖은 박해를 당하고 있다. 그중 한 목사는 시장이 목사들의 설교 원고 때문에 소환장을 발부한 사건의 중심에 서기도 했는데, 이는 시장이 자신의 의제를 밀어붙일 공격 수단을 찾기 위한 시도였다.

우리가 긴 대화를 나눈 대학교수들과 공무원들은 늘 자신의 발언 내용과 방식을 검열해야 한다. 그렇지 않으면 직업상의 불이익을 당할 수 있다.

우리에게 고충을 털어놓은 사역 지도자들에 따르면 그들의 사역은 대학 캠퍼스에 더 이상 용납되지 않는다.

우리에게 소식을 알려오는 기독교 연구가들(우리는 아니다)은 문화적으로 용인된 규범에 어긋나는 결과를 발표하면 블랙리스트에 올라간다.

우리가 아는 기업주들은 법규나 여론에 따르느라 자신의 철칙을 어떻게 적용할(또는 적용하지 않을) 것인지에 대해 괴로운 결정을 내렸다.

우리의 친구들은 개인적 소신 때문에 취직을 거부당했다.

우리가 늘 소식을 듣는 기독교 지도자들은 자신들의 사역이 뉴스에 부정적으로 보도될까 봐 조심한다. 물론 좋은 언론은 당연히 종교의 죄를 파헤쳐야 한다(성직자의 성 추문이 좋은 예다). 그러나 우리가 섬기는 지도자들에 따르면 근년 들어 뭔가가 달라졌다. 일부 기자들은 꼭 종교를 노리는 미사일처럼 무엇이든 찾아내고 터뜨려서 파괴하려 한다.

물론 상존하는 위험 요소인 SNS의 재앙이나 홍보의 재앙도 빼놓을 수 없다. 과도하게 투명한 세상이 되다 보니 기독교 지도자들과 기독교 기관들에 대한 비판도 과도해졌다.

이상은 기독교인들과 기독교 기관들을 향해 날아오는 돌팔매와 화살의 몇 가지 예에 불과하다. 많은 이들이 그런 긴장을 느끼고 있다.

수적 우세와 전통 덕분에 과거에 상당한 사회적 권력을 휘두르던 많은 기독교인이 이제 긴장하고 있다. 실천하는 기독교인이라는 포괄적 집단-천주교, 복음주의, 주류 교인을 두루 망라한다-을 보면 자신이 "오해받고 있다"(54%), "박해받고 있다"(52%)라고 느껴진다고 답한 사람이 과반수다. 기타 수백만의 사람들은 오늘의 사회에서 신앙대로 살아가는 삶을 "소외되고 있다"(44%), "주변으로 밀려나고 있다"(40%), "침묵당하고 있다"(38%), "목소리를 내기가 두렵다"(31%), "미련해 보일까봐 걱정된다"(23%) 등의 표현으로 묘사했다. 문화 속에서 경험하는 신앙을 이렇게 부정적으로 인식하는 확률은 복음주의자들 사이에서 더 높았다.

우리 둘 다 폭넓은 기독교 전통을 두루 상대하고 있긴 하지만, 그동안 복음주의 진영 내에서 밀착 연구한 데이터에 따르면 이와 같은 우려는 더 커지는 추세다. 이쪽 분야에서 일하면서—게이브는 기독교 지도자들을 소집해 교육하고, 데이비드는 신앙과 문화에 관해 연구해 분석한다—우리는 이런 문제에 대한 우려가 지난 5년 사이 증가하는 것을 보았다.

신앙인으로서 느끼는 긴장

오늘의 사회에서 당신의 신앙을 생각할 때 개인적으로 어떤 느낌이 드는가?
모든 수치는 '매우 그렇다'와 '약간 그렇다'라는 응답을 합한 것이다.

	성인(미국) (%)	복음주의자 (%)	실천하는 기독교인 (%)	실천하는 기독교인 밀레니엄 세대(%)	타종교 (%)
오해받고 있다	41	65	54	65	57
박해받고 있다	33	60	52	60	45
소외되고 있다	31	53	44	48	33
주변으로 밀려나고 있다	29	48	40	59	36
침묵당하고 있다	28	50	38	46	34
목소리를 내기가 두렵다	23	32	31	47	22
미련해 보일까 봐 걱정된다	19	21	23	38	19

대상: 자신을 '신앙인'으로 생각하는 사람들
출처: 바나 옴니폴, 2015년 8월, 표본집단 1,000명

실천하는 기독교인 중 밀레니엄 세대는 특히 전방위로 타격을 입고 있다. 다른 실천하는 기독교인들에 비해서 그들은 오늘의 사회에서 자

신의 신앙에 대한 부정적 여파를 더 많이 느낀다. 대다수가 "박해받고 있다", "오해받고 있다"고 느끼고 있으며 "목소리를 내기가 두렵다"고 답한 사람도 많다.

같은 또래 비기독교인의 부정적 인식도 일부 원인으로 작용하고 있다. 「나쁜 그리스도인」에 그런 추세를 입증한 바 있다. 또 다른 불리한 요인은 성경에 대한 회의론이 퍼지고 있는 것이다. 미국성서공회의 의뢰로 시행한 연구에 따르면 성경을 회의적으로 대하는 청년층의 비율은 장년층보다 높다. 그들이 보기에 성경은 인간들이 집필한 또 하나의 책에 불과하다. 밀레니엄 세대 비기독교인의 4분의 1은 성경을 "오랜 세월 종교적 도그마로 인간을 압제해 온 위험한 책"으로 보았다. 38%는 성경이 "신화"라고 믿었고, 30%는 "허구"의 책이라고 답했다. 성경을 읽는 사람을 보는 순간, 젊은 비기독교인들의 가장 보편적 인식은 상대가 구식이고 정치적 보수이며 자신과의 공통분모가 전혀 없다는 것이다.

한마디로 시의성이 없고 극단적이라는 것이다.

인생을 좀 더 오래 산 베이비붐 세대와 노년 세대는 자녀들과 손자손녀들이 신앙을 '잃고' 있는 게 아닌지 걱정이다. 그들은 긴장해 자신의 신앙을 의미 있게 표현해 보려 하지만 쇠귀에 경 읽기처럼 느껴진다. 언어 자체가 송두리째 바뀐 것처럼 보일 정도다.

목사들도 긴장을 느끼고 있다. 예수를 따르도록 사람들을 돕고 싶어도 많은 교인이 한 달에 한두 번밖에 교회에 나오지 않기 때문에 제자양육이 장기적 변화로 이어지기 어렵다. 게다가 교인들이 오락과 대중매체 일변도의 문화에 젖어 있어, 그런 문화가 그들의 삶과 생활방식을 불가항력으로 깊게 빚어내고 있다. 목사들은 사람들의 헌신도가 낮고 제자답게 살려는 의욕이 없어 걱정이라고 한다. 또 오늘의 문화 속에서 그리스도를 따르도록 사람들을 가르치는 일이 워낙 복잡해서 자신들이 그 실타래를 풀어내기에 역부족으로 느껴진다는 고백도 한다.

긴장을 느끼기는 다양한 기독교 전통과 기독교 기관들도 마찬가지다. 예컨대 LGBT 이슈들에 어떻게 대응할 것이냐의 문제로 많은 교단과 선교단체가 갈라지고 있다. 대학을 비롯한 각급 기독교 학교들과 신학교들은 인구분포 면에서나 재정적, 사회적 면에서 급격한 변화를 겪고 있는 상황에서 이 기관들이 앞으로도 사역을 지속할 수 있을지에 대해 의문을 불러일으키고 있다.

천주교 진영은 의료 서비스(산아제한과 피임 같은), 생명권, 입양, 결혼과 가정 등의 이슈들로 오랜 세월 긴장을 경험해 왔다. 로스앤젤레스의 저명한 천주교 지도자인 우리 친구 빌(Bill)은 이렇게 말한다. "진작부터 우리 천주교인들은 나라의 소수집단으로 살아간다는 의미와 그럼에도 불구하고 계속 확신을 밀고 나가는 법을 알았다. 그동안도 쉽지 않았는데 이제 더 어려워지고 있다!"

끝으로 교회의 연합을 위협하는 긴장도 있다. 외부 세력—예컨대 복음주의자를 다른 행성에서 온 사람처럼 묘사하는 언론인—때문이든 아니면 기독교인끼리 서로 공격하기 때문이든, 기독교가 산산조각으로 분열되는 것처럼 느껴질 때도 있다. 우리의 동기와 사역을 오인하고 오판하는 이들로 인한 고통이라면 우리도 직접 겪어서 알고 있다.

이렇듯 우리 모두가 긴장을 느끼고 있다.

그렇다면 이런 긴장은 어디서 온 것인가? 원인이 무엇인가?

우리가 믿기로 문제는 우리 문화에 공통의 중심부가 없다는 데 있다. 밑이 푹 빠져 버리면서 중심축이 없어졌다. 우리의 도덕적, 영적 삶은 한가운데가 거대하게 텅 비어 있다.

반기독교 세력의 대대적인 공모가 있다고 보지는 않지만, 기독교적 신념을 철저히 대적하는 일련의 세속 사상이 일관되고 집요하게 인지되는 것만은 분명하다. 그런 시도를 통제하는 지휘부는 없을지 몰라도, 그렇다고 순진하게 당하고 있어서는 안 된다. 세계관이 다른 사람들은 자신들이 생각하는 진리로 문화적 공백을 어떻게든 메우려 하는 법이다.

그래서 일부 기독교인들은 대중매체의 명사들과 할리우드, 학계 등에 아주 신속한 반응을 내놓는다. 기독교계의 목소리가 의도적으로 침묵 당하고 있음을 예리하게 간파하기 때문인데, 이런 지각은 그들이 교계 지도자들에게 듣고 공공 광장에서 직접 보는 바를 통해 사실로 확증된다.[1]

우리 문화의 주 무대와 사회 구조로부터 기독교가 밀려나면서 그 자리가 공백으로 남았다. 그래서 문화 전반이 그 빈자리를 채우려 하고 있다.

공통의 중심부

한때 우리에게 공통의 중심부가 있었음을 잘 모르겠거든 간략하게 역사를 되짚어 보면 된다.

약 150년 전인 1865년 3월 4일, 대통령에 새로 재선된 에이브러햄 링컨(Abraham Lincoln)이 그의 두 번째 취임사를 했다. 연설 전반에 성경 신구약이 수시로 언급되었다. 링컨은 노예 소유주들이 "남의 얼굴에 땀이 흐르게 하여 빵을 착취하면서 정의로우신 하나님께 도움을 구한다"며 창세기 3장에 빗대어 비판했다. 마태복음 18장에 나오는 예수의 경고도 되풀이했다. "실족하게 하는 그 사람에게는 화가 있도다." 아직 끝나지 않은 참담한 국가적 내전에 대해서도 그는 시편 19편을 인용하여 하나님의 주권을 인정했다. "여호와의 법[심판]도 진실하여 다 의로우니."²

링컨 대통령의 대다수 청중과 그 연설을 신문으로 읽은 수많은 국민은 인용되는 성구들을 즉각 알아들었을 것이다. 당시 영역본 성경은 흠정역(KJV) 하나뿐이었고, 책이라고는 평생 그것밖에 읽어 보지 못한 이들도 있었다. 성경이 미국 문화에 미친 영향과 위력은 아무리 강조해도 지나치지 않다. 한 세기 반 전까지만 해도 흠정역 성경은 "영어권 세계 전체의 사상적 구심점이었다."³

그러나 링컨이 그 전설적 연설을 지금 한다면 많은 사람이 알아듣지 못할 것이다. 1865년보다 성경 번역본이 훨씬 많아졌기 때문만은 아니다. 그의 두 번째 취임사를 지금 듣는다면 적어도 소수의 사람은 성경을 인용해 논지를 펴는 데 반감을 품을 것이다. 연설 전체가 하나님의 뜻을 묵상한 내용이라는 사실에 대해서도 일각에서는 눈살을 찌푸릴 것이다.

하지만 얼마 전까지만 해도 공적인 삶에 그런 식의 어법을 쓰는 것은 예외적인 일이 아니었다. 인터넷을 검색해 보라. 불과 수십 년 전까지만 해도 미국의 지도자들은 으레 기독교를 '공통의 중심부'로 인정했다. 심지어 거듭난 헌신적 기독교인이 아니었을 수도 있는 아이젠하워(Eisenhower) 대통령도 기독교에 대해 말하면서 대다수 미국인이 자기 말을 알아들을 거라는 전제하에 기독교의 상징물들을 언급했다.

최근의 대통령들도—자신의 신앙을 드러내기로 유명한 조지 W. 부시(George W. Bush)만이 아니라—예수를 '우리 구주'라 칭했다. 빌 클린턴(Bill Clinton) 대통령은 예수의 기적과 부활을 믿는다고 공언하면서 부활을 구원 역사의 '중심 사건'이라 표현했다. 또 부활절은 "선이 악을 정복했고, 희망이 절망을 이겼으며, 삶이 죽음에 승리했다"는 증거라고 말했다. 아울러 그는 "하나님의 독생자가 우리 삶 속에 하나님의 사랑과 임재에 대한 확신을 가져다주셨고 구원을 약속하셨다"고 선포했다. 예수는 "온 인류를 비추시는 참 빛"이시다.[4]

오늘날 대통령이 이런 주장을 한다는 게 상상이 되는가? 지금은 종교다원주의 때문에 도덕성의 공통된 기초가 존재하기 어렵다. 미국은 지구상에서 종교적 다양성이 가장 큰 나라일 수도 있는데, 이는 신구약 성경에 기초한 가치관 덕분이기도 하다.[5] 그런데 그 다양성 때문에 성경의 공적인 인용이 문제가 되다니 아이러니가 아닐 수 없다.

이렇듯 우리가 공통의 중심부를 잃고 있다면 그 빈자리를 대신 채우고 있는 것은 무엇인가?

새로운 도덕률

지난 두 세기 동안 미국은 공적인 삶에서 기독교적 가치관을 옹호했고, 국민이 정부의 그런 면에 어느 정도 의지하는 게 당연해 보였다. 대다수 국민이 미국을 '기독교 국가'로 알았으므로 자연히 연방법과 주법은 성경적 세계관을 암묵적으로 인정하며 기독교적 도덕을 적극적으로 장려했다. 도박과 금주에서 세금공제와 품행 규정에 이르기까지 명목상의 기독교가 공공 광장을 우호적으로 지배했다. 누구나 몸가짐을 삼가다 보니 대체로 미국인은 덕스럽고 도덕적인 국민으로 보였다.

그러나 20세기 들어 기독교적 도덕을 자기만족의 도덕이라는 새로운 도덕률의 방해물로 보는 사람들이 점점 많아졌다. 사람들은 거추장스러운 전통 규범을 버리면서 하나님이라는 귀찮은 감시자가 없는 삶을 상상하기 시작했다. 존 레넌(John Lennon)이 그의 불멸의 히트곡에 그 시대정신을 잘 담아냈다. "천국이 없다고 상상해 보라. 막상 해 보면 어렵지 않다."

다음에 제시되는 〈새로운 도덕률〉이라는 표에서 보듯이 미국인이 이 새로운 도덕률에 얼마나 충성을 다하고 있는지 새로운 연구를 통해 확연히 드러났다. 그것을 6대 원리로 요약하면 다음과 같다.

❶ 자아를 발견하려면 자기 내면을 보라.
❷ 남이 어떤 삶을 선택하든 비판해서는 안 된다.[6]
❸ 삶의 만족을 얻으려면 자신이 가장 갈망하는 것들을 추구하라.
❹ 삶의 최고 목표는 즐기는 것이다.
❺ 자신의 신념이 사회에 영향을 주지만 않는다면 무엇이든 자기가 원하는 대로 믿어도 된다.
❻ 성인끼리 서로 동의하면 어떤 종류의 성적인 표현도 괜찮다.

자기만족의 도덕은 우리가 들이마시는 공기처럼 곳곳에 널려 있다. 음악, 영화, 비디오게임, 앱, 광고, TV 프로그램, 기타 모든 매체에서 자기만족을 부추기는 메시지가 항시 쏟아져 나온다. 그런데도 우리는 그것을 아예 알아차리지 못할 때가 대부분이다.

웹사이트의 광고가 아주 좋은 예다(약간 소름 끼칠 정도다). 당신이 인터넷에서 최근에 검색한 제품이 페이스북이나 유튜브에 광고로 뜨는 것을 보았을 것이다. 한번 온라인 매장에 들어갔다 나오면 쿠키라는 작은 데이터 조각이 브라우저에 남는다. 쿠키는 당신이 보고 클릭했던 제품에 대한 메시지를 당신이 방문하는 다른 웹사이트들로 보내 준다. 그러면 그 사이트들은 당신의 검색 이력에 근거해 당신이 원하는데 아직 구매하지 못한 제품의 광고를 띄워 준다. 그렇게 맞춤형 광고가 늘 눈꼬리에 잡히는 사이 당신에게 "삶의 만족을 얻으려면 자신이 가장 갈망하는 것들을 추구하라", "삶의 최고 목표는 즐기는 것이다"라는 메시지가 쉴 새 없이 전달된다.

새로운 도덕률

다음 각 진술에 당신이 동의하는지 여부를 표시하라.
모든 수치는 '전적으로 동의한다'와 '약간 동의한다'라는 응답을 합한 것이다.

	성인(미국)(%)	실천하는 기독교인(%)
자아를 발견하려면 자기 내면을 보라	91	76
남이 어떤 삶을 선택하든 비판해서는 안 된다	89	76
삶의 만족을 얻으려면 자신이 가장 갈망하는 것들을 추구하라	86	72
삶의 최고 목표는 즐기는 것이다	84	66
자신의 신념이 사회에 영향을 주지만 않는다면 무엇이든 자기가 원하는 대로 믿어도 된다	79	61
성인끼리 서로 동의하면 어떤 종류의 성적인 표현도 괜찮다	69	40

출처: 바나 옴니폴, 2015년 8월, 표본집단 1,000명

자기중심의 도덕이 만연하고 있다. 결혼 생활과 자녀 양육이라는 두 인간관계만 보아도 이를 알 수 있다. 전통적 기독교에 따르면 이 둘을 제대로 하려면 엄청난 수준의 자기희생과 타인 중심의 자세가 요구된다. 그런데 이제 개인 만족이 무대의 중앙을 차지해 버렸다. 문화적으로 결혼 생활이란 배우자와 함께 있을 때 내 기분이 어떤가, 배우자가 "나를 어떻게 보완해 주는가"의 문제로 전락했다. 자녀 양육도 비슷하게 자기중심으로 변했다. 인생을 코치하는 어느 웹사이트의 광고 카피에 그것이 잘 나타나 있다. "자녀를 기르는 고생은 자신이 성장할 수

있는 절호의 기회다. 자녀 양육을 계기 삼아 당신 개인의 만족을 추구하고 최고의 삶을 창출하라!"[7] 이런 부모의 자녀가 되고 싶지 않은가?

앞의 표에서 보다시피 자기만족의 도덕은 미국의 기독교에도 침투해 들어왔다. 이 새로운 도덕률의 원리들을 받아들이는 비율은 실천하는 기독교인들 사이에도 아주 높은 편이다.

달라스 윌라드(Dallas Willard)는 2009년 그의 저서 「그리스도를 아는 지식」(복있는 사람)에서 이런 영적 질병을 다음과 같이 진단했다.

> 이제 사람들이 삶의 해답으로 삼는 세계관들은 감정에서 비롯된다. 우리의 세상을 지배하는 것은 실체나 선이 아니라 욕망이다. 종교 내부도 다분히 마찬가지다. 이제 미국인이 행하는 종교는 대부분 감정에 이끌린다. … 쾌락의 추구가 하나님의 집을 장악했다. 선이나 진리는 더 이상 기준이 못 된다.[8]

복음으로 변화되는 삶 대신 안락한 생활을 택한 기독교인들이 너무 많다. 기독교적인지 아닌지 모호한 도덕을 정부가 암암리에 지지하다 보니 충실성의 의미를 분간하기가 여러모로 힘들어졌다. 그들은 기껏해야 교회에 얼굴을 내미는 정도다.

근년 들어 자기만족의 도덕은 필연적 열매를 맺기 시작했다. 즉 사람들은 스스로 만족을 얻을 수만 있다면 문화적 기독교의 테두리를 벗어나는 일도 서슴지 않는다. 그런 행위를 법으로 막는 것까지도 못마땅해한다.

이렇게 문화 전반이 기독교적 도덕을 자기만족의 도덕률로 대체한 결과로 이제 법률도 이를 옹호하는 추세로 가고 있다. 이런 도덕률에 따르면, 개인의 만족 추구를 제한하려는 모든 도덕—예컨대 종교—은 그 자체가 제한의 대상이 될 수밖에 없다.

만일 그 무엇이나 누군가가 나의 만족을 가로막는다면 이는 제거되어야 할 장애물이다. 그 사람은 적이며 악의 화신이다. 그러니 신념일랑 혼자만 품고 있어라.

하나님의 도덕 질서

자기만족을 최고선으로 받아들이는 지배 문화와 반대로, 신앙 좋은 기독교인은 하나님의 도덕 질서 아래서 살아가야 인간과 사회가 형통할 수 있다고 믿는다. 성경에도 몸의 훈련은 약간의 유익이 있으나 "경건[훈련]은 범사에 유익하니 금생과 내생에 약속이 있느니라"(딤전 4:8)고 했다.

그러나 실천하는 기독교인들의 마음과 생각을 자기만족의 도덕이 대거 지배하고 있다는 게 오늘날 교회의 위험한 약점이다. 이렇게 문화적 도그마를 기독교 신학에 접붙이는 일은 중단되어야 한다. 우리가 하나님의 백성으로서 형통하려면 그분의 도덕 질서가 우리 삶을 지배해야 한다.

그렇다면 하나님의 도덕 질서의 원리는 무엇인가? 새로운 도덕률과 대비되는 아래의 6대 진술에서 예수를 중심에 모신 삶의 마땅한 모습을 볼 수 있다.

❶ 자아를 발견하려면 자기 **바깥의** 예수 안에서 진리를 찾으라.
❷ 남을 사랑한다 해서 늘 침묵해야 하는 것은 아니다.
❸ 기쁨은 자신의 갈망을 추구하는 데 있지 않고 자신을 내주어 남에게 복을 끼치는 데 있다.
❹ 삶의 최고 목표는 하나님께 영광을 돌리는 것이다.
❺ 하나님은 인간에게 무엇이든 원하는 대로 믿을 자유를 주시지만 그런 신념은 언제나 사회에 영향을 미친다.
❻ 하나님은 인간을 번성하게 하시려고 성과 성의식에 테두리를 정하셨다.

일부러 우리는 이 6대 원리를 새로운 도덕률의 6대 원리에 대한 대응으로 표현했다. 진정한 도덕이 우리 바깥의 뭔가에 뿌리를 두고 있다는 기독교인들의 수상은 참된 반문화의 표현이다. 처음에는 불편히 게 느껴질지라도 우리는 시대정신을 향해 반문화로서 성실하게 말해야 할 책임이 있다. 말로만이 아니라 반문화답게 살고자 교회 차원에서 힘써 노력해야 한다. 우리가 일관성을 보여야만 외부인들이 우리 삶에 자극을 받아 자신의 도덕적 나침반을 재고할 수 있다.

새로운 도덕에 역행하는 삶은 오르막길의 전투다. 불어오는 바람을 막으려는 일처럼 느껴질 때도 있다. 주류 문화는 거의 모든 것을 시장에 내놓아 우리의 안락과 복지와 안전과 만족에 교묘하게 호소한다. 맛있는 식사. 꿈에 그리던 휴가. 완벽한 주택. 짜릿한 섹스. 나를 만족하게 해줄 것은 무엇인가? 예로부터 인간은 방종으로 치닫는 성향이 있었거니와 지금 같은 광고 시대에는 우리의 갈망을 자극할 방법이 무궁무진하다.

그러나 여기 예수의 길이 있다. 웨스트민스터 대요리문답의 1번 문항은 "인간의 가장 으뜸가는 목적은 무엇인가?"이다. 개신교에서 세례문답을 받은 사람은 대대로 누구나 알듯이 답은 "하나님을 영화롭게 하고 그분을 영원히 즐거워하는 것"이다. 여기에 깊은 도덕적 의미가 함축되어 있다. 우리 삶의 최고 목표가 자신의 낙이 아니라 하나님의 영광이라면 내면의 성품은 물론 겉으로 드러나는 행동까지도 철저히 달라질 수밖에 없다.

더 나은 길 제시하기

기독교의 성경적이고 역사적인 도덕관이 인기가 있든 없든 우리가 옹호하는 것은 그것이며, 어쩌면 인기가 없을 때일수록 특히 더 그렇다. 우리는 하나님의 도덕 질서가 인간을 형통하게 한다고 믿는다.

새로운 도덕률은 더 나은 생활방식이 아니므로 막다른 골목에 다다를 수밖에 없다. 그렇게 될 때 사람들은 어디로 돌아설 것인가? 하나님의 도덕 질서가 우리에게 활활 타오르고 있다면 그들은 그 불빛을 따라 어둠을 벗어날 수 있다. 그러나 우리마저 문화의 최신 유행을 뒤쫓느라 여념이 없다면 우리는 세상에 내줄 게 없다.

당신은 이런 의문이 들지 모른다. '역사적 기독교 신앙이 지금 시대에는 맞지 않는다면 어찌할 것인가? 구시대의 신자들이 닦아 놓은 길을 따라가다 행여 우리가 잘못되면 어찌할 것인가?'

정당한 의문이며 책의 뒷부분에서 일부 답을 자세히 살펴볼 것이다. 그래도 우리는 역사가 훌륭한 길잡이임을 믿는다. 역사를 통해 전체적 시각을 얻을 수 있으며, 우리 시대처럼 가장 굵직한 개념들이 서로 충돌할 때는 특히 더하다. 역사를 알면 이 순간을 전체 문맥 속에 둘 수 있어 현재의 이념 충돌이 새삼스러운 일이 아님을 알게 된다. 사실 그것은 아주 오래된 일이다.

예수께서 오시던 그 당시에도 오늘 우리가 맞서 싸우는 것과 같은 개념이 매력을 얻고 있었다.

그리스도께서 출생하시기 대략 1백 년 전에 루크레티우스(Lucretius)라는 로마 철학자는 「사물의 본성에 관하여」(아카넷)라는 서사시를 썼다. 이 거창한 문학 작품에 그는 **쾌락**이 인생의 궁극적 목적이라고 주장했다. 우리는 삶을 즐기기 위해 존재할 뿐 그 이상도 이하도 아니라는 것이다. 그러니 항상 행복하게 살라. 고통은 어떻게든 피하고 온갖 수단을 동원하여 **쾌락**을 추구하라.[9]

어디서 많이 들어 본 말 같지 않은가? (새로운 도덕률의 2번, 3번, 4번 원리를 참조하라.)

루크레티우스는 '인생은 한 번뿐'이라는 구호의 아버지다. 지난 50년간 지배 문화에 그의 쾌락 중심의 철학이 부활할 기회가 무르익었다.

그렇다고 우리의 말을 오해해서는 안 된다. 하나님의 선한 세상을 즐기는 것은 잘못이 아니다. 하지만 그것이 궁극적 초점이 되면 이미 우리 스스로 신이 된 것이다. 이 케케묵은 사상이 새로운 도덕률의 핵심이며, 기독교인들이 지배 문화와 싸우는 이유도 바로 거기에 있다. 쾌락과 자기만족이 파멸을 부른다는 우리의 주장은 갈수록 더 많은 이들에게 시의성이 없거나 극단으로 여겨진다.

그 정도가 아니라 그것은 아예 악이다.

자기만족이 삶의 궁극 목표라는 개념을 당신 친구들이 받아들였다면 당신이든 누구든 그 길을 막는 사람은 악인이다. 그러니 입 다물고 앉아서 신앙일랑 혼자만 품고 있어라.

하지만 그것은 예수의 길이 아니다.

그로부터 수십 년 후에 오신 예수는 루크레티우스의 철학과 정반대로 쇄신-구속(救贖)과 회복과 재창조-이 모든 인생을 향한 하나님의 목적이라고 온유하게 가르치셨다. 아픔과 깨어짐과 고난도 피하지 말고 견뎌야 한다. 하나님이 그런 경험까지도 구속하여 우리를 새롭게 하시고 남을 복되게 하시기 때문이다.

단언컨대 상극을 이루는 이 두 내러티브가 오늘 서로 싸우고 있다. 우리가 가담 중인 것은 문화 전쟁이 아니라 인간의 사고를 점하려는 전투다. 두 종류의 인생관이 우리 눈 앞에 펼쳐지고 있다.

하나는 생명으로 인도하는 좋은 신앙이다.

또 하나는 사망에 이르는 나쁜 개념이다.

문화의 맞바람이 느껴질 때 우리는 기독교 신앙의 도덕관념이 얼마나 유서 깊은지 상기해야 한다. 거기에 대항하는 사조는 어느 시대에나 늘 있었다. 좋은 신앙은 시대를 초월하는 법이니 안심해도 된다.

성령께서 우리 안에 능력으로 역사하시기에 기독교인들은 더 나은 생활방식으로–자기만족이 아니라 쇄신으로–문화에 맞설 수 있다. 우리 문화에 없는 중심부를 우리는 은혜로 받았다. 신앙 좋은 기독교인은 그래서 소통자–사실은 번역자–가 되어 글과 말과 예술과 여러 다양한 방식을 통해, 자기만족과 쾌락을 추구하는 시대정신에 효과적으로 맞서야 한다.

물론 더 나은 이 길을 제시하려면 먼저 이웃을 **사랑해야** 하고, 예수의 내러티브가 정말 인간의 이야기를 살아내는 최고의 길임을 **믿어야** 한다. 그리고 우리 시대의 가장 시급한 도덕적 문제들에 부딪칠 때 긴장에도 불구하고 쇄신의 방식대로 **살아가야** 한다.

사랑하고, 믿고, 살아가라.

좋은 신앙의 단순한 (그러나 쉽지 않은) 이 공식에서부터 시작해 보자.

이슈

좋은 신앙,
삶으로
실천하기

2

사랑하고,
믿고,
살아가라

05

신앙 좋은 기독교인은
공공의 유익을 추구한다.

기독교인들이 직면해 있는 교회 안팎의 여러 도전으로 보건대, 신실한 삶은 불확실한 미래로 나아가는 길이다. 우리는 무엇에 대항할지를 정하기보다는 무엇에 헌신할지를 정하는 하나님의 백성이 되어야 한다.

신앙이 좋아도 잘 알려지지 않은 기독교인들이 아주 많다. 이들 기독교인들과 기관들이 각자의 지역 사회에서 좋은 신앙을 어떻게 실천하고 있는지 생각해 보라.

버지니아 주의 리자 조(Lisa Jo)는 블로그 활동과 글쓰기를 통해 엄마들을 격려한다.

시애틀의 짐(Jim)은 자신이 페인트칠을 맡은 집의 고객들에게 무리 없이 자연스럽게 예수에 대해 말한다.

미션 이어(Mission Year)는 학생들에게 도시의 한 동네를 위해 1년간 협력 봉사하게 한 다음 거기서 배운 교훈을 미래의 삶에 통합할 기회를 제공한다.

덴버의 제프(Jeff)는 고등학생들에게 C. S. 루이스(C. S. Lewis)를 아주 좋아하도록 가르친다.

스코틀랜드 에딘버러의 루스(Ruth)는 미용사로서 고객들을 대하는 일에 신앙을 접목하고 있다.

영국 런던 근교의 사이먼과 메리언(Simon & Marianne) 부부는 학습 장애와 행동 장애가 있는 두 아이를 입양했다.

오리건 주 포틀랜드의 사우스레이크 교회(Southlake Church)는 전국적으로 교회와 학교의 자매결연 프로그램을 시작하여, 기독교인들이 지역 사회의 교육에 투자하는 방식을 바꾸어 놓고 있다.

남아공 요하네스버그의 테리언(Tarien)은 십대 아이들이 예술을 창작하고 디자인을 배우도록 돕는다.

로리(Lori)는 어디라고 밝힐 수 없는 지역의 모슬렘들 사이에 살며 일한다.

뉴욕의 트리니티 그레이스 교회(Trinity Grace Church) 공동체들이 후원하는 새라 프레지어(Sarah Frazier)의 '하우스 온 비크먼'(House on Beekman)은 생활 수준이 빈곤선 이하인 브롱크스 남부의 아이들을 섬긴다.

영국 맨체스터의 벤(Ben)은 현대의 노예인 성매매 피해자들을 구조하는 팀을 이끌고 있다.

피닉스의 조쉬(Josh)는 동료 대학생이 기도하고 성경 공부를 하도록 격려하는 것으로 명성이 자자하다.

보스턴의 제시카(Jessica)는 가족 간의 알찬 시간을 새로 구상하도록 어린아이를 둔 가정들을 돕고 있다.

호주 시드니의 마이크(Mike)는 기독교를 믿는 게 극단적이거나 시의성이 없는 정도가 아니라 아예 불법인 지역에 사는 박해받는 기독교인들을 지원한다.

캘리포니아 주 벤추라의 질(Jill)은 학교의 스포츠 사진사이자 기도 후원자이며 예수를 사랑하는 세 자녀를 기르고 있다. 테네시 주 내슈빌의 레베카(Rebekah)도 세 어린 영혼을 기르며 책도 쓴다(질과 레베카는 세상 최고의 엄마이자 아내다[두 저자의 아내들이다-역주]).

이들 모두와 그 밖의 수많은 사람이 주께서 자신에게 맡겨 주신 일을 충실하게 수행하고 있다. 일이 크든 작든 중간이든 관계없다. 공로를 인정받거나 칭찬이 따르든 말든 개의치 않는다. 이것이 좋은 신앙을 실천하는 삶이다.

문화적 정황, 각종 문제, 혼란스러운 분야는 앞의 여러 장에서 충분히 살펴보았다. 이제 기독교인들이 이 모든 개념적 내용을 현장에 잘 접목할 수 있도록 몇 가지 큰 그림을 제시하고자 한다.

좋은 신앙을 논하는 것은 좋은 일이지만, 우리가 제대로 하고 있는지 어떻게 아는가?

성경과 좋은 신앙

'좋다'는 것은 뭔가 유익하다는 뜻이고 '선행'은 가치 있는 목표다. 여기까지는 아무도 이의가 없다. 누구나 다 '선한' 세상을 원한다. 그러나 선의 정의와 그것을 이루는 수단은 사람마다 크게 다르다.

선에 대한 기독교적 관점에 이르려면 성경에서 출발해야 한다. 좋다는 개념의 근원이 하나님이어야 한다. 신앙 좋은 사람이 되고 싶다고 말하려면 우리가 지향하는 선이 무엇인지 성경에 근거하여 알아야 한다.

선은 성경의 공통된 주제다. 우리가 가장 좋아하는 구절 중 하나이자 이 책의 주제를 잘 담아낸 구절이 히브리서에 나온다.

"서로 돌아보아 사랑과 선행을 격려하며"(히 10:24).

하나님의 이야기에서 선은 훨씬 이전으로 거슬러 올라간다. 사실은 맨 처음부터 나온다. 창조주께서 자신의 손으로 지으신 작품을 쭉 둘러보시니 보시기에 좋았다(창세기 1장 참조). 하나님이 세상에서 맨 먼저 하신 일을 성경에서 읽어 보면 그분이 의미하신 선이 무엇인지 알 수 있다. 즉 그분의 창조세계는 질서 있고 바르며, 풍성하고 후하며, 아름답고 생명과 관계로 번성한다.

하나님의 백성이 선의 주역이 되어야 한다는 주제는 신약에서도 되풀이된다. 예를 들면 다음과 같다.

- ◆ 산상수훈에 예수는 듣는 이들에게 이렇게 말씀하신다. "이같이 너희 빛이 사람 앞에 비치게 하여 그들로 너희 착한 행실을 보고

하늘에 계신 너희 아버지께 영광을 돌리게 하라"(마 5:16).

- ◆ 바울이 초대 교회에 보낸 서신을 보면 "선," "선하다"라는 말이 자주 나온다. "오직 마음을 새롭게 함으로 변화를 받아 하나님의 선하시고 기뻐하시고 온전하신 뜻이 무엇인지 분별하도록 하라"(롬 12:2). "모든 것이 합력하여 선을 이루느니라"(롬 8:28). "하나님의 나라는 먹는 것과 마시는 것이 아니요 오직 성령 안에 있는 의[선]와 평강과 희락이라"(롬 14:17). "오직 성령의 열매는 사랑과 희락과 화평과 오래 참음과 자비와 양선과 충성과 온유와 절제니"(갈 5:22~23). "우리가 선을 행하되 낙심하지 말지니"(갈 6:9). "우리는 그가 만드신 바라 그리스도 예수 안에서 선한 일을 위하여 지으심을 받은 자니 이 일은 하나님이 전에 예비하사 우리로 그 가운데서 행하게 하려 하심이니라"(엡 2:10). 그밖에도 많다.

- ◆ 베드로는 초대 교회의 박해받던 기독교인들에게 이렇게 말했다. "이는 너희를 어두운 데서 불러내어 그의 기이한 빛에 들어가게 하신 이의 아름다운 덕[선]을 선포하게 하려 하심이라"(벧전 2:9).

- ◆ 물론 사도 야고보도 더없이 단도직입석으로 이렇게 썼다. "[신을] 행함이 없는 믿음은 죽은 것이니라"(약 2:26). "너희 중에 지혜와 총명이 있는 자가 누구냐 그는 선행으로 말미암아 지혜의 온유함으로 그 행함을 보일지니라"(약 3:13).

이상의 간략한 개요에서 알 수 있는 것이 무엇인가? 선이 남을 이롭게 한다는 사실이 가슴에 새겨져야 한다. 앞의 구절들은 신약에서 왔지만, 선은 하나님이 아브라함과 맺으신 언약만큼이나 오래된 주제다. 그는 복을 받고 복이 되었다(창세기 12장 참조). 지난 몇 년 동안 게이브는 기독교인들에게 회복자의 소명과 책임을 깨우쳐 주는 일에 집중했다. 그리스도 안에서 그분을 통해 우리는 회복의 주역이 되어야 한다. 깨어지고 뒤틀리고 무질서해진 세상의 악영향을 바로잡아야 한다.

좋은 신앙의 실천이란 세상과 그 속의 사람들을 도와 하나님이 처음에 창조하신 모습 그대로 질서 있고 바르며, 풍성하고 후하며, 아름답고 생명과 관계로 번성하게 한다는 뜻이다.

그게 선이다.

여기서 우리는 성경이 말하는 선의 두 번째 요지에 이른다. 우리 스스로는 선해지거나 선을 창출할 진정한 능력이 없다. "온갖 좋은 은사와 온전한 선물이 다 위로부터 빛들의 아버지께로부터 내려오나니"(약 1:17). 이는 동기가 잘못된 선행도 긍정적 영향을 미칠 수 있다는 뜻이다. 우리의 동기가 어떻든 따뜻한 음식은 굶주린 사람의 배를 채워 준다. 생각이 너무 많으면 시의성을 잃을 수 있다.

그러나 동시에, 좋은 신앙에서 자라 가려면 동기가 매우 중요하다. "서로 돌아보아 사랑과 선행을 격려"하는 목적이 우리의 이름을 알리거나 착해 보이거나 긍정적 홍보를 꾀하거나 사람들의 호감을 사기 위해서라면 우리는 선을 잘못 안 것이다. 선을 행하더라도 우리는 남들이 우리에게가 아니라 아버지께 영광을 돌리게끔 해야 한다. 하나님께 사랑받을 자격을 얻고자 선행에 힘쓴다면 이 또한 선을 잘못 안 것이다. 우리의 선행은 우리를 향한 예수의 무조건적 사랑에 감사하여 남에게 이타적으로 베푸는 사랑의 반응이어야 한다.

선에 대한 이런 성경적 관점을 염두에 두고, 지금부터 예수를 믿는 우리의 신앙이 어떻게 좋은 신앙이 될 수 있는지 살펴보자.

좋은 신앙의 필수 요소, 사랑하고+믿고+살아가라

당신이 요리사라면 알겠지만, 요리를 맛있게 하려면 제대로 된 재료가 필요하다. 핵심 재료가 빠진 케이크를 맛본 적이 있는가? 우웩! 맛이 아주 고약하다.

좋은 신앙은 세 가지 필수 성분을 요구한다. 그중 하나라도 빠지면 맛이 변질된다. 안타깝게도 요즘 나도는 신앙은 다분히 맛이 아주 고약하다.

좋은 신앙의 조리 비법은 이것으로 귀결된다. 얼마나 잘 사랑하는가? 무엇을 믿는가? 어떻게 살아가는가? 셋 중 하나라도 없으면 좋은 신앙이 아니라 설익은 신앙이다. 선의의 신자들에게 비판이니 가혹한 말처럼 들릴 수 있겠지만, 최대한 애정 어린 마음으로 하는 말이다. 우리는 기독교계가 잘되기를 바라며, 오늘의 문화적 풍토에서 좋은 신앙을 가꾸려면 세 가지 구성 요소가 다 필요하다고 진심으로 믿는다.

사랑하라_ 좋은 신앙의 출발점은 사랑

좋은 신앙의 출발점은 대계명대로 하나님을 사랑하고 이웃을 사랑하는 것이다. 예수는 하나님의 법을 이렇게 요약하셨다. 마음과 목숨과 뜻을 다하여 하나님을 사랑하고 이웃을 자신 같이 사랑하라(마 22:37~40 참조). 우리의 친구 스티브 가버(Steve Garber)에 따르면 오늘날 기독교인들의 가장 큰 도전은 우리가 엉뚱한 것들을 사랑하도록 배웠다는 것이다. 정말 맞는 말이다! 신앙이 좋은 사람이 되려면 사랑의 질서가 바로잡혀야 한다.

사랑이라는 성분이 없으면 겸손도 잃는다. 믿는 내용도 바르고 삶도 충실해 보이는데 교만 때문에 남의 눈에 거슬리고 반감을 사는 기독교인들을 우리도 다 알고 있다. 그들은 마치 진실에 수식어가 필요하다는 듯 "나는 그저 투명한 진실을 말하는 것뿐이다"라고 말한다. 정통 신앙을 중시하는 우리도 솔직히 다들 자신의 이런 문제로 힘들어할 때가 있다. 예수 시대의 독선적인 종교 지도자들처럼 되지 않도록 조심해야 한다. 그들은 하나님의 계시를 강탈해 자기네 목적에 뜯어 맞추었다.

앞서 말했던 선의 정의대로 하자면 이렇게 말할 수 있다. 사랑이 없다는 증거 중 하나는 질서 있고 바른 선에만 날카롭게 집중한 채 성경적 선의 똑같이 중요한 다른 면들을 배제하는 것이다. 아무리 질서 있고 바른 사람이라도 바울의 말처럼 사랑이 없으면 소리 나는 구리나 울리는 꽹과리가 되고 만다(고전 13:1 참조).

믿어라_ 무엇을 믿느냐가 중요

좋은 신앙의 그다음 요소는 성경적 정통성이다. 무엇을 믿는가는 중요한 문제다. 우리 둘은 헌신적으로 예수를 따르는 사람이다. 따라서 기독교적 현실관이 "인류 고래(古來)의 모든 의문에 답하는 가장 포괄적인 인생 체제"[1]라는 우리의 신념은 새삼 놀랄 만한 게 아니다. 우리는 인간이 경험하는 아름다움(하나님의 설계)과 참혹함(인류의 타락)이 기독교로 가장 잘 설명된다고 믿는다. 기독교 정통의 중심을 이루는 창조-타락-구속-회복의 이야기를 이해하고 믿으면 우리가 어디서 왔고, 무엇이 잘못되었고, 어떻게 고칠 수 있으며, 이 세상에서 우리의 목적이 무엇인지 알 수 있다. 신앙이 좋은 사람들에게 신학은 중요하다. 신학을 통해 세상과 교회의 일그러진 모습과 우리 자신의 비뚤어진 사고를 찾아내고 바로잡을 수 있다(헌신된 복음주의자로서 우리가 주장하는 특정한 신학 전통이 있지만,[2] 주류와 정교회와 천주교의 신자들도 이런 개념을 각자의 전통에 맞추어 적용할 수 있도록 이 책에서는 최대한 광의의 정통을 지향하고자 한다).

믿는 내용이 바르지 않으면 우리는 하나님이 의도하신 인간의 형통에 대해 혼란이나 철저한 오류에 빠진다. 또한 하나님과 인류, 세상에 대해 왜곡된 내용을 받아들인다. 극단적인 예로 많은 이들이 포르노를 인간의 성의 정상적 표현일 뿐이라고 진심으로 믿는다. 이 신념은 바르거나 그렇지 않거나 둘 중 하나다(바르지 않다). 또 많은 이들이 혼전 성관계를 성적으로 건강한 선택이라고 정말 믿으며 그중에는 기독교인들도 많다. 이 신념 또한 바르거나 그렇지 않거나 둘 중 하나다(바르지 않다).

좋은 신앙-질서 있고 바르며 생명과 관계로 번성하는-과 나쁜 개념은 엄연히 서로 다르다.

사랑을 구실로 그 둘의 차이를 분별하지 않고 얼버무려서는 안 된다. 즉 우리는 신념의 근거를 그 신념이 남들의 눈에 어떻게 비칠까에 두려는 유혹을 물리쳐야 한다. 젊은 기독교인들이 이런 유혹에 특히 약해 보인다. 그들은 친구를 잃지 않으려고 왜곡된 진리를 받아들이기 쉽다. 그러나 좋은 사랑과 좋은 신념은 공존할 수 있으며 실제로 공존한다(여기가 세 번째 요소가 끼어드는 자리다). 사실 좋은 신념이 없으면 사람들을 잘 사랑하는 법도 확실하게 알 수 없다.

살아가라_ 사랑과 믿음을 삶으로 실천하라

끝으로 좋은 신앙의 세 번째 구성 요소는 우리의 사랑과 믿음을 삶으로 실천하는 것이다. 우리는 사랑과 신념을 어떻게 일상생활로 옮기고 있는가? 하나님을 향한 사랑과 사람들을 향한 사랑이 우리의 대인관계에 그대로 반영되고 있는가? 살아가고 일하고 관계 맺는 방식에 미치는 정통의 의미를 우리는 알고 있는가?

이 요소는 조리법 전체를 하나로 묶어 주는 아주 중요한 것이다.

좋은 사랑과 좋은 신념이 둘 다 일관된 생활양식으로 표출되지 않는다면 그것은 그만큼 우리는 신앙이 세상에 중요하다는 확신이 없다는 뜻이다. 또 사랑과 정통을 일상생활에 접목하는 부분에서 무력감을 느낀다는 뜻이다. 주변 세상에 참여하는 데 필요한 어법이나 도구가 부족해 보이는 기독교인들을 당신도 아마 알 것이다. 그들은 진정으로 사람들을 사랑하며, 믿는 내용도 바르다. 그런데 자신의 사랑과 신념을 머리와 가슴에서 일상생활로 흘려보내는 법을 모른다.

이 조리법이 없이는 아무도 신앙이 좋아질 수 없다.

얼마나 잘 사랑하는가+무엇을 믿는가+어떻게 살아가는가=좋은 신앙

이 셋이 꼭 맞게 조합을 이루어야 우리의 신앙이 좋아진다.

좋은 신앙은 반문화적이다

예수를 따르는 공동체가 좋은 신앙을 실천하는 데 헌신하면 그 결과는 이렇게 요약될 수 있다. 즉 기독교인들은 공동선을 이루어 가는 반문화다. 이 정의에서 반문화란 단지 자고이래의 이슈들을 복음 중심의 관점에서 논하는 문제가 아니다. 우리의 목소리를 높여 반대자들의 소리를 삼키거나 법을 제정해 만인의 행실을 규제하는 것도 아니다. 광고판과 티셔츠에 예수의 이름을 씌어내거나 세속의 모든 제품과 서비스에 맞서 '기독교적' 대용품을 만들어내는 것도 아니다. 일부 선의의 기독교인들이 그런 접근을 취하지만 우리가 말하는 '반문화'는 의미가 다르다.

반문화란 좋은 신앙-질서 있고 바르며, 풍성하고 후하며, 아름답고 생명과 관계로 번성하는 상태에 대한 비전-을 문화 전반에 들여놓는 일이다. 이 비전은 개인적인 추구보다는 신앙 공동체로서 가장 잘 표현된다. 즉 신

자들이 서로를 잘 사랑하고 돌볼 뿐 아니라 다른 사람들도 안으로 초대해 똑같은 은혜를 경험하게 하는 것이다.

이렇게 살아가는 기독교인들과 교회들의 신앙도 더 살아날뿐더러 지역 사회에 미치는 집단적 영향도 더 깊어짐을 알게 된다. 다음 표의 연구 결과에서 보듯이 실천하는 기독교인-특히 밀레니엄 세대와 복음주의자-의 절대다수는 두 가지 확신에 찬 태도를 보였다. 그들은 자신이 "선의 주역"이며 "꼭 필요한 존재"라고 느낀다. 다시 말해서 자신들이 없어지면 지역 사회에 그 빈자리가 느껴진다는 것이다.

이것이 좋은 신앙을 실천할 때 맺히는 열매다.

사회 속의 좋은 신앙

오늘의 사회에서 당신의 신앙을 생각할 때 개인적으로 어떤 느낌이 드는가?
모든 수치는 '매우 정확하다'와 '약간 정확하다'라는 응답을 합한 것이다.

	성인(미국)(%)	복음주의자(%)	실천하는 기독교인(%)	실천하는 기독교인 밀레니엄 세대(%)	타종교(%)
선의 주역이다	88	98	93	91	88
수용되고 있다	81	57	78	74	61
꼭 필요한 존재다	75	93	86	77	76
능력을 입었다	69	71	78	81	76
구별된 존재다	60	86	76	73	72
반문화적이다	31	42	40	62	31

대상: 자신을 '신앙인'으로 생각하는 사람들
출처: 바나 옴니폴, 2015년 8월, 표본집단 1,000명

흥미롭게도 기독교인들은 여러 항목 중 **반문화적**이라는 단어가 자신에게 가장 덜 해당한다고 보았다. 그래도 복음주의자의 42%, 실천하는 기독교인의 40%, 실천하는 기독교인 중 밀레니엄 세대의 자그마치 62%는 사회 속에서 자신의 신앙에 대한 느낌이 그 단어("반문화적이다")로 "매우" 또는 "약간" 정확하게 표현된다고 응답했다. 향후 10년 사이 이 수치가 증가하기를 간절히 기도한다. 그러려면 예수를 따르는 더 많은 사람이 반문화란 정죄하는 일이 아니라 앞서 말한 대로 더 나은 길을 제시하는 일임을 깨달아야 한다.

예수는 반문화의 생생한 그림을 누가복음 10장 30~37절에 기록된 선한 사마리아인의 비유를 통해 우리에게 보여 주신다(비유의 제목은 그분이 붙이신 게 아니다). 지난 2천 년간 기독교인들이 읽고 설교하고 아이들에게 들려주는 사이 이 비유는 반문화의 충격파에서 남에게 친절해야 한다는 착한 도덕 이야기로 변했다. 하지만 그분이 "내 이웃이 누구니이까"라는 질문에 이 답변을 내놓으시던 그날, 이 이야기는 그야말로 범주를 뒤바꾸어 놓는 일대 패러다임의 전환이었다.

듣던 사람들은 충격에 휩싸였다.

예수의 답변은 인종과 종교와 정견에서 갈라져 있던 두 사람이 서로 화합한다는 무리한 구도였다. 둘 중 하나가 길가에 쓰러져 죽어가는 상대에게 다가가 성경적 개념의 선을 행했기 때문에만 가능한 일이었다. 그는 나귀에서 내려 도랑 속의 그 깨어지고 뒤틀리고 무질서한 사람을 회복시키기 시작했다. 생명을 존중하는 아주 감동적인 이야기이며 영화의 소재로도 손색이 없다. 다만 문제는 그 선한 사람이 우리가 아니라는 것이다.

깨어진 사람에게 질서 있고 바르고 풍성하고 후하고 아름답고 번성하는 선을 베푼 주체는 우리의 예상을 완전히 뒤엎는 사람이다. 오늘의 기독교 청중에게라면 예수께서 등장시키실 선한 사마리아인은 다윈의 양서류가 예수의 물고기를 삼키는 범퍼스티커를 붙이고 다니는 양성애자이자 무신론자이자 스트립쇼 무용수일 수 있다.

그리고 깨어진 사람은 우리다.

정말이지 썩 깔끔한 이야기는 아니다.

어디를 가든 선을 행할 수 있으려면 먼저 우리에게 치유와 회복이 필요함을 인정해야 한다. 이런 겸손이야말로 좋은 신앙의 핵심이다. 잘 사랑하고 바르게 믿고 그 사랑과 신념을 삶으로 실천하는 일은 바로 거기서부터 시작된다. 그것만 제대로 할 수 있다면 우리는 까다로운 이슈들과 씨름할 준비가 된 것이다. 신앙의 사람들이 좋은 사랑과 바른 신념의 교차점에서 살아가면 늘 그런 위험한 이슈들이 좋은 대화를 무산시키려 위협한다.

올바른
질문 던지기

06

신앙 좋은 기독교인은 문화에 참여할 때
무엇이 잘못되었는가, 무엇이 혼란스러운가, 무엇이 옳은가,
무엇이 결여되어 있는가를 묻는다.

뉴욕으로 이사한 지 얼마 안 된 어느 일요일 오후, 맨해튼의 우리 아파트 앞길이 폐쇄되었다. 창밖으로 질주하던 노란 택시들은 간 곳이 없고 도로 한복판에 공기 주입식 놀이기구가 보였다. 무료 핫도그와 과자, 튜브식 소형 수영장의 고기잡이 게임이 동쪽 차로를 차지해 버렸다.

"레베카, 저거 봤어요? 길이 완전히 폐쇄되었군. 나가 봅시다. 아이들이 아주 좋아하겠는데!" 나가 보니 어느 지역 교회에서 개최한 마을 축제였다. 뉴욕의 교회가 이웃을 섬기는 모습이 아주 보기 좋고 힘이 되었다. 우리로서는 즉석에서 이웃을 몇 명 만날 기회이기도 했다. 일종의 환영 파티인 셈이었다(어쨌든 우리는 그렇게 생각하기로 했다).

아이들은 놀이기구 쪽으로 달려갔다. 역시 애 아빠인 어떤 사람이

다가와 빈정대듯 웃으며 영국 억양으로 말했다. "교회가 해마다 하는 일 중에 좋은 일이라곤 이것 하나뿐이라니까." 그러더니 그 비판에 쐐기를 박듯이 이렇게 덧붙였다. "그밖에는 아무짝에도 쓸모없는 게 기독교인들 아니오. 그런데 댁은 어쩌다 뉴욕까지 왔소?"

그리하여 나는 맨해튼 생활의 불문율 하나를 어기게 되었다. 그 불문율이란 모르는 사람과는 공적으로든 사적으로든 신앙(특히 기독교 신앙)을 논하지 말라는 것이다. 그것은 파티의 큰 반칙이며 특히 마을 축제에서 첫인상을 남길 때는 더하다. 하지만 내가 자청한 게 아니라 상대 쪽에서 먼저 꺼낸 화제였다.

나는 얼굴을 붉히며 말했다. "저는 책도 쓰고 강연도 하고 기관도 이끌고 있습니다. 기독교인들에게 지역 사회에 선을 증진하는 법을 가르치는 Q라는 기관이지요."

"아, 그렇군요. 그러니까 기독교인이시다 그거군요?"

"예, 그렇습니다."

그는 자신감을 되찾아 이렇게 되받았다. "그 Q라는 건 퀴어(괴상하다는 뜻-역주)의 약자인가요?"

웃음이 났다. "아니요, 하지만 예수의 주장들을 오늘 우리가 살고 있는 세상과 연결하려고 최선을 다하고 있으니 좀 이상한 사람들이긴 하지요. Q는 질문의 약자입니다. 그나저나 성함이 어떻게 되십니까?"

"클라이브(Clive)라고 하오."

"만나서 반갑습니다, 클라이브. 저는 게이브입니다. 기독교인들을 좋아하지 않을 만하신 이유라면 저도 압니다. 예수의 삶을 본받는 부분에서 우리가 늘 최선의 모습은 아니었으니까요."

말하기보다 듣기를 더 많이 해야 한다

당신도 클라이브 같은 친구나 지인이 적어도 하나쯤은 있을 것이다. 연구 결과에서 보듯 교회의 가치에 대한 그들의 시각은 요즘 아주 흔한 현상이다(종교가 없는 미국인 열 명 중 셋은 교회가 지역 사회에 유익하지 않다고 답했고, 또 다른 셋은 유익한지 아닌지 모른다고 답했다). 나는 기독교 지도자이다 보니 사람들의 실제 속내를 들을 기회가 많지 않다. 다행히 클라이브는 내가 누구인지 모르고 솔직한 의견을 털어놓았기 때문에 나는 점잖은 매너라는 겉치레 없이 그의 생각을 들을 수 있었다.

기독교인들이 수용해야 할 공정한 비판을 내가 인정했더니 클라이브는 내가 '종교적인' 사람이 아니라 안전한 사람임을 알고 긴장을 풀었다. 하지만 나는 갈등이 생겼다. 기독교 신앙이 세상에 행한 선이 참으로 많건만 앞서 말했듯이 오늘날 사람들 내부분은 그것을 잊다시피 했다. 모든 대화를 사과로 시작하기가 나로서도 싫었지만, 신앙에 대해 진정한 대화를 나누려면 그것만이 유일한 길인 듯 보였다.

그날 오후 클라이브와 나의 우정이 시작되었다. 그 뒤로 우리는 커피숍도 다니고, 현관 옆에서 즉석 잡담도 즐기고, 간혹 친목 행사에도 함께 갔다. 서로를 알아갈수록 둘의 모든 공통분모가 더 또렷이 보였다. 클라이브는 자칭 불가지론자이지만 이에 아랑곳없이 우리는 서로에게 참된 관용을 베풀었다. 견해가 달라도 서로의 생각을 들었다. 아무리 논란이 많은 사회적 이슈에 대해서도 우리는 토론이 가능했다. 노숙자 친구인 루이스(Louis)를 둘이 협력해 섬기기까지 했다. 루이스는 휠체어를 타고 길모퉁이에서 구걸하던 사람인데 우리는 어떻게든 그를 보살폈고 혹한의 날씨에는 특히 더했다.

클라이브와 나는 진정한 우정을 나눴다. 이런 우정은 차이점을 뛰어넘어 공통점을 찾는다.

지금까지도 그는 나를 "당신네 기독교인들"이라 부른다. 또 자기 일이 잘 풀리면 "당신네 하나님이 듣고 계신 모양이군!"이라고 외친다. 서로의 차이를 인정하고 존중하되 유머러스하게 높여 준다.

신실한 기독교인이 회의적인 사람들의 신뢰와 신임을 얻고 그들에게 사랑을 표현하려면 잘 듣는 법을 배워야 한다. 좋은 대화는 선포하는 말로 시작되는 게 아니라 사람들을 바로 그들의 자리에서 만날 때 시작된다.

올바른 질문

각자의 기관(바나와 Q)을 이끌다 보면 우리는 간혹 기독교인들이—예수 그리스도의 이름으로—문화에 참여하는 방식을 보며 당혹스러울 때가 있다. 부끄러울 때도 있다. 물론 목소리를 내서 신념을 옹호해야 할 압박감을 느끼는 기독교인들이 점점 많아지고 있다. 하지만 그 과정에서 우리의 자세를 점검하지 않으면 세상에서 하나님의 일을 하는 데 득보다 해가 더 클 수 있다. 사랑이 최고의 경건한 덕인 만큼 우리가 신념대로 살아가는 방식도 사랑에서 비롯되어야 한다.

반대로 우리는 이 시대에 담대히 예수를 따르는 이들이 자신의 독특한 사명을 받아들이는 모습에 기쁨과 큰 힘을 얻을 때도 있다. 그들에게는 변화하는 시대에 하나님의 일에 어떻게 참여할 것인지에 대한 독특한 관점과 확신, 분명함이 있다. 어떤 말로도 성령과의 만남을 대신할 수 없음을 그들은 안다. 바울은 고린도전서에 이렇게 썼다. "내 말과 내 전도함이 설득력 있는 지혜의 말로 하지 아니하고 다만 성령의 나타나심과 능력으로 하여 너희 믿음이 사람의 지혜에 있지 아니하고 다만 하나님의 능력에 있게 하려 하였노라"(고전 2:4~5).

지난 몇 년간 트리니티 그레이스 교회의 존 타이슨(Jon Tyson) 목사와 패터슨 연구소의 피트 리처드슨(Pete Richardson) 같은 친구들의 도움으로 나(게이브)는 기독교인들이 문화에 참여할 때 제대로 생각하고 충실하게 행동할 수 있는 모델을 개발했다. Q를 설립한 사람에게 당연히 예상되듯 주제의 중심은 올바른 질문을 던지는 것이다. 이 모델에 힘입어 우리의 접근방식을 장기적으로 고민할 수 있을뿐더러, 당장 뭔가가 명확히 잘못되었을 때 충실하게 대응할 수 있다. 다음 네 가지 질문과 해법은 좋은 신앙을 예증하되 확신과 긍휼을 품고 창의적으로 하도록 당신과 당신의 공동체에 도전이 되어 줄 것이다.

질문: 무엇이 잘못되었는가?

해법 : 멈추어 서서 대응한다.

근래 역사에서 기독교인들이 어려움 없이 답해 온 질문이 하나 있다면 바로 "무엇이 잘못되었는가?"이다. 무엇이든 우리에게 거슬리는 것이면 당장 비판과 심지어 정죄를 일삼는다. 그래서 앞서 「나쁜 그리스도인」에서 설명했듯이 많은 사람이 기독교인들을 자신이 여태 만나 본 중 가장 판단을 일삼는 부류로 꼽는다.[1]

그렇다면 이 질문이 오늘의 우리에게는 어떻게 새로운가? 우리의 대응 방식 외에는 전혀 새로울 게 없다. 불의, 부도덕, 노골적인 악 등 뭔가 잘못된 게 보일 때 우리 기독교인들은 멈추어 지적해야 한다. 다만 잘못을 지적하는 방식이 모든 것을 달라지게 한다.

몇 년 전 언론인 커스튼 파워스(Kirsten Powers)는 자신의 직업 분야에서 이것을 실천했다. 필라델피아의 커밋 고스넬(Kermit Gosnell) 박사에 관한 사건을 뉴스 매체에서 보도하지 않자 이를 처음으로 지적한 사람이 커스튼이었다. 그녀는 자칭 진보 민주당원이었지만, 낙태 시도 중 살아서 태어난 아기 셋을 살해한 그 의사의 악한 이야기가 세상에 알려져야 함을 알았다. 사건 초기 「USA 투데이」에 기고한 글에서 그녀는 마땅히 방송되어야 할 이 사건에 언론이 침묵하고 있음을 폭로했다. "목이 잘린 영아들. 절단되어 병 속에 버려진 아기의 발들. 낙태 시술 중 살아서 분만된 아기의 비명. 이런 욕지기 나는 고발이 금시초문인가? 그렇다면 당신의 잘못이 아니다. 펜실베이니아의 낙태 의사 커밋 고스넬의 살인죄 재판이 3월 18일에 시작된 뒤로도 이 사건은 아예 언론에 보도되지 않다시피 했다. 당연히 모든 뉴스 프로그램과 신문 1면을 장식해야 할 사건인데도 말이다."[2]

커스튼의 행동이 담대한 행동이었던 이유는 그녀가 속해 있던 업계와 정당의 많은 사람이 낙태를 옹호하는 찬성파였기 때문이다. 그녀는 인맥과 평판을 잃을 각오로 멈추어 서서 그들의 침묵을 지적했다.

그녀의 기사는 엄청난 반향을 불러일으켰다. 그 후로 며칠 동안 모든 주요 뉴스매체가 그 사건을 톱뉴스로 다루기 시작했다. 당신이 이 섬뜩한 불의에 대해 알고 있는 것도 순전히 커스튼 파워스 때문일 수 있다. 한 사람이 좋은 신앙을 실천한 결과였다.

질문: 무엇이 혼란스러운가?

해법: 명확히 밝히고 강권한다.

우리 사회의 핵심 이슈들에 대해 혼란이 있을 때면 기독교인들은 상황을 **명확히 밝힌** 다음, 다른 사람들을 **강권해** 행동하게 해야 한다. 대부분의 사람들은 에볼라 전염병이나 중동과 유럽의 난민 문제 같은 굵직한 국제적 위기 앞에서 어찌할 바를 모르겠다고 고백할 것이다. 그래도 기독교인은 혼란의 실상을 밝혀내도록 부름 받았다. 사탄은 교회(와 사회)가 혼란에 빠져 있는 상태를 아주 좋아한다. 우리가 문제의 규모에 압도되어 무기력하고 의기소침하게 구석에 웅크리고 있으면 원수는 그보다 더 좋을 수가 없다.

가족들과 함께 이라크에 살고 있는 신앙 좋은 기독교인 제러미 코트니(Jeremy Courtney)는 현지 상황을 밝히 알고 있다. 전쟁 중 이라크인들을 섬기기로 헌신한 그는 바그다드로 이사해 아이들을 돕는 일을 시작했다. 심장 수술을 받게 하여 목숨을 건지는 일인데, 특히 아이들이 양질의 진료를 받을 수 없는 그곳에서 그의 팀은 지금까지 수많은 생명을 살려냈다.

2014년 여름, 이라크 북부 일대에 IS의 위협이 고조되면서 기독교인에 대한 박해 뉴스가 대서특필되었다. 그때 제러미는 현장에서 사건의 실상을 명확히 알리는 역할을 했다. 기독교 지도자들에게 처음으로 상황의 복잡성을 인식시킨 사람이 그였다. 박해 대상은 기독교인들만이 아니었다. 시아파와 수니파 모슬렘들과 야지디(Yazidi) 교도들도 살해와 고문을 당하거나 마을에서 강제 추방되고 있었다. 이슬람교 IS의 과격한 지시에 충성을 맹세하지 않는 사람은 누구나—모슬렘도 포함해—위험한 상황이었다. 기독교인들이 이런 사실을 아는 게 중요했다. 그렇지 않으면 기독교 대 이슬람교의 성전(聖戰)으로 몰아가려는 IS의 계략에 우리가 놀아날 수 있다.

〈뉴욕타임스〉 선정 베스트셀러 작가로서 블로그를 운영하는 우리 친구 앤 보스캠프(Ann Voskamp)는 이라크 북부에 직접 방문했다가 그 상황을 알게 되었다. 제러미가 IS의 위협 때문에 피난길에 오른 사람들을 더 잘 이해하게 해 줄 목적으로 앤을 대접했다. 둘은 이라크 북부의 여러 난민촌에서 함께 시간을 보내면서, 모든 것을 잃어버린 어린 소녀들과 가족들의 사연을 들었다. 사건에 대한 앤의 혼란은 명확히 풀렸다. 그녀는 행동할 것을 강권받았을 뿐 아니라 다른 사람들에게도 동참을 권유했다.

귀국 후 앤은 자신이 보고 온 실상을 즉시 자신의 재능인 글쓰기를 통해 외부에 알렸다. 교회가 어떻게 도울 수 있고 도와야 하는지에 대해 많은 혼선이 있음을 그녀는 알았다. 그래서 내막을 명확히 밝히면서 독자들에게 변화를 이루는 참여를 당부했다. 또한, 사람들에게 행동을 강권했다. "사랑으로 악을 물리치십시오. 희망을 유통하여 인신매매에 맞서십시오. 결정적 변화를 이루어 냉소적 무관심을 퇴치할 사람들이 세상에 필요합니다. 우리가 그런 사람이 될 수 있습니다."[3]

그 결과로 불과 며칠 만에 1백 20만 달러 이상이 모금되었다. 이 기금은 이라크 내 제러미 코트니의 기관인 "예방의 사랑 연맹"(Preemptive Love Coalition)으로 송금되었다.[4] 이 기관은 여자들에게 삶의 과도기 중에라도 새로운 사업을 시작할 수 있도록 요긴한 의약품과 식료품, 교육, 투자금을 제공하고 있다. 이 모두가 가능했던 것은 신앙이 좋은 두 기독교인이 결단해 아주 혼란스러운 상황을 명확히 밝힌 뒤 신앙 공동체를 강권해 행동하게 했기 때문이다.

질문: 무엇이 옳은가?

해법: 축하하고 가꾼다.

여기는 재미있는 부분이다. 기독교인들이야말로 좋은 일을 축하하는 데 정말 능할 것 같지만 사실은 여기가 우리에게 가장 개선이 필요한 분야로 보인다.

우리는 선을 알아보는 데 최고가 되어야 한다. 선에 대한 안목이 아주 잘 가꾸어져 있어, 질서 있고 바르고 풍성하고 후하고 번성하는 일이 보일 때마다 이를 드러내고 지원하고 장려해야 한다. 설사 그 선의 출처가 기독교인이 아닐지라도 말이다.

여기에 우리의 문제가 있다. 많은 기독교인은 좋은 일 중에서도 '기독교적'이라는 딱지가 붙은 일 또는 회심이나 개인 구원을 낳는 일만 축하해야 한다고 생각하는 경향이 있다. 이런 관점은 일반 은혜에 대한 신학이 부실하다는 증거다.

훌륭한 찰스 콜슨(Chuck Colson)이 「그리스도인, 이제 어떻게 살 것인가?」(요단출판사)라는 고전에서 다음과 같이 촉구했듯이 기독교인들은 하나님이 세상에서 하시는 일을 보는 관점이 더 견실해져야 한다.

> 전도와 문화 개혁은 둘 다 하나님이 맡기신 직무다. 하나님은 두 가지 방식으로 주권을 행사하신다. 하나는 구원의 은혜를 통해서고 또 하나는 일반 은혜를 통해서다. 구원의 은혜라면 우리도 다 잘 안다. 이 방법으로 하나님은 죄와 허물로 죽은 자들을 불러내 능력으로 그리스도 안의 새 생명에 이르게 하신다. 우리도 하나님의 종으로서 때로 구원의 은혜의 통로가 되어 사람들에게 전도하고 그리스도께로 인도한다. 그러나 일반 은혜를 제대로 아는 사람은 우리 중에 별로 없다. 이 방법으로 하나님은 창조세계를 지탱하시며 인류의 타락으로 인한 죄와 악을 능력으로 막으신다. 그렇지 않으면 죄와 악이 대홍수처럼 창조세계를 삼켜 버릴 것이다. 하나님의 일반 은혜의 통로로 부름 받은 우리는 그분의 창조세계를 지탱하며 개혁하고, 창조된 기관인 가정과 사회를 떠받치고, 과학과 학문을 추구하고, 예술 작품과 아름다움을 창조하고, 타락의 결과로 고통당하는 이들을 치

유하며 도와야 한다.[5]

모든 선과 옳은 것을 경축하고 더 가꾸는 일은 우리 기독교인의 소명의 일부다. 그 선의 출처가 기독교가 아니더라도 마찬가지다. 비기독교인이 큰 불의를 해결하거나 훌륭한 예술작품을 내놓거나 사람들을 도와 악을 이겨내게 하면 우리는 속으로 흥미롭게 여기면서도 굳이 경축하지 않을 때가 너무 많다. 왜 그런가? 공로가 하나님께 돌아가지 않을까 봐 걱정되어 우리의 목소리를 보태고 싶지 않은 것인가?

편집자 조쉬 잭슨(Josh Jackson)이 이끄는 〈페이스트〉(Paste) 잡지의 우리 친구들은 선을 드러내는 훌륭한 본보기다. 그들이 창출한 브랜드의 근간은 전적으로 "음악과 영화와 문화에 나타나는 생명의 징후"를 경축하는 데 있다. 일의 동기가 좋은 신앙에 있다 보니 그들은 선을 알아보고 축하하는 데 전문가가 되었다.

패션계의 거장인 디자이너 시드 매쉬번(Sid Mashburn)이 그런 사람이다. 그는 자신의 재단사들을 축하하는 브랜드를 창출했다. 대부분의 디자인 회사에서 부지런히 일하는 장인들에게 배치되는 자리는 잘 보이지 않는 뒷방이다. 그러나 애틀랜타의 시드는 아름다운 옷을 창조하는 그들의 고된 수고와 재능을 경축한다. 만인이 보고 경축할 수 있도록 그들은 전시실 한복판에서 작업한다. 신실한 기독교인으로서 시드는 모든 일꾼의 존엄성을 존중하며, 자신의 디자인 제품을 접하는 고객들도 그와 똑같이 하기를 원한다.

영화 "셀마"에는 앨라배마 주 셀마에서 몽고메리까지 민권 행진을 이끈 마틴 루터 킹 주니어(Martin Luther King Jr.)의 이야기와 그의 리더십이 나온다. 이 영화의 제작자나 감독이나 출연자가 기독교인인지 아닌지가 중요한가? 그렇지 않다. 이 예술작품은 반드시 알려져야 할 선하고 진실한 이야기다. 진실과 선으로 가득한 영화들이 수없이 많다. 그런 작품을 지원하고 기념하는 일에 누구보다도 기독교인들이 앞장서야 한다.

근래 탁월한 힙합 음악으로 그래미상을 받은 래퍼 레크래(Lecrae)를 생각해 보라. 여성 혐오와 폭력성이 난무하는 랩의 세계에서 그는 세상의 선에 대해 진실을 말하는 한 줄기 빛이다. 팬들의 반응도 좋아서 그중 많은 또래가 그 뒤로 여러 새로운 프로젝트에서 그와 협력하고 있다. 레크래는 세상의 불의를 드러내는 일도 피하지 않지만 어디서든 선이 보이면 그 선을 기릴 줄도 안다.

교황 프란치스코(Francis)는 어떤 사람이나 주제나 이슈도 마다하지 않고 상대한다. 어린이와 장애인과 재소자를 기쁘게 끌어안는 모습에서 보듯이 그는 어디를 가나 선을 보는 사람이며, 남들이 쉽게 간과하는 곳에서도 그렇다. 작년에 그가 미국을 방문했을 때 바나는 사람들에게 그에 대한 견해를 물었다. 미국인 다섯 명 중 하나는 "프란치스코 교황 덕분에 나의 영적 삶이 바뀌었다"고 말했다. 밀레니엄 세대와 X세대는 그 비율이 세 명 중 하나로 높아진다. 교황이 수많은 이들에게 사랑받는 것은 선을 알아보고 경축하는 능력 **때문만은** 아니지만 그게 해로울 리는 전혀 없다.

이상의 예들이 너무 멀게 느껴질 수 있으나 그렇다고 주눅이 들 것은 없다. 예수를 진심으로 섬기려는 사람은 누구나 하나님 나라의 일을 할 수 있다. 주변 세상의 선을 찾아내면 문이 열리고 관계가 시작된다. 당신의 동네나 학교나 도시를 생각해 보라. 당신의 지역 사회에서 이름도 없이 선행에 힘쓰는 모범 시민들은 누구인가? 그들을 찾아내 축하해 주라. 더 많은 사람이 형통할 수 있도록 정의를 위해 일하는 사람은 누구인가? 어려운 이들을 돌보거나 아이들의 야구, 하키, 풋볼 리그를 코치하는 사람은 누구인가? 그들의 등을 두드려 주고, 격려의 쪽지를 보내고, 선행에 감사를 표하라. 이기주의와 자아도취의 시대에 그들의 삶은 사회의 지배적 정서와 극명한 대조를 이루며 사람들에게 더 나은 다른 길을 보여 준다.

이런 본보기들을 배워 우리도 선을 지향하는 사람들로 알려지자.

우리 주변 곳곳에서 벌어지고 있는 일반 은혜와 선을 인정하자.

자신의 형상대로 지으신 사람들을 자신의 선한 목적대로 쓰시는 하나님을 신뢰하자. 설령 그들이 그분을 인정하지 않을지라도 말이다.

질문: 무엇이 결여되어 있는가?

해법: 창조하고 촉진한다.

이 질문에 답하기가 가장 어렵다. 세상에 결여되어 있는 부분을 지적하려면 상상력이 필요하다. "상상이 사실을 선행한다"라고 쓴 시인 데이비드 로보텀(David Rowbotham)의 말이 맞다.[6] 누군가가 먼저 상상하지 않고는 비영리기관, 미술, 기업, 음악, 영화, 학교, 동호회, 잡지, 책 등 새로운 형태의 문화가 창출될 수 없다.

바로 이 부분에서 신앙이 좋은 기독교인들은 신앙이 없는 사람들보다 무한히 유리하다. 하나님이 우리에게는 미래를 살짝 보여 주셨다. 그 미래가 우리의 상상을 빚어낼 수 있고 마땅히 그래야 한다. 그래야 만물을 새롭게 하시는 하나님의 일에 그분과 동역할 수 있다. 팀 켈러(Tim Keller)의 말마따나 요한계시록 21~22장에 분명히 나와 있듯이 "구속의 궁극적 목적은 물질세계를 벗어나는 게 아니라 새롭게 하는 것이다. 하나님의 목적은 개개인의 구원에서 그치지 않고 새로운 세상을 이루시는 데 있으며, 그 세상의 기초는 권력과 싸움과 이기심이 아니라 정의와 평화와 사랑이다." 결국 깨어진 모습과 불의와 폭력과 탐심과 정욕과 모든 죄와 그 결과는 극복되고 일소될 것이다. 그리하여 세상이 하나님의 원안대로 재창조될 것이다.

미래에 대한 이런 비전이 있기에 우리는 일과 관계와 사회에 상상력 있게 참여할 수 있다. 우리가 살고 있는 이야기의 좋은 결말을 알기에 우리는 희망과 기쁨을 품고 전진할 수 있다.

우리는 부족하지만 하나님이 우리를 통해 일하기로 작정하셨다. 그분은 우리가 상상력을 동원해 담대하게 신앙의 발걸음을 내딛기를 원하신다. 그럴 때 우리는 본연의 실재에 대한 비전을 세상에 제시할 수 있다.

새라 더블덤(Sarah Dubbledam)이 한 일이 바로 그것이다. 그녀는 잡지 표지와 속지에 여성들의 사진이 제시되는 방식에 염증을 느끼고 본연의 방식을 상상했다. 여성의 가치가 완벽한 화장, 가는 허리, 아찔한 가슴 따위보다 훨씬 이상임을 그녀는 알았다. 잘못된 게 너무 많았다.

그러나 새라는 잘못을 비난하는데 집중하지 않고 대신 뭔가를 창조했다. 더 나은 방식을 상상해 그것을 현실화했다.

4년 전 새라는 '여성의 참 가치'를 기리는 〈달링〉(Darling)이라는 계간지를 창간했다. 각 호마다 사진 촬영이 30건이 넘지만, 사진을 전혀 고치지 않는다. 〈달링〉에 실리는 모든 것은 100% 있는 모습 그대로다. 새라는 이 잡지를 통해 여성들에게 "허영 없는 아름다움, 조종 없는 영향력, 물질주의 없는 멋, 수동성 없는 상냥함, 품위손상 없는 여성성 등을 발견할" 기회를 주고자 한다.[8] 요컨대 그녀는 잘못된 모습을 보았고, 더 나은 방식을 상상했고, 결여되어 있는 뭔가를 창조했다.

이제 「달링」은 전국의 앤트로폴로지 매장, 반즈앤노블 체인 서점, 여러 고품격 디자이너 부티크에 특선 잡지로 서가에 꽂혀 있다. 새라의 리더십과 창의력은 여성들 사이와 해당 업계에 더 깊은 대화를 촉진하고 있다. 여성들에게 진가를 인정받은 이 잡지는 세상을 향한 여성의 역할을 직시하며 여성의 지성을 존중한다. 도달 불가능한 완벽한 외모를 팔아 이윤을 챙기려는 게 아니라 여성의 아름다움을 경축한다. 여성들은 "세상에 그냥 있는 게 아니라 존재하는 목적이 있다."[9]

자신에게 물어보라. 무엇이 결여되어 있는가? 하나님이 어떻게 당신에게 독특한 재능이나 자리를 주셔서 뭔가를 창출하게 하시는가? 또는 새롭고 더 나은 방식을 상상하는 사람을 지원하게 하시는가? 앤디 크라우치(Andy Crouch)의 말처럼 "문화를 변화시키는 유일한 길은 문화를 창출하는 것이다."[10]

우리도 미래를 빚어내는 신실한 기독교인이 되기를 기도한다. 그러려면 올바른 질문을 던진 다음, 잘못된 부분을 지적하고, 혼란스러운 부분을 명확히 밝히고, 선한 부분을 경축하고, 결여되어 있는 부분을 창조해야 한다. 하나님의 인도하심에 맡기면 이런 질문들이 우리를 어디로 데려갈지 아무도 모른다.

어쩌면 백악관으로 데려갈 수도 있다.

누가 이끌 것인가?

07

신앙 좋은 기독교인은
이견의 여지를 허용한다.

"커피나 차 한 잔 드릴까요?" 방 안에 들어가니 우리를 초청한 사람이 물었다.

이미 긴장해 있던 나(게이브)는 그 제의에 당황하며 즉각 사양했다. "아니요, 괜찮습니다. 감사합니다."

속을 두툼하게 채운 연한 갈색 소파에 앉으면서 바보 같이 행동한 나를 자책했다. 버락 오바마(Barack Obama) 대통령이 차 한 잔을 제의한 것을 정말 그가 직접 차를 타다 줄 거라고 생각했단 말인가?

대통령에게 비서들이 있음을 순간 잊었던 것이다.

내가 안절부절못한 것은 당연한 일이다. 미국 대통령과 농구나 함께 하러 왔다고 해도 긴장되었을 것이다. 그런데 우리가 온 목적은 그게 아니었다. 그 자리는 신념대로 살아갈 수 있는 신앙인의 자유를 천명하는 문제로 진지한 대화를 나누고자 모인 자리였다. 우리는 대화에 좋은 결실이 있기를 바랐다.

그 전 주에 ABC의 로빈 로버츠(Robin Roberts)와 마주 앉은 오바마 대통령의 인터뷰가 뉴스에 나왔다. 전국으로 방송되는 공중파 텔레비전에서 그는 자신이 동성결혼을 공적으로 지지함을 처음으로 밝혔다.

불과 몇 년 전인 2008년 대통령 선거운동 때만 해도 오바마 후보는 릭 워렌(Rick Warren) 목사와의 인터뷰에서 전통적 결혼을 옹호했었다. 그때 그는 "내가 믿기로 결혼이란 한 남자와 한 여자의 연합입니다. 게다가 나는 기독교인이므로 … 결혼은 하나님이 맺어 주신 신성한 연합이기도 합니다"라고 말했다.[1] 그전에도 그는 동성 커플의 시민결합을 늘 지지하긴 했으나, 그래도 결혼이 한 남자와 한 여자의 언약이라는 독특한 관계임을 애써 밝혔다.

그런데 4년 후 그 5월에 모든 것이 달라졌다. 대통령의 입장 전환은 온 나라에 지각변동을 불러왔을 뿐 아니라 2015년에 있을 대법원의 동성결혼 합헌 판결에도 전조가 되었다.

우리는 동성결혼을 논하러 모인 게 아니었다. 내 생각에 우리는 대세가 기울고 있음을 이미 그때에도 알았다. 우리의 바람처럼 기독교의 역사적 결혼관이 공공 광장에서 계속 명예롭게 여겨지던 시대는 지났다.

우리가 논하러 모인 주제는 신앙 좋은 미국인들이 문화적 추세에 역류할 수 있는 권리였다. 우리의 목표는 이것 하나였으니 곧 새로운 문화적 규범에 동의하지 않는 충실한 시민들도 일상생활에서—교회와 종교 기관에서는 물론 공공 광장에 참여할 때도-그들의 신념을 구사할 수 있어야 한다고 대통령을 설득하는 것이었다.

종교의 자유에 대한 불안이 고조되고 있으며 비단 기독교인들만 그런 게 아니다. 2015년 늦여름에 바나는 미국의 성인들을 대상으로 종교적 자유에 대한 인식을 물었다. 문항은 2012년에 처음 사용했던 것과 똑같았다. 다음 표에서 보듯 전체적으로 모든 인구 집단-'무종교'까지 포함해-에서 지난 10년 사이에 종교적 자유가 위축되었다고 보는 견해가 급증했다.

종교적 자유에 대한 인식

당신은 다음 진술에 동의하는가 아니면 동의하지 않는가? "종교적 자유는 지난 10년 사이 악화되었다."
모든 수치는 '매우 동의한다'와 '약간 동의한다'라는 응답을 합한 것이다.

	2012년(%)	2015년(%)
성인 전체	33	41
복음주의자	60	77
실천하는 기독교인	44	52
타종교	19	32
무종교	23	32

출처: 바나 옴니폴, 2015년 8월, 표본집단 1,000명
바나 옴니폴, 2012년 12월, 표본집단 1,008명

아울러 다음 진술에도 동의하는 비율이 높게 나타났다. "정부가 과도히 기독교인의 자유를 제한하고 있다." 타종교 신봉자의 3분의 2와 무종교의 거의 절반이 그렇다고 답했다.

그날 우리가 대통령 집무실에 간 목적은 개인의 양심의 자유를 신성한 인권으로 보호했던 전임 대통령들의 헌신을 그에게 환기하기 위해서였다. 그로부터 며칠 전에 나는 대통령에게 보낼 서한을 작성했었다. 열두 명의 다양한 기독교 지도자들이 그 서한에 함께 서명했는데, 모두 평소에 대통령 오바마와 친분이 있어 백악관 동관(東館)에서 부활절 조찬을 즐기거나 신앙인들이 관련된 국내 문제에 조언을 베풀던 사람들이었다. 서한을 보낸 것은 정치적 논점들을 비난하거나 유권자들의 비위를 맞추기 위해서가 아니었다. 동참자 중 누구도 그런 생각은 없었다. 우리의 단순하고도 단일한 목표는 힘닿는 한 작은 일이라도 하는 것이었다. 즉 신앙 좋은 미국인들이 반드시 헌법 수정조항 제1조의 자유(종교의 자유를 포함한다-역주)를 계속 누릴 수 있도록 우리의 미약한 영향력이나마 구사하는 것이었다.

오바마 대통령께.

당신이 동성결혼의 합법화를 개인적으로 지지한 일과 관련해 우리 기독교 지도자들은 당신이 이 시점에 존중과 예의도 함께 천명해 줄 것을 호소합니다. 우리의 공공 광장이 분열과 증오에 더 빠져들지 않도록 말입니다. 우리의 목적은 동성결혼에 대한 당신의 견해가 정당한지 아닌지를 따지려는 게 아닙니다. 우리는 거기에 아예 동의하지 않습니다. 그보다 우리는 반드시 뒤따라 나올 정치적, 법적 분열과 격렬한 말싸움을 당신이 예방해 줄 것을 당부합니다. 우리가 믿기로 당신의 리더십이 이 일에 결정적 변화를 가져올 수 있으며, 당신은 미국인들이 큰 차이에도 불구하고 서로 존중하며 더불어 살아갈 길을 찾도록 이끌 수 있습니다. 미국 건국의 아버지들의 비범한 능력은 깊은 종교적 차이 - 동성결혼에 대한 작금의 대립에 맞먹는 차이 - 에도 불구하고 국민을 능히 공생하게 한 것입니다. 그동안 미국인들은 최신 사조의 도덕적 합의에 동조해야 한다는 강요 없이 각자의 도덕적, 종교적 신념을 - 사생활과 공적인 삶, 개인과 기관 차원 모두에서 - 증진하고 실천할 수 있는 자유를 누려 왔습니다. 그런데 이제 우리는 이런 상호 존중의 장치가 붕괴되려는 위험한 시점을 맞이했습니다.

우리는 몇 가지 관심사를 명확히 밝혔고, 고조되는 긴장을 완화해 나가는 데 앞으로 대통령과 협력할 뜻을 재차 명시했다. 그러고 나서 폭풍을 가라앉힐 수 있는 특별한 위치에 있는 그에게 호소했다.

대통령님, 역사적 결혼을 고수하는 사람들과 기관들에게 동성애 혐오니 증오니 편협함이라는 딱지를 붙이는 풍조가 퍼지고 있는 만큼 이를 배격하는 아주 강력한 성명을 발표해 줄 당신의 리더십이 이 나라에 필요합니다. 물론 일부 종교인들은 그냥 편협할 수 있습니다. 하지만 역사적 결혼과 성적 순결을 표방하는 대다수 사람의 동기가 편협함은 결코 아닙니다. 당신의 경우도 견해가 바뀌었다는 이유만으로 이전의 견해가 갑자기 동성애 혐오가 된 것은 아니지 않습니까. 이런 대화가 증진되도록 우리에게 도움이 되어 주십시오.

동성애자의 권리와 동성결혼을 언급할 때마다 대화의 바람직한 성격에 대해서도 일관되게 말씀해 주십시오. 양측 모두의 극단주의자들이 두려움과 증오를 이용하여 국민을 갈라놓으려 하고 있으니 이에 대한 당신의 실망을 표현해 주십시오. 동성애자의 권리와 종교적 권리라는 문제를 중심으로 예의 바른 대화가 이루어질 수 있게 해 주십시오. 특히 이 문제를 제로섬 게임으로 취급하려는 사람들의 잘못을 지적해 주시기 바랍니다.

서한을 발송한 지 이틀 만에 백악관에서 내게 전화가 왔다.

"대통령께서 당신과 공동 서명자 중 몇 분을 만나 이 문제로 논의하고자 하십니다. 다음 주 금요일에 괜찮겠습니까?"

"물론입니다." 나는 침을 꿀꺽 삼키며 대답했다.

그리하여 팀 켈러 목사와 나, 그리고 다른 두 사람이 (커피나 차도 없이) 대통령과 함께 앉게 되었다. 우리는 앞으로 그가 리더십을 발휘해 줄 것을 직접 호소할 준비가 되어 있었다.

내가 떨리지 않았다면 거짓말이다. 괜히 엉뚱한 말이나 해서 좋은 기회를 망치고 싶지 않았다. 다행히, 말이 제대로 나와 주어 우리가 꼭 해야 할 말을 하리라는 평온하고 잔잔한 확신이 내게 있었다. 대통령 집무실에까지 온 것은 어쩌다 내가 이루어 낸 일이 아니었다. 하나님이 그분의 목적을 위해 이때와 이 자리를 섭리하셨음을 나는 알았다.

좋은 신앙이란 대본을 외우는 게 아니라 우주의 하나님을 잠잠히 의지하는 자세를 가꾸는 것이다. 우리를 까다로운 대화로 인도하실 때면 그분은 현장에서 우리의 필요를 채워 주신다.

나는 우선 이런 대화의 자리를 마련해 준 오바마 대통령에게 감사를 표한 뒤 바로 본론으로 들어갔다. 서한의 내용을 재확인하면서 우리가 동성결혼에 대한 그의 신학적 입장을 논의하러 온 게 아님을 설명했다. 나라를 이끌어 이런 갈등과 분열의 시점을 헤쳐 나갈 수 있는 그의 특별한 위치에 대해 말하러 왔음을 밝혔다.

잠시 멈추어 숨을 고르는 내게 그는 계속하라는 뜻으로 고개를 끄덕였다. 나는 그에게 주어진 특별한 기회를 환기시켰다. 공화당 대통령이라면 할 수 없겠지만, LGBT 진영의 말도 듣는 민주당 대통령에게는 동성결혼 논쟁의 양측을 연결해 참된 관용 쪽으로 이끌 귀한 기회였다. 그가 이끌지 않는다면 앞날이 험악해질 수 있었다.

거짓된 관용

관용이란 말을 들으면 우리는 고개를 끄덕인다. 관용이 맞다. 당연히 관용이다. 물론 관용이다. 우리는 다 관용을 원한다. 뉘라서 원하지 않겠는가? 관용이란 좋은 것 아닌가? 그야 그렇지만 단어의 의미가 변질된 게 문제다.

참된 관용은 타인의 관점을 인정하고 허용하는 능력이다. 자신이 동의하지 않는 견해를 참고 견디는 것이다. 소름 끼치는 개념이나 사람과도 더불어 사는 것이다. 참된 관용-'원리적 다원주의'라고도 한다[2]-은 진정한 자유로운 사회의 근본 특성이다.

그런데 지난 10년간 관용의 새로운 정의가 등장했으니 이를 "거짓된 관용"이라 한다. 이런 식이다. "당신의 견해가 우리가 수용 가능하다고 여기는 범주에 드는 한 당신을 관용하겠다." 어떤 이슈에 대해서든 사회의 집단사고에서 벗어나 보라. 그러면 당신은 편협한 고집불통이나 극단주의자가 되고 만다. 거짓된 관용은 관용을 빙자한 끔찍하고 이율배반적인 위조품이다.

코미디언 빌 마어(Bill Maher)는 **참된** 관용을 실천하는 사람들을 비난하며 그들이 "너무 관용적이라서 불관용까지 관용한다"고 꼬집었다.³

하지만 그게 요지다. 불관용까지도 관용하는 것이야말로 원리적 다원주의의 결함이 아니라 본질이다.

거짓된 관용 때문에 우리는 '더 연합된' 나라가 되지 못하고 있다. 굳이 말하자면 이전 어느 때보다 더 분열되어 있다. 국민들이 그 압박감을 느끼고 있다. 성인의 **과반**은 자신의 가치관과 신념 때문에 자신이 동료 시민 사이에서 소수에 속한다고 느낀다. 그렇다. 미국인의 절반 이상은 자신이 미국의 지배적 가치관에 어긋나는 것처럼 느껴진다고 **답했다**. 이것은 우리에게 무엇을 말해 주는가? 참된 관용을 실천하는 사람들이 점점 소수집단으로 전락하면, 모든 사람이 소외감을 느끼게 된다.

문화적 소외는 기독교인만의 문제가 아니다. 사실 우리의 데이터에 따르면 자신이 미국의 규범을 벗어난다고 느끼는 확률은 실천하지 않는 또는 명목상의 기독교인보다 비기독교인이 더 높다. 현대 생활의 도전인 셈이다. 거짓된 관용을 일삼는 이념적 대중매체의 밀폐된 반향실이 우리를 분열의 심화로 끌어들이다 못해 아예 부족들로 갈라놓고 있다. 그런데 우리 중 다수는 별로 저항하지 않고 있다. 자기처럼 믿고 생각하고 말하고 투표하는 사람들과만 함께 지내는 편이 훨씬 쉬운 법이다.

그러니 분열과 불화가 시대의 풍조가 될 수밖에 없다. 세상은 점점 더 하나로 연결되어 가고 있는데도 말이다.

빌 클린턴 전 대통령이 최근에 이런 말을 했다. "알다시피 미국인들은 많은 진전을 이루었다. … 인종차별도 줄었고 성차별도 줄었고 동성애 혐오도 전보다 줄었다. 이제 남아 있는 편협함은 하나뿐이다. 우리는 자신과 견해가 다른 사람이면 누구와도 함께 있기를 싫어한다."[4] 당신이 평소 클린턴을 어떻게 생각하든 이 말만은 꼭 맞는 말이다.

이견을 품은 사람들과 어울려 지내는 것이야말로 하나님이 우리를 불러 행하게 하시는 일이다. 그분은 우리를 불러 실존 인물들과 특히 관점이 다른 사람들을 상대하게 하신다.

사실 참된 관용은 기독교인에게 **충분히** 높은 기준이 못 된다. 관용—누군가를 참고 견디는 것—은 딱히 칭찬받을 일이 아니다. 신앙이 좋은 기독교인에게 그것은 최하의 기준이어야 한다. 우리는 예수께 사랑하라고 부름 받았지 관용하라고 부름 받은 게 아니다. 우리는 문화적 기준을 훌쩍 넘어서도록 부름 받았다. 주님은 우리에게 이웃을 **사랑하라**고 명하셨다. 이는 서로의 견해가 상극일 때도 마찬가지다. 이웃만이 아니라 우리는 원수도 사랑해야 한다. 물리적 원수, 이념적 원수, 심지어 우리의 목숨을 위협하는 원수에게도 우리는 진실한 호의와 경건한 애정을 베풀어야 한다.

    이웃이 당신을 멸시하거든 사랑하라.

    원수가 당신을 공격해도 사랑하라.

    페이스북에 당신의 화를 돋우는 댓글이 달려도 사랑하라(그렇다, 페이스북을 할 때도 사랑하라).

    동료 기독교인의 신학적 관심이 당신과 달라도 사랑하라.

    변명이나 예외가 있을 수 없다. 예수께서 부르신 대로 반문화적 삶을 충실하게 살아간다면 우리는 불편한 상황을 견디고, 논쟁에 질 때도 있으며, 구석으로 몰리는 창피도 당할 것이다. 그리고 이 모든 상황에서도 우리는 늘 사랑할 것이다.

종교적 불관용

    기독교의 역사적 신념들을 인정하고 허용해야 할지 긴가민가한 미국인이 갈수록 많아지고 있다. 반종교 정서가 강한데다 도덕의 의미에 대한 분열이 심화되면서 거짓된 관용이 활개치고 있다. 거짓된 관용이 칭송받고 참된 관용은 비난받는 이때, 기독교인이 공적인 삶에 참여한다는 것은 어떤 의미인가?

    그날 대통령 집무실에서 우리는 이것이 어떻게 전개되고 있는지 구체적인 사례를 하나 제시했다.

나는 대통령에게 보스턴의 구호단체인 "가톨릭 채리티즈"(Catholic Charities)의 사례를 아는지 물었다. 그 사건은 불관용의 환경을 선도했다. 주 정부가 모든 기관은 동성 부부 가정에도 고아를 입양시켜야 한다는 새로운 기준을 내놓자 이 단체는 양심상 거기에 동조할 수 없어서 깊고 공신력 있는 입양기관을 폐쇄할 수밖에 없었다. 이 분야에서 동성 부부들을 즐겁게 섬기고 있는 다른 기관들이 보스턴에 많다. 그런데 가톨릭 채리티즈마저 그 규정에 따라야 한다는 것이었다. 그래서 이 기관은 고아에게 최선의 가정이 무엇인지에 대한 신념을 저버리느니 차라리 활동을 중단하기로 어려운 결정을 내렸다.[5] 이 기관의 신학과 가치관에 당신이 동의하는지의 여부를 떠나 오늘 아이들에게 베풀어지는 선은 종교적 자유를 침해하는 법 조항 때문에—늘어난 게 아니라—오히려 줄어들었다.

대통령은 보살핌을 받는 불쌍한 아이들이 줄어들고 있음에 고개를 내저으며 당혹감을 표했다. 하지만 우리가 인식한 종교적 자유의 위협에 대해 그는 썩 공감하는 눈치는 아니었다. 그는 우리의 우려를 달래려고 이렇게 말했을 뿐이다. "신앙인들은 각자의 교회와 모스크와 회당에서 늘 신앙을 실천할 자유가 있을 것입니다."

대통령은 종교적 자유에 대한 가장 제한적인 해석만을 인정했을 뿐이다. 공산주의 중국에서도 그 정도는 시행되고 있다.[6] 다시 말해서 "자체 내에서만 하면 다 괜찮다"라는 것이다.

우리 그룹의 멤버들은 약간 믿어지지 않아 서로 눈빛을 교환했다. 우리가 설득력이 부족하든지 대통령이 핵심을 놓치고 있든지 둘 중 하나였다.

그의 전임자 중 하나인 건국의 아버지 제임스 매디슨은 이런 글을 남겼다. "따라서 모든 개인의 종교는 각자 소신과 양심에 맡겨져야 한다. 각자 **종교의 명령대로 실천하는 것은 모든 개인의 권리다.** 이 권리는 본질상 천부인권이다."[7]

미국은 종교의 자유를 합법화한 최초의 국가였다. 국가 지도자와는 다른 신앙을 실천할 자유, 같은 신념을 공유하는 사람들과 결사할 자유, 인간의 형통을 위한 활동에 신념대로 돈을 기부할 자유, 양심에 어긋나는 행동에 참여하지 않을 자유 등은 양도할 수 없는 기본권이다. 이는 독립전쟁에 승리한 지 10년도 안 되어 국법으로 채택된 미국의 기초 사상이다. 헌법 수정조항 제1조에 명시된 이런 자유는 만인에게 자신의 양심대로 살아갈 수 있는 천부인권을 보장하며 정부의 반대되는 강요를 차단한다.

이미 어렵던 대화가 대통령의 그 말로 더 어려워졌다. 팀 켈러는 경전의 권위를 중시하는 종교들—복음주의와 오순절 기독교, 전통적 천주교와 성공회, 정통 유대교와 이슬람교—이 전 세계에서 성장하고 있음을 지적했다. 다른 데서만 아니라 자신이 30년째 사역해 온 고향 뉴욕시에서도 그렇다고 말했다. 자신을 "성경의 사람"으로 규정하는 미국인들이 수천만에 달하는데, 그들에게 그 권위 있는 책의 일부를 무시하라는 말은 인생을 살아가는 방식의 기초 자체를 버리라는 요구와 같다.

불과 몇 년 전, 당시 상원의원이던 오바마는 종교적 신념이 공공 광장에서 보장되어야 함을 대선 유세 중에 강력하게 주장했었다. 우리는 그에게 그 사실을 환기시켰다. 진보 기독교 단체인 "콜 투 리뉴얼"(Call to Renewal)에서 연설할 때 그는 공적인 삶에 기여하는 신앙인들의 특별한 몫을 인정하면서, 그들의 믿음을 공적으로 실천하는 것을 제한하려는 세속주의자들을 꾸짖기까지 했다.

> 세속주의자들이 신자들에게 공공 광장에 들어서려면 종교를 집에 두고 오라고 말하는 것은 잘못입니다. 프레드릭 더글러스(Frederick Douglass), 에이브러햄 링컨, 윌리엄 제닝스 브라이언(William Jennings Bryan), 도로시 데이(Dorothy Day), 마틴 루터 킹 등 그야말로 미국 역사상 위대한 개혁자들의 대다수는 신앙이 동기가 되었을 뿐 아니라 거듭 종교적 언어로 자신의 대의를 주창했습니다. 공공정책의 논의에 '개인적 도덕'을 끌어들여서는 안 된다는 말은 터무니없는 부조리입니다. 우리의 법은 본질상 도덕을 성문화한 것이며 그 기초는 다분히 유대-기독교 전통에 있습니다.[8]

20년 전에 그가 시카고 남부에서 처음으로 지역 사회를 정비하는 일을 맡았던 것도 천주교회가 공공 광장에서 사회 참여에 헌신한 덕분이었다.[9] 이 대통령은 공적인 신앙의 가치를 직접 겪어 아는 사람이었다.

우리는 오바마 대통령에게 그 자신이 했던 말과 일을 환기시켰다. 둘 다 그가 지도자로 부상하는 데 일익을 담당했었다. 너무도 많은 것이 위험에 처해 있는 이때야말로 대통령으로서 앞길을 이끌 기회라고 우리는 권고했다. 그는 미국 국민들의 사고에 영향을 미칠 수 있는 위치에 있었다. 차이가 모두를 더 나아지게 한다는 것을 그들이 볼 수 있도록 말이다. 그가 나서 준다면 서로 판이한 굳은 신념들이 평화로이 공존하는 공공의 장이 열릴 수도 있었다.

미국이 이 문제를 해결할 수 없다면 누가 하겠는가?[10]

종교적 갈등이 세계적으로 통제 불능으로 치닫고 진짜 극단주의자들이 세를 불리며 뉴스에 도배되는 이때, 우리는 대책을 찾아야만 한다.

멜팅팟이 아니라 파틀럭이다

서구 민주주의의 다양성은 줄어드는 게 아니라 더해 가고 있다. 이런 추세가 계속되다 보니 많은 지도자가 전통적 세속주의를 막다른 골목으로 본다. 세속주의는 종교가 공공 광장에서 차지할 자리가 없다고 우긴다. 서구에 전통적 세속주의가 발흥한 데는 부인할 수 없는 역사적 이유가 있다. 주로 종교개혁 이후로 정치와 종교 간의 갈등이 수백 년씩 지속되면서 수많은 인명 피해를 냈기 때문이다. 세속주의는 교회와 정부를 분리했고, 마침내 공적인 삶에 신앙이 개입해도 되는 때와 장소를 판가름하는 심판관으로 등극했다.[11] 세속주의가 극단으로 가면 결국 빌 마어 부류의 거짓된 관용으로 이어진다.

세속주의는 입으로만 다양성을 말할 뿐 진정한 차이를 받아들이는 폭은 좁다. 그래서 시민사회를 멜팅팟(melting pot)에 비유하기를 좋아한다. 차이가 녹아 없어져 모두가 똑같아져야 한다는 것이다. 무엇이든 똑같지 않은 것은 관용의 이름으로 걸러내서 내버린다. 이런 풍토에서라면 이견을 품은 사람들은 악하므로 무력화되어야 한다.

우리는 대통령에게 이제 세속주의가 비켜나고 '당당한 다원주의'[12]가 들어설 때가 되었다고 촉구했다. 이는 미국과 서구만이 아니라 전 세계가 나아갈 길이다.

당당한 다원주의자—원리적 다원주의자라는 표현을 선호하는 이들도 있다—는 시민사회를 멜팅팟이 아니라 파틀럭(potluck)으로 생각하기를 좋아한다. 모두가 각자 최고의 음식을 가져와 아무도 굶지 않고 집으로 돌아간다는 것이다. 아무도 참치찜이나 콩깍지 샐러드를 억지로 먹을 필요는 없지만, 그렇다고 싫어하는 사람들의 비위를 맞추려고 그런 요리를 뷔페 식탁에서 치우지도 않는다.

당당한 다원주의 사회에서는 가치관이 다른 이들에게 우리의 가치관대로 살도록—우리의 콩깍지 샐러드를 먹도록—강요해서는 안 된다. 신앙이 좋은 사람들은 그런 주장을 펴지 않는다. 그렇게 주장한다면 이는 거짓된 관용이다. 하지만 우리 또한 누군가의 참치찜을 먹도록 법으로 강요되어서는 안 된다.

당당한 다원주의가 실현되려면 신앙 좋은 기독교인들이 만인의 자유를 힘써 옹호해야 한다. 미국 사회에서 특권의 자리를 점했던 기독교에 익숙해 있는 이들에게는 처음에 그것이 어색하게 느껴질 수 있다. 그러나 다원주의 때문에—더 중요하게는 이웃을 사랑하라 하신 그리스도의 명령 때문에—우리는 공공 광장 안에서든 밖에서든 각자의 양심대로 살아갈 수 있는 모든 시민의 권리를 옹호해야 한다.

물론 우리가 강력하게 옹호해야 할 권리에는 모슬렘 이웃이 동네의 모스크 밖에서도 신앙을 실천할 수 있는 권리, 동성애자 이웃이 자신의 정체에 대한 긍지를 공적으로 표현할 수 있는 권리도 포함된다.

◆ ◆ ◆

그날 회의를 끝낼 때 오바마 대통령이 당당한 다원주의를 미국 시민사회의 나아갈 길로 추진하겠노라고 확답을 공언했더라면 얼마나 좋았겠는가. 하지만 안타깝게도 그는 그런 다짐을 주지 않았다.

불과 몇 달 후 제2기 취임을 준비하는 과정에서 대통령은 다원주의와 참된 관용의 본을 보일 절호의 기회를 날렸다. 본래 애틀랜타의 복음주의 목사 루이 기글리오(Louie Giglio)는 취임식에서 축도해 달라는 부탁을 받았다. 그런데 동성애와 동성결혼에 대한 기글리오의 20년 전 설교 동영상이 공개되면서 LGBT 권익단체들의 강력한 항의가 빗발쳤다.

오바마 대통령 취임위원회는 취임식의 파틀럭에 기글리오 목사의 콩깍지 샐러드도 있어야 한다고 강변하기는커녕 그를 그냥 물러나게 두었다(일각에 따르면 그에게 물러나도록 압력을 가했을 수도 있다).

당시 일부 기독교인들은 대통령이 기글리오의 권리를 침해했다고 주장했지만 그것까지는 아니다. 하지만 얼마나 귀한 기회가 무산되었는가! 오바마 대통령이 이런 성명을 발표했더라면 그 영향이 어떠했을지 상상이 가는가?

기글리오 목사의 발언에 대한 LGBT 진영의 분노는 나도 이해하는 바입니다. 사실 나도 당신들과 같은 생각이며 기글리오 목사의 입장이나 관점을 지지하지 않습니다. 하지만 그래서 그는 더더욱 취임식에 참석해야 합니다. 미국에서는 군이 다른 모두에게 동의하지 않아도 누구나 공공 광장에 설 자리가 있습니다. 대통령에게조차 동의하지 않아도 됩니다. 인신매매를 근절하려는 기글리오 목사와 그의 교회의 수고는 미국과 전 세계의 공동선에 기여합니다. 나는 성적 성향이나 동성애자 권익에 대한 그의 관점에 동의하지 않지만, 그가 이번 취임식에는 물론 참으로 다양한 미국 사회 전반에 참여하는 것을 환영합니다.

불행히도 그런 성명은 나오지 않았다. 대통령에게 서한을 보내고 면담까지 한 것이 의미 있는 시도이긴 했으나 이 경험을 통해 내게 이전보다 더욱 깊어진 확신이 있다. 이런 문제는 정치로는 제대로 해결될 수 없다는 것이다. 거짓된 관용의 개념은 일상 속에 워낙 깊이 스며들어 있어 하나의 명연설이나 새로운 법 조항으로는 퇴치될 수 없다. 이런 문제를 해결하는 일은 신앙 좋은 기독교인들에게 달려 있으며, 그 출발점은 견해가 다른 이웃들과 어떻게 대화할 것인가에 있다.

동화인가, 공존인가?

08

신앙 좋은 기독교인은 확신을 실천하며
무리로부터 구별된다

"엄마, 방과 후에 알렉스(Alex)가 나한테 달려와서 하는 말이 5학년에 소문이 돌고 있는데 내가 동성애자들을 좋아하지 않는다는 거예요." 게이브의 아들 피어스(Pierce)가 말했다.

레베카는 뉴욕시의 공립학교 생활에서 가장 최근에 벌어진 이 일에 대해 정보가 더 필요해서 이렇게 물었다.

"어떻게 된 일인데?"

"마지막 시간에 알리샤(Alisha)가 나더러 그러잖아요. 우리 반의 다른 여자애를 자기가 짝사랑한다고. 그래서 내가 그랬죠. '그건 좋지 않아. 잘못된 거야.'"

"정말? 그랬더니 걔가 뭐라든?"

"'넌 왜 동성애자들을 좋아하지 않니?' 그러는 거예요. 그래서 내가 그랬죠. '난 그런 말 한 적 없어. 하지만 이건 하나님의 법칙에 어긋난다고 생각해.'"

'저런.' 레베카는 아차 싶었다.

"정말 그렇게 말했어? 큰 소리로?"

레베카는 걱정되어 내게 문자를 보냈다. 피어스가 학교에서 한 아이에게 동성애자가 되어서는 안 된다고 말했으니 즉시 자신에게 전화해 달라는 내용이었다.

과민 사회

피어스의 그 마음만은 복된 것이다. 하지만 열 살 난 아이들은 대부분 아직 정치적 공정성이라는 기차에 올라타기도 전이다. 그래서 그 아이는 본의 아니게 우리 문화의 중죄를 하나 지었다. 미국인의 89%가 지지하는 새로운 도덕률의 제2원리를 기억하는가?

남이 선택하는 어떤 삶이나 행동도 너는 비판하지 말지니라.

우리의 공공 광장은 자신의 견해를 공표하면 안 되는 곳으로 빠르게 전락하고 있다. 특히 남을 불편하게 하는 견해라면 더욱 곤란하다. "본대로 말하라"라는 구호는 국토안보부에는 통할지 몰라도 친구에게는 시도하면 안 된다. 새로운 사회적 구호는 "보아도 입을 꾹 다물라"이다.

하지만 남을 불쾌하게 하거나 감정을 상하게 할 위험을 피하면 대화가 메마르고 피폐해진다. 그렇다고 오해하지는 말라. 남을 민감하게 대하는 것은 경건하고 좋은 일이다. 하지만 위험을 피하려다 까다로운 주제에 대한 진솔한 대화나 활기찬 토론이 막힌다면, 이제 모두가 더 성장해야 할 때다.

이견에 침묵하는 것은 초등학교 5학년의 추세만은 아니다. 불쾌한 견해나 개념을 생전 접할 일이 없는 '안전지대'를 만들려는 충동은 어디서나 볼 수 있다.[1] 전국의 대학 캠퍼스와 일터에 그런 현상이 급증하고 있다. "이런 새로운 문화에서는 누구나 말하기 전에 한 번 더 생각해야 한다. 그렇지 않으면 둔감하다든지 공격적이라든지 그보다 더 심한 비난을 듣게 된다."[2]

불편한 개념으로부터 어떻게든 보호받으려는 청년층의 다수는 어려서부터 보호막에 둘러싸여서 자랐다. 사회가 그런 보호막을 사실상 의무화했다. 학교 식당에 금지된 피넛버터에서부터 머리에 꼭 맞는 자전거 헬멧에 이르기까지 그들의 유년기는 보호 일색이었다. 이런 과민한 영혼을 길러낸 헬리콥터 부모(자녀를 과보호거나 간섭이 지나친 부모-역주)들에게는 "고통 없이 얻어지는 것은 없다" 대신 "고통에서 얻어지는 것은 없다"가 걸맞은 구호일 것이다.

1999년에 콜럼바인 고등학교에서 발생한 총기 난사 사건의 여파도 한 요인으로 작용했다. 그 참사 이후 "많은 학교가 학내 폭력을 엄단하며 '무관용 원칙'을 시행했다. 1980년 이후에 태어난 아이들-밀레니엄 세대-은 갖가지 방식으로 어른들로부터 일관된 메시지를 들었다. '산다는 것은 위험한 일이지만 어른들이 전력을 다해 너희를 지켜 줄 것이다. 그래야 낯선 사람에게서만이 아니라 서로에게도 다치지 않는다.'"[3]

젊은 세대의 다수는 어려서부터 다치지 않도록 안전 칸막이, 모서리의 완충재, 콘센트의 커버 등을 통해 보호받았다. 이런 보호는 '위험요인 경고'(대학교수들은 강의 내용이 격한 감정 반응을 유발할 수 있으면 미리 주의시켜야 한다⁴)에서부터 '미묘한 차별'(소수집단에 본의 아니게 또는 무의식적으로 가해지는 객관적, 주관적 모욕을 뜻한다)과의 싸움에 이르기까지 성인기에 들어서서도 계속된다. 정신세계 속에 인지 부조화가 원천 봉쇄되다 보니 그들은 반대 의견에 부딪히면 불안해진다.

공정하게 말해서 이런 과보호를 밀레니엄 세대가 자청한 것은 아니다. 그들은 부모들이 벌인 게임의 패자다. 듣기 싫은 개념을 듣지 않도록 막아 주는 것은 웃기는 일일 뿐 아니라 결국 사회에 해롭다. 종교와 표현의 자유는 이견의 교차로에서 고민할 때에만 시험할 수 있는 권리다. 그 교차로를 피해 달아난다면 자유는 가설에 불과하다.

뉴욕 시장을 지낸 마이클 블룸버그(Michael Bloomberg)는 하버드 대학교의 이른바 '사상경찰'을 바로 그 학교에서 비판했다. 2014년 졸업식 축사에서 그가 보수 이념을 탄압하는 정치 좌파를 질책하자 많은 이들이 충격을 받았다.

> 2012년 대통령 선거 때 아이비리그 교수진과 직원들의 선거 후원금 총액의 96%는 버락 오바마에게 갔습니다. 이 통계수치 앞에서 …우리는 잠시 멈추어야 합니다. 교수 기부자들의 96%가 어떤 한 후보를 선호한다면 우리는 과연 학생들이 다양한 견해를 접하고 있는지 자문해야 합니다. 대학에는 마땅히 그런 다양성이 존재해야 합니다. 성별과 인종과 성향의 다양

성은 중요합니다. 그런데 교수진이 정치적 동질성을 보인다면 그 대학은 위대할 수 없습니다.[5]

블룸버그는 이념과 이념의 충돌을 촉구했다. 그가 알았듯이 최고의 이념들은 결국 승리하게 마련이며, 우리는 다른 신념들을 두려워할 필요가 없다. 진리가 이기게 되어 있다. 게다가 우리의 신념이 정밀 검사와 엄격한 논증을 거치지 않는다면, 그것이 진리임을 알 때 오는 확신을 어떻게 느낄 수 있겠는가?

장년 세대는 이념적 갈등을 다분히 현실로 인정하지만 20대 청년의 다수는 그런 판단력이 없다. 후자는 사적인 이견과 공적인 참여를 흑백의 세계 대신 회색지대에서 통과해 나간다. 이 모든 모호함에 대처하고자 그들은 SNS상의 '친구'와 '팔로워'의 말만 골라서 받아들이고, 서로 '좋아요'를 눌러 주는 이들과만 교류한다. 논쟁의 승자는 논리보다 말투와 재치로 결정된다. 그들은 정신적 독방에 감금되어 살아간다. 출입문이 없는 반향실이라서 어떤 이념도 그 안으로 드나들 수 없다. 거기는 벽에 튀어 반향하는 본인의 동의를 들으면서 스스로 인정받는다고 느끼는 안전지대다.

관계의 장에 받아들여지고 싶거든 입을 꾹 다물고 있거나 진실하게 들리는 칭찬을 베풀라. 그것이 새로운 도그마다. 그렇지 않으면 쫓겨날 수도 있다.

15년 전 나의 공저자인 데이비드가 그 규율을 어기던 일이 기억난다. 그는 내 나이가 스물여섯이나 되었는데도 내 소통 방식과 리더십의 태도가 같은 세대 사람들에게 불쾌감을 준다는 사실에 주목했다. 그는 입을 다물거나 모른 체한 게 아니라 어느 날 나를 한쪽으로 불러 자신이 본 대로 말해 주었다. 나는 깜짝 놀라고 당황했으나 나를 사랑해 그렇게 지적해 준 그가 고마웠다. 나의 그런 행동은 마땅히 내가 되어야 할 지도자의 모습이 아니었다.

때로 가장 중요한 학습의 순간은 내가 꼭 들어야 할 말을 누군가가 담대히 말해 줄 때 찾아온다. 잠언 27장 6절에도 "친구의 아픈 책망은 충직으로 말미암는 것"이라 했다. 그런 책망을 우리가 늘 좋아하거나 동의하거나 듣고 싶어 한다는 뜻은 아니다. 하지만 친구를 거리낌 없이 더 솔직하게 대한다면 관계는 더 진실하고 새로워진다. 반대 의견을 잘 들어라. 진실로 경청하라. 이견의 여지를 허용하면 우정의 여지도 생겨난다.

이런 도전을 누구나 원하는 것은 아니며 오히려 피하려는 사람도 많다. 그러나 그 결과로 관계가 빈곤해진다. 결혼 상담자인 레스와 레슬리 패럿(Les & Leslie Parrot)에 따르면 갈등은 친밀함을 낳는다.[6] 우리 대부분은 갈등이 없어야 삶이 더 쉬울 것 같아 갈등을 피한다. 그러나 개인적 성장의 기회와 가장 풍성한 우정은 불편한 갈등 영역을 회피할 때가 아니라 그 속으로 들어설 때 찾아온다.

동화인가, 공존인가?

예수를 철두철미하게 따르면 신앙 좋은 기독교인들이 삶의 기준으로 삼는 개념들의 정의가 달라진다. 창조주와의 관계는 우리의 말과 행동에 그대로 나타난다. 이 신앙의 요구대로 우리는 왕이신 그분을 영화롭게 하는 생활방식을 택해야 한다.

때에 따라 우리는 이상해져야 한다. 쉽지 않은 일이다. 기인이 되고 싶은 사람이 누가 있겠는가?

왕이신 예수께 충성을 바치면 불편한 순간이 뒤따른다. 굳이 그런 순간을 찾아다닐 필요도 없다. 그냥 그리스도를 충실히 따르기만 해도 문화와 대립하게 되어 있다. 왜냐하면, 문화도 우리에게 충절을 요구하기 때문이다. 베드로가 사도행전 5장 29절에 선언했듯이 "사람보다 하나님께 순종하는 것이 마땅"하다. 때로는 그냥 시류에 편승하여 잘 지내는 편이 더 쉬워 보일 수 있다. 그러나 예수를 따르려면 그 이상이 요구됨을 우리는 뼛속 깊이 안다.

우리는 선택의 갈림길에 서 있다.

동화할 것인가, 아니면 공존할 것인가?

동화란 지배 문화의 주장과 이해관계와 원칙을 받아들인다는 뜻이다. 가장 저항이 없다 보니 가장 반감도 덜 사는 길이다. 당신은 현 상태에 꼭 들어맞을 것이다. 답해야 할 까다로운 질문도 없고, 헤쳐 나가야 할 어색한 순간도 없다. 제자 베드로처럼 당신도 예수를, 그리고 마음속에 품은 진리를 인정하기가 두려울 수 있다. 까다로운 대화를 피하는 게 단기적으로는 지혜롭고 사회생활에 유리하게 느껴질 수 있다.

공존이란 반문화의 길을 택한다는 뜻이다. 당신의 삶은 다른 일련의 진리에 매여 있어 이상하고 신기하게 돌출된다. 그래서 당신은 문화의 인습적 지혜에 어긋난다. 하지만 견해가 다른 사람들과 더불어 아주 담대하게 살아간다. 신앙 좋은 기독교인들이 기독교의 충실한 증언을 지속하려면 반대 의견을 품은 이들과 공존하는 게 매우 중요하다. 우리는 각자의 양심대로 살아갈 수 있는 만인의 권리를 옹호해야 한다. 견해가 상반될 때도-아니, 그럴 때일수록 특히 더-서로 공존할 길을 모색해야 한다.

공존의 길을 택한다 해서 일부러 갈등을 조장하는 것은 아니다. 그러나 우리의 헌신과 주장이 주류 문화에 어긋날 때면 우리는 주저 없이 차이를 드러낸다.

구약의 다니엘서에 겸손한 저항의 모습이 나온다. 다니엘 3장에 보면 사드락과 메삭과 아벳느고라는 유대인 포로들은 하나님을 대적하는 나라 바벨론에서 지방 관리가 되었다. 포로 생활 중에도 그들은 이교 문화에 동화하지 않으면서 그 속에서 공존하는 길을 용케 찾아냈다.

그러나 느부갓네살 왕의 금 신상에 절하라는 지시가 떨어졌을 때는 셋이 함께 당당히 저항했다.

유대인이 아닌 동료들은 그들을 왕에게 고발했다. "이제 몇 유다 사람 사드락과 메삭과 아벳느고는 왕이 세워 바벨론 지방을 다스리게 하신 자이거늘 왕이여 이 사람들이 왕을 높이지 아니하며 왕의 신들을 섬기지 아니하며 왕이 세우신 금 신상에게 절하지 아니하나이다"(단

3:12).

　이 세 친구는 세계관이 주변 문화와 달랐고 그것이 행동으로 나타났다. 그들의 삶은 동료들과 대비되었다. 동화하라는 사회적 압력은 그들의 충실성을 당해내지 못했다. 그들은 단호히 거부했다.

　이들의 담대함이 포로로 잡혀 온 그 백성의 미래를 바꾸어 놓았다.

　느부갓네살 왕은 반역죄를 저지른 히브리 사람 셋을 아주 뜨거운 풀무 속에 던져 넣어 죽이도록 명했다. 그런데 불꽃 속에서 그들 곁에 서 있는 네 번째 사람이 보였다. 그래서 왕은 이렇게 외쳤다.

> 사드락과 메삭과 아벳느고의 하나님을 찬송할지로다 그가 그의 천사를 보내사 자기를 의뢰하고 그들의 몸을 바쳐 왕의 명령을 거역하고 그 하나님 밖에는 다른 신을 섬기지 아니하며 그에게 절하지 아니한 종들을 구원하셨도다 그러므로 내가 이제 조서를 내리노니 각 백성과 각 나라와 각 언어를 말하는 자가 모두 사드락과 메삭과 아벳느고의 하나님께 경솔히 말하거든 그 몸을 쪼개고 그 집을 거름터로 삼을지니 이는 이같이 사람을 구원할 다른 신이 없음이니라(단 3:28~29).

　왕은 그들의 견해와 공존하기로 했을 뿐 아니라 그렇게 공존하지 않을 사람들로부터 그들을 보호하기까지 했다. 물론 우리는 지금 견해가 다른 사람들의 몸을 쪼개야 한다고 주장하는 게 아니다. 우리가 옹호하는 것은 야만성이 아니라 당당한 다원주의다. 사드락과 메삭과 아벳느고가 우리에게 보여 주듯이 소수의 사람들이 자신의 신념을 위해 싸우는 데는 부정할 수 없는 위력이 있다.

신앙 좋은 기독교인들도 이와 비슷하게 겸손한 저항을 지속해야 하는데, 그러려면 반드시 준비되어 있어야 하고 또한 공동체로 해야 한다. 성경적 개념을 고수하는 일은 정말 사회적 자살 행위처럼 느껴질 수 있다. 왜냐하면, 성경적 개념은 우리 세상이 쉽게 받아들이는 개념과 어긋나기 때문이다. 그래도 우리는 선을 행하되 낙심하지 말아야 한다.

'문화라는 교회'에서 당신이 범할 수 있는 최악의 죄는 누군가를 향해 틀렸다고 말하는 것이다. 이의를 아무리 점잖게 표현한다 해도 당신은 사회적으로 버림받은 자들의 자리요, 문화적 반역자들의 자리인 풀무불 속으로 던져질 수 있다. 피어스가 학교에서 깨달았듯이 견해가 다르다는 사실만으로 당신은 단죄받기에 충분하다. 미국인의 3분의 1이 보기에 누구든지 동성애 관계가 잘못이라고 믿는 사람은 관용을 저버린 것이다. 게이인 아이를 괴롭히거나 레즈비언 커플을 아파트에서 퇴거시키는 경우를 말하는 게 아니다. 하나님이 의도하신 성의식에 동성 간의 섹스가 포함되지 않는다고 믿는 것만으로도 불관용의 딱지가 붙는다.

신앙에 충실하려면 주류 문화의 주장과 이해관계와 원칙에 어긋나는 개념들을 종종 표현해야만 한다. 죄, 인간의 목적, 정체, 궁극적 의미 등에 대해 기독교인들이 믿는 내용은 다른 많은 이들의 신념과 어긋난다. 그래서 우리는 침묵할 수 없다.

◆ ◆ ◆

비행기가 댈러스에 착륙한 뒤에 나는 레베카의 문자를 받았다.

활주로에서 바로 전화를 걸어 사연을 들었다. 아내는 내게 간략히 설명한 뒤 피어스를 바꾸어 주었다.

"피어스, 어떻게 된 거니?"

아들은 쭈뼛쭈뼛 내막을 털어놓았다. "잘못된 거잖아요. 그래서 순간적으로 그 말이 튀어나왔어요. 미안해요, 아빠."

"아니다, 아들아. 미안해할 일이 아니다. 너는 믿음대로 실천한 거야. 아빠가 바라는 것도 그것뿐이고."

아들을 더 격려해 준 뒤에 전화를 끊었다. 그러나 한 걸음 더 나아가야 함을 나는 알았다. 그래서 앉아서 피어스에게 편지를 썼다. 아들을 인정해 주려는 의도도 있었지만, 또한 다음날 학교에서 그가 정말 힘들 수도 있겠기에 미리 지도해 주기 위해서였다. 다음은 그때 내가 썼던 편지다.

피어스에게

아들아, 아빠는 네가 정말 자랑스럽다.

첫째로 오늘 너는 하나님이 남자와 여자를 독특하고 다르게 설계하셨다는 너의 견해를 담대하고 확신 있게 표현했다. 다른 아이들도 다 너처럼 생각하리라고 기대할 수는 없다. 사실 부모한테서 남자끼리 좋아하고 여자끼리 좋아해도 괜찮고 심지어 축하할 일이라고 들은 아이들도 많다.

"동성애는 잘못된 거야"라는 너의 말을 아이들이 아주 불쾌하게 여기는 것은 그렇게 믿도록 배웠기 때문이야. 누구든지 동성애를 잘못이라고 생각하면 나쁜 사람이라고 말이지. 세상이 거꾸로 되었다고 전에 우리 대화했던 것 기억나지? 세상은 옳은 것을 틀렸다고 하고 틀린 것을 옳게 볼 때가 많단다. 이번 일이 아주 좋은 예지. 하지만 그래도 괜찮다. 어차피 기독교인은 삶의 기준이 주위의 많은 사람과는 다르거든. 우리는 성경 말씀과 예수님의 삶을 신뢰한다. 다른 사람들이 그 뜻을 모를지라도 말이다.

다만 사람들이 자신의 견해를 말하거든 - 그것이 네 생각과 다를지라도 - 늘 그들을 존중해야 한다. 예수님은 크고 첫째 되는 계명이 "네 마음을 다하여 하나님을 사랑하는" 것이고 둘째는 "네 이웃을 네 자신 같이 사랑하는" 것이라고 하셨다. 너는 첫째 계명에는 100점을 받았고 둘째에는 75점쯤 받았다. 그래서 중요한 걸 하나 더 말하려 한다.

둘째로 피어스야, 상대의 견해에 네가 동의하지 않을 때도 기독교인은 모든 사람에게 사랑을 베푸는 게 아주 중요하다. 이웃을 사랑한다는 것은 그들의 말이 네 생각과 달라도 좋은 친구가 되어 준다는 뜻이야. 그렇지 않으면 그들은 네가 무관심하거나 잘난 척한다고 생각할 거야.

내일 학교에 가면 친구들이 너한테 따질지도 몰라. 혹시 누가 "피어스, 너는 왜 동성애자들을 좋아하지 않니?"라고 묻거든 오늘 밤 아빠한테 한 것처럼 네 마음을 솔직히 털어놓으면 된다.

"동성애자들을 좋아하지 않는다는 말이 아니야. 나는 모든 사람을 사랑해. 하지만 나는 하나님이 세상을 지으실 때 남자는 여자를, 여자는 남자를 좋아하도록 지으셨다고 믿어. 너희 생각이 다를 수 있다는 거 알아. 그대로 존중한다. 하지만 내 솔직한 생각은 그거야."

피어스야, 학생들뿐만 아니라 선생님들도 너와 견해가 다를 수 있음을 알아 두어야 한다. 그래도 괜찮아. 예수님이 말씀하셨듯이 그분을 모르는 사람들은 무엇이 선한지 혼동할 수밖에 없거든. 이것이 네 앞에 닥쳐오는 영적 전투의 한 예임을 알아야 한다. 예수님을 따르지 않는 문화 속에서 그분을 따르려면 용기가 필요하단다. 너는 하나님의 말씀이 진리임을 신뢰하면 돼.

지금 아빠가 네 옆에 있다면 꼭 끌어안아 줄 텐데. 대신 오늘밤 잠자리에 드는 너에게 용기를 주시도록 기도하마. 하나님이 너와 함께 계신다. 그분은 너와 네 모든 학교 친구들을 아주 많이 사랑하시지. 믿음을 지키려면 외롭게 느껴질 때도 있지만 너는 혼자가 아니란다.

사랑한다. 아빠가

다른 견해들과 공존하려면 까다로운 대화를 해야 한다. 우리의 확신을 고수하며 반문화적으로 살아가되 사랑과 은혜로 말해야 한다. 그러면 진리의 승리에 큰 도움이 된다. 우리의 견해가 다른 모든 이들과 일치하지 않더라도 말이다.

충실한 삶이란 쉽지 않다. 이 새로운 지형을 통과하려면 세상과 인간이 어떻게 돌아가도록 설계되었는지를 알려는 불굴의 헌신이 필요하다. 어쩌면 더 중요하게, 사랑하려는 불굴의 헌신이 필요하다. 사랑하면 가정마다 앞에 놓인 많은 까다로운 대화를 헤쳐 나갈 수 있고, 견해가 다른 사람들을 말과 행동으로 존중할 수 있다.

성혁명
이후

09

신앙 좋은 기독교인은
성적인 자유가 관계에 미치는 결과를 인식하며
더 나은 길을 제시한다.

최근에 워싱턴 DC에서 내슈빌로 가던 비행기 안에서 같은 줄에 앉은 사람과 대화를 나누었다. 그녀는 이 책의 원고를 슬쩍 보더니 내가 무슨 일을 하는지 궁금해했다. 나는 좋은 신앙이 우리가 경험하는 세상과 어떻게 교차하는지를 공저하는 중이라고 최선을 다해 설명했다. 어떤 이슈도 논외가 아니며 최고의 신앙은 삶 선제에 적용된다는 말도 했다. 그러자 그녀는 마치 나를 곤경에 빠뜨리려는 듯이 물었다. "열여섯 살 된 우리 딸에게 일회성 성관계에 대해 뭐라고 말해 주어야 할까요? 그 애의 친구들은 다 그것을 아무렇지도 않게 여기는데, 나한테는 충격이거든요!"

나는 당황해 잠시 생각을 가다듬었다. 몇 년 후면(몇 년 후이기를 바란다) 분명히 나도 아빠로서 똑같은 질문을 상대해야 할 것이다. 일단 시간도 벌 겸 이렇게 물었다. "딸이 어떤 아이인가요? 어느 학교에 다닙니까?"

"레이첼(Rachel)은 사립학교에 다닙니다. 공부밖에 모르죠. 외향적이고 사교적이긴 하지만 최고 우선순위는 좋은 대학에 가는 거예요. 친구들도 대부분 목표가 같고요. 다들 아이비리그 학교에 진학하는 걸 위대한 미래로 가는 지름길로 생각하죠. 남자친구를 포함해서 나머지는 다 부수적이에요."

나는 도나 프리타스(Donna Freitas)의 책 「섹스의 결말」(*The End of Sex*)을 떠올리며 이렇게 말했다.[1] "당신의 딸만 그런 게 아닙니다. 일회성 성관계를 당연하게 여기는 대학생들이 너무 많습니다. 그런데 딸은 아직 열여섯 살인데 벌써 그런 압박을 느끼고 있군요?"

"그렇다니까요! 저번에는 레이첼이 밤에 친구들과 함께 파티에 갔는데 남자들 셋이 문자를 보내 왔더래요. 뒷방에 가서 성관계할 마음이 있느냐고요."

"그래서 어떻게 했답니까?"

"싫다고 했대요! 하지만 거절하지 않은 여자아이들도 많답니다."

◆ ◆ ◆

눈여겨보면 누구나 분명히 알겠지만 새로운 도덕률의 여파로 인간관계가 맹공에 시달리고 있다. 덕과 전통적 도덕을 시의성 없고 극단적이라 치부하면 결국 우리 자녀들이 관계의 대가를 무제한으로 치르게 될 것이다.

레이첼의 경험은 요즘의 많은 10대 청소년들과 20대 청년들을 대변한다. 요즘의 일회성 성관계는 우리가 대학 시절에 친구와 함께 커피를 마시러 가던 것만큼이나 아무렇지도 않은 일이 되다시피 했다. 프리타스의 책에 상술되어 있듯이 청년들은 친구나 지인과 가볍게 성관계를 해야 한다는 엄청난 압박을 느낀다. 성욕을 채워야 하는데 연애 관계는 본의 아니게 복잡하므로 일회성 성관계가 해법이라는 논리다. 누구든지 여기에 동참하지 않으면 그냥 이상한 사람이다.

이런 광기를 지배하는 규칙까지 있다. 레이첼 엄마의 설명에 따르면 "두 주 연속 같은 사람과 성관계를 하면 안 된대요. 이번 주말에 했으면 다음 두 주는 그 사람과는 안 되는 거죠. 자칫 감정이 싹틀 수 있으니까요."

섹스란 본래 특별한 사이에만 하는 것임을 아이들도 직관으로 안다는 뜻이다. 그런데도 친구들 간의 성관계가 새로운 규범이 되었다. "일회성 성관계, 즉 친구나 지인과 간혹 나누는 섹스는 성욕을 덜 위험하게 채우는 방법이다"라는 말에 밀레니엄 세대의 절반 이상이 동의했다. 베이비붐 세대와 노년 세대보다 두 배나 높은 수치다.

하지만 가벼운 섹스는 우정을 무너뜨린다. 하룻저녁의 낙이 당장은 재미와 쾌감을 안겨 줄지 모르지만, 최종 결과는 질투와 어색함과 혼란이다. 두 친구가 한순간에 얽히면—충동적 정욕 때문이든 그냥 안기고 싶어서든—둘의 우정이 망가지는 것은 거의 기정사실이다.

일회성 성관계의 개념이 성인 사회에 용납된(심지어 조장된) 지 오래일수록 청소년에게도 그만큼 그것이 정상으로 비칠 뿐 아니라 연령대도 점점 낮아질 것이다. 우리 자녀들은 무슨 수를 써서라도 건강하고 친밀한 관계를 피하도록 양육되고 있다. 앞서 논했듯이 사회의 최고 우선순위 중 하나는 개인적 쾌락이다. 아무런 제한과 규제도 없이 각자 마음 내키는 대로 할 수 있는 권리다. 관계가 그런 방식에 차질을 줄 것은 뻔한 일이다. 관계는 자기중심의 추구를 고통스럽게 사멸시킨다.

더 깊은 소통이 없이 반복되는 성행위는 막다른 골목이다. 그래서 일회성 성관계의 후유증 때문에 많은 이들이 이런 의문에 빠진다.

"섹스 뒤에 남는 게 고통과 혼란과 깨어진 우정뿐이라면 섹스가 다 무슨 소용인가?"

신앙이 좋은 기독교인들은 이런 물음을 기회로 삼아 참된 구속(救贖)의 해답을 제시해야 한다. 그렇지 않으면 많은 이들이 다음과 같은 더 쉬운 질문에 안주할 것이다. 어떻게 하면 관계에 골머리를 썩이지 않고 섹스의 이점만 누릴 수 있을까?

포르노 국가

열두 살 난 아들 피어스는 종종 내 전화기를 빌려 농구 하이라이트를 보거나 최고 10위권의 덩크슛을 검색하고 프로농구 최신 경기의 결승골을 확인한다. 나는 검색 결과를 관찰해 그 아이가 꼭 보아야 할 것만 보는지 확인한다. 그는 착한 아이이며 나는 그를 믿는다. 뭔가가 잘못되면 그 아이는 사실대로 말한다.

최근에 뭔가가 잘못되었다. 아들이 내 전화기를 건네주며 말했다. "아빠, 유튜브로 농구 하이라이트를 찾던 중에 이게 떴어요. 정말 제가 클릭한 게 아니에요."

검색 결과는 정작 찾으려던 것보다 훨씬 그 이상이었다. 목록의 맨 위를 보니 반라의 여자가 가수 제이 지(Jay-Z)의 최신곡에 맞추어 춤을 추고 있었고 농구 하이라이트는 배경에 희미하게 깔려 있을 뿐이었다.

반라의 무용수가 엄밀한 의미의 포르노로 분류되지 않을지는 모르지만 그래도 나는 농구를 좋아해서 멋진 덩크슛을 검색하는 내 아이에게 이런 영상이 쏟아져 나오는 게 싫다. 호기심 많은 아이가 어떻게 이런 유혹을 피할 수 있겠는가?

시장 규모 80억 달러의 포르노 산업은 오락 업계에서 가장 성장이 빠른 부문 중 하나다. 미국인 5천만 명 이상이 포르노를 소비하고 있다.[2] 규모와 범위를 다른 업종과 비교해 보면 포르노 산업의 수익은 아이튠스 디지털 상품의 매출이나 미국 병에 든 생수 업계의 수익과 맞먹는다.[3]

그나마 마우스나 손가락 한 번만 움직이면 어디서나 접할 수 있는 무료 포르노는 포함하지 않은 수치다. 세상에 누드 화보를 도입한 전설의 포르노 잡지 〈플레이보이〉는 전라의 사진을 더는 싣지 않겠다고 2015년 10월호에 발표했다. 이 잡지의 최고 책임자는 "이제 클릭 한 번이면 상상할 수 있는 모든 성행위를 무료로 볼 수 있는 세상이다. 이런 시점에 누드 사진은 한물간 것이다"라고 말했다.[4]

대다수 젊은이들에게 포르노는 여드름이나 치열교정처럼 사춘기의 정상적 일부일 뿐이다. 너무 과하면 징그럽지만, 적당량은 괜찮고 심지어 건강에도 좋다는 것이다. 조쉬 맥도웰(Josh McDowell) 사역단체와 공동으로 시행한 우리의 연구 결과, 청소년층과 청년층에서 포르노는 부도덕 행위 목록의 상위 5위에 간신히 진입했으며 쓰레기를 재활용하지 않는 것보다도 순위가 낮다. 미국의 차세대가 부도덕하게 여기는 일은 무엇일까?

❶ 남의 것을 취한다.
❷ 배우자 이외의 사람과 연애 관계를 맺는다.
❸ 사실이 아닌 것을 말한다.
❹ 쓰레기를 재활용하지 않는다.
❺ 포르노를 본다.

한때 포르노는 잘 포장되어 익명의 구독자에게 우편으로 배달되던 틈새 상품이었다. 그런데 이제 주류가 되어 인터넷만 연결되어 있으면 모든 가정과 스마트폰과 태블릿과 노트북컴퓨터로 송신되며, (팝업 광고 때문에) 원하든 원치 않든 그럴 때가 많다. 그뿐 아니라 포르노나 "소프트 포르노"-텔레비전과 영화와 비디오게임 속에 등장하는 성적인 이미지와 상황-에 따라붙던 도덕적 오명도 그 위력이 약해지고 있다. 미국 청소년과 성인의 절반 이상은 포르노를 보아도 "별로 거리낌이 없다"라고 답했다.

남녀 인간을 대상화하는 것도 더는 수치스러운 일이 아니며, 그로

인한 각종 소모성 제품이 허다한 무리의 머릿속을 바꾸어 놓고 있다. 우리 문화는 집단적으로 미혹되어, 남을 해치지만 않으면 얼마든지 내 욕망을 채워도 된다고 믿게 되었다. 혼자서 성욕을 채우는 게 실존 인물을 상대하기보다 쉽고 덜 복잡하다. 방정식에서 관계를 제외한다는 점에서 포르노는 일회성 성관계보다도 더 편하다.

그러나 사람들은 대부분 만연한 포르노의 역효과도 인식하고 있다. 미국 성인 열 명 중 일곱, 실천하는 기독교인 열 명 중 여덟, 복음주의자 거의 전원은 포르노의 영향이 부정적이라고 답했다. 그 영향은 청소년과 성인에게 두루 미친다. 굳이 본인이 찾지 않아도 누구나 어느 정도 포르노에 노출되어 있다.

그러나 포르노에 찌든 우리 문화에서 최대의 패자는 포르노를 보는 수많은 남녀 본인들이 아니다. 물론 그들도 뇌와 영혼이 뒤틀어지고 무디어진다. 하지만 최대의 패자는 우리가 가장 아껴야 할 사람들, 곧 우리의 아내와 어머니와 누이와 딸들이다.

인간성을 말살당하는 여성들

고삐 풀린 섹스는 기회 균등이 아니며, 가장 큰 피해는 여성들의 몫이다. 공항의 잡지 가판대나 도로변의 광고판이 그 증거다. 우리 문화에서 성적 집착의 초점은 여성의 몸이다. 미국 성인 열 명 중 여덟과 실천하는 기독교인 열 명 중 아홉은 우리 문화가 여체를 대상화한다는 말에 동의했다.

불륜 사이트인 애슐리매디슨(AshleyMadison.com) 사건만 보더라도 우리에게 대상화의 어리석음에 대한 경종을 울려 준다. 절대다수가 남성인 무수한 사용자들이 기혼 여성과의 '은밀한' 성적 만남을 즐기려다 들통났는데, 해킹을 통해 밝혀진 추문에 따르면 사실 그 여성들은 컴퓨터로 만들어 낸 '허구의 대상'이었다. 남자들에게 실제 여자를 상대하고 있다는 느낌을 주려고 메신저 소프트웨어를 개발한 것이다. 3천 7백만 명 이상의 남자들이 뒤탈 없는 밀회를 즐기려다 사기를 당했다.[5]

여성에 대한 사회의 지배적 메시지는 분명하다. 여자는 남자의 쾌락을 위해 존재한다는 것이다.

> 이 문화의 성적인 표현은 주로 소녀들과 성인 여자들의 몸을 통해 이루어진다. 그 대가를 치르는 것도 다분히 소녀들과 성인 여자들의 몸과 삶이다. 그들은 원치 않는 임신을 하기 쉽고, 성병에 걸릴 위험이 더 높고, 포르노 스타처럼 보이고 행동해야 할 압박을 느끼며, 더 자주 성폭행과 강간과 성희롱의 피해자가 된다.[6]

인간을 대상화하면 하나님의 형상이 지워진다. 이는 그 사람에게만 죄가 될 뿐 아니라 그 사람의 창조주께도 죄가 된다. 인간은 몸과 마음과 영혼이다. 그중 하나만 강조하면 인간성이 말살된다. 인간성의 말살이야말로 섹스에 집착하는 우리 문화가 여성들에게 가하는 피해다.

친밀함을 회복해야 한다

요즘 사람들은 일회성 성관계, 주문형 포르노, 웹캠, 섹스 토이, 자위행위 등을 통해 가벼운 섹스를 거의 무제한으로 이용할 수 있다. 육체적 쾌감을 얻는 방법은 그밖에도 무수히 많다. 이제 오르가즘 도달은 문제가 못 된다.

가벼운 섹스, 포르노, 나체 영상 등을 쉽게 접하다 보면 이런 개념 전체에 대해 일종의 권태가 찾아온다. 하나님은 언약의 관계 속에서 깊은 정서적 만남이 이루어지도록 설계하셨으나 주류 문화는 그런 만남의 의미를 사고하는 부분에서 로봇이 되어 버렸다. 그러니 번지르르한 표면이 닳아 없어지는 것은 당연한 일이다. 남침례교의 윤리종교자유위원회 회장 러셀 무어(Russell Moore)는 "교회가 성혁명의 난민들을 받아들일 준비를 해야 한다"고 말했다.[7] 방법을 가리지 않는 섹스는 친밀함과 정서적 깊이 대신 불안과 우울과 외로움과 정서적 불안정을 낳는다. 섹스를 아예 수고의 가치조차 없이 여기는 사람들도 있다. 하룻밤의 정사나 주문형 포르노를 벗어나면 무엇이든 관계가 수반되는데, 관계에 따르는 대가는 무조건 너무 크다.

좋은 신앙이 절실히 필요하다.

우리 모두는 누군가가 나를 참으로 알고 사랑하고 받아 주기를 열망한다. 우리는 다른 사람들과 더불어 깊고 영속적인 교제를 누리도록 지음 받았다. 그런데 우리 문화는 하나님이 주신 이 갈망을 타락시켜 성경험의 추구로 변질시킨다.

바로 이 부분에서 좋은 신앙이 내줄 게 아주 많다. 교회는 해야 할 일과 해서는 안 될 일과 순결의 원리를 해답으로 내놓는 경향이 있으나 그런 단순 논리만으로는 안 된다. 우리는 하나님이 의도하신 인간관계를 증언해야 한다. 본을 보이고 가르쳐야 하며, 이를 재학습하는 이들과 나란히 함께 걸어야 한다. '난민들'에게 우리 교회들은 하나님이 의도하신 관계를 통해 친밀함을 발견할 수 있는 안전한 집이 되어야 한다.

사실 우리는 기독교 공동체–하나님의 권속–만이 문화를 병들게 한 관계적, 성적 질환의 치료제라고 믿는다. 성과 성의식의 문제를 다루는 방식에도 사랑하기+믿기+살아가기라는 원리가 구현되어야 한다. 우리는 사람들을 잘 사랑해야 하며, 그들이 일을 망쳐 우리를 실망하게 할 때조차도 그들을 하나님의 형상대로 지어진 존재로 보아야 한다. 믿음 면에서는 건강한 성과 성의식에 대한 성경적 비전을 명확히 제시해야 한다. 나아가 그 사랑과 믿음을 실존 인물들과의 공동체 안에서 기꺼이 삶으로 실천해야 한다.

하나님의 권속은 성혁명 이후의 삶을 제시한다. 그러려면 우리의 '가정' 개념이 확대되어 치유가 필요한 모든 이들을 받아들여야 한다.

결혼, 가정, 우정

10

신앙 좋은 기독교인은
자신의 결혼과 가정과 손님 대접을 통해
다른 사람들에게 유익을 끼친다.

    결혼에 가해진 가장 의미심장한 타격은 거의 50년 전에 발생했다.
    보수의 상징인 로널드 레이건(Ronald Reagan) 때문에 결혼이란 두 성인 사이의 계약에 불과해졌다. 정부의 관점에서 보면 그렇다. 레이건은 이혼과 재혼을 거친 배우로서 정치가가 되었다. 당시에 주지사였던 그는 1969년에 '무과실' 이혼을 허용하는 주(州) 법안에 최초로 서명했다.
    부부관계의 방향이 마음에 들지 않거든 공란에 체크 하나만 해서 관계를 끝낼 수 있다. 자녀들이 다른 데로 옮겨지든 말든, 배우자가 언약의 헌신을 지켜 왔든 말든 관계없다. 정부의 관점대로라면 당신은 계약을 파기하고 떠나갈 권리가 있다. 뒤처리는 나머지 가족들(과 사회)의

몫이다.

손해도 없고 반칙도 아니다. 당신이 결혼을 중시하는 사람이라면 이 역사적인 사실을 무시할 수 없다.

그 후유증으로 수많은 자녀들의 삶이 망가지고 피폐해졌다. 수백만의 청소년과 청년-전체의 3분의 1-이 아침마다 생물학적 부모 중 한쪽만 있는 집에서 잠을 깬다. 이들은 학교를 중퇴할 확률, 십대 임신을 하거나 시킬 확률, 성인이 되어 이혼할 확률이 더 높다.[1] 청년들의 결혼 연령이 늦어지는 것도 무리는 아니다(그나마 결혼을 한다면 말이다). 그래프에서 보듯이 미국의 평균 초혼 연령은 남자 29세, 여자 27세로 각각 1960년의 22세와 20세보다 늦어졌다.

더 눈여겨 보아야 할 추세는 근년 들어 변화의 폭이 더 가팔라졌다는 것이다. 1990~2013년(23년간)의 연령 상승폭이 1960~1990년(30년간)의 그것과 거의 맞먹는다.[2]

평균 초혼 연령

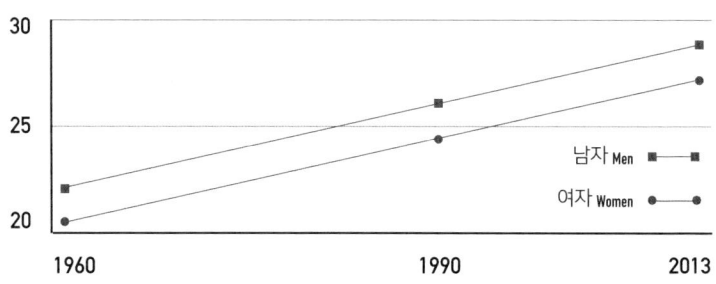

텍사스 대학교 오스틴 캠퍼스의 연구가이며 사회학자인 마크 리그너러스(Mark Regnerus)는 우리 Q 집회에서 강연할 때, '섹스가 값싸져서' 결혼이 그 대가를 치르고 있다고 지적했다. 앞장에 기술했듯이 이제 섹스를 어디서나 쉽게 이용할 수 있다. 결혼이라는 장벽을 통과해야 섹스가 가능하던 시대는 지났다.

그렇다고 결혼이 레이더망에서 완전히 사라진 것은 아니다. 다만 50년 전에는 결혼이 청년기의 한 목표였으나 지금은 그렇지 않다는 뜻이다. 결혼은 보류 상태다. 밀레니엄 세대 열 명 중 여덟은 "언젠가는 결혼하고 싶다"(82%)라면서도 그전에 먼저 "한 인간으로서 충분히 계발되고 싶다"(70%), "재정적 안정을 이루고 싶다"(69%), "동거부터 해야 한다고 생각한다"(60%) 등으로 답했다.[3] 20대 청년들이 30세가 되기 전에 이루고 싶은 목표 중에서 결혼은 5위권에도 들지 못했다.

교회가 결혼과 가정에 대해 더 확고하고 전인적인 비전을 제시하면 어떨까? 개인적 만족 대신 그리스도를 닮는 것이 궁극의 목표가 되면 어떨까? 그동안 결혼의 관건은 제자도가 아니라 인생에서 내가 얻으려는 것으로 변했으며, 그 점에 대해서라면 독신도 마찬가지다.

게이브의 친구 제이(Jay)는 언젠가는 결혼하고 싶었으나 요즘의 여느 사람들처럼 '천생연분'을 찾느라 애를 먹었다. 완벽한 짝 내지 소울메이트를 찾아야 한다는 생각은 (우리 문화의 수많은 요소처럼) 자기만족의 욕구에서 비롯된 현대의 개념이다. 제이가 찾으려던 천생연분이란 성격이 잘 맞고, 살아온 이야기가 매력 있고, 장래의 꿈이 크고, 세 자녀를 낳을 마음이 있는 여자였다. 목록도 아주 구체적이었다.

나는 그에게 "이봐, 결혼의 관건은 네가 아니야. 독신의 은사가 없는 한 하나님은 결혼을 통해 너를 변화시키실 거야"라고 말해 주었다. 기독교 용어로 이를 '성화(聖化)'라고 한다. 하나님이 우리를 더 거룩하고 그리스도를 닮은 모습으로 변화시키시는 과정이다. 내가 제이에게 설명했듯이 "물론 결혼이 만족을 줄 수도 있지만, 그보다 결혼이란 하나님이 우리에게 무조건적 사랑과 섬김을 훈련하시는 중요한 장이다. 하나님은 결혼을 통해 너를 그분이 원하시는 모습으로 빚으실 것이다."

나의 말은 이렇게 이어졌다. "18년의 결혼 생활을 통해 배운 바에 의하면, 결혼은 거울과 아주 비슷하다. 내 마음에 들든 그렇지 않든 나의 참모습을 그대로 보여 주거든. 거울이 거짓말을 하지 않듯이 결혼도 마찬가지다."

제이가 기독교 환경 속에 있은 지 여러 해였는데도 이것은 그에게 새로운 정보였다. 그는 결혼이 관계적 만족의 극치라고 배웠다. 많은 교회가 결혼을 깊은 친밀함에 이르는 최고의 장으로 떠받든다. 다른 어떤 관계도 거기에 필적할 수 없다는 것이다. 그러나 사도 바울은 고린도전서 7장에 다른 관점을 제시한다. 그리스도를 따르는 고린도 사람들에게 그는 배우자의 필요를 채워 주느라 산만해지지 말고 독신으로 남을 것을 촉구했는데, 이는 결혼을 추구하라는 현대 기독교의 전반적 가르침과 정반대다.

사두개인들이 부활 이후의 결혼 문제로 예수를 압박해 왔을 때 그분은 이렇게 답변하셨다. "사람이 죽은 자 가운데서 살아날 때에는 장가도 아니 가고 시집도 아니 가고 하늘에 있는 천사들과 같으니라"(막

12:25). 이 가르침에 바울의 교훈을 합하면 독신이 우리의 시발점–'기본 설정'–이자 종착지임이 분명하다. 그리스도의 신부인 교회는 결국 새로운 창조세계에서 그분과 연합할 것이며, 우리 각자는 그토록 열망하던 관계적 만족과 완성을 누릴 것이다. 다만 그것은 인간끼리의 결혼이 아니라 우리 주님과의 연합을 통해 이루어진다.

예수와 바울이 제시한 인간관계의 비전은 결혼이 아니라 제자도에 우선순위를 둔다.

신앙 좋은 기독교인들은 알고 있듯이 결혼은 성화의 한 통로일 뿐이지 그리스도를 닮아가는 유일한 길은 아니다. 결혼은 친밀한 관계의 한 형태일 뿐 신약에 예시된 유일한 형태는 물론 아니다. 그렇다고 우리의 말을 오해하지는 말라. 결혼은 선한 것이다. 다만 궁극적인 것은 아니다. 교회가 결혼을 우상으로 만들었다면–안전과 만족과 친밀함을 가져다줄 단 하나의 관계로 떠받들어 왔다면–이제 다시 생각할 필요가 있다.

공동체를 유익하게 하는 결혼

랍(Rob)과 로렌(Lauren)은 교회와 공동체의 저울에 자신들의 결혼을 잘 달아 보았다. 둘 다 뉴욕시에 10년 넘게 살았으므로 좋은 친구들이 많이 있었다. 그들이 약혼하자 다들 그들에게 앞으로 어디서 살 것인지 물었다. 처음에 그들은 단칸방 아파트를 얻어 둘만의 삶을 시작할 생각이었다. 그러나 재정적 어려움을 계기로 다른 방안을 택했다. 더 큰 아파트에서 친한 친구 둘과 함께 살기로 한 것이다.

얼른 이런 생각이 들 수 있다. '어째서 신혼부부가 친구들과 함께 살 겠다는 거지?' 그들도 처음부터 그러려던 것은 아니었으나 일단 그 기회를 받아들이고 보니 결혼관 전체가 달라졌다.

저번 날 밤에 로렌과 함께 근황을 나누던 중에 그녀가 내게 이렇게 설명했다.

> 게이브, 이 경험을 통해 랍과 나는 결혼을 보는 눈이 달라졌어요. 이렇게 아름다운 친구들의 공동체가 있는데 결혼 때문에 그들과 떨어져서는 안 되죠. 결혼의 관건이 우리 둘이 되어서는 안 됩니다. 그보다 어떻게 사람들의 힘을 북돋아 주고, 저녁을 대접하고, 심야의 대화에 참여하고, 생명을 살리는 우정을 나눌 수 있을지를 생각해야지요. 나중에 독립해서 나가더라도 우리는 전혀 다른 구상이 서 있답니다. 우리의 결혼 생활을 통해 사람들에게 유익을 끼치기로 말이죠.

거룩하고 바깥을 지향하는 결혼이 더 큰 신앙 가족 안에서 어떤 역할을 하는지 로렌의 말 속에 멋지게 담겨 있다. 로렌과 랍은 다른 관계들로부터 둘만 떨어져 나가는 것을 최우선으로 삼지 않는다. 대신 그들은 결혼을 홈베이스로 삼아 우정을 가꾸고, 독신자들을 환대하며, 다른 신자들에게로 '가정'을 넓힌다.

이 개념은 예수께로부터 왔다. 마태복음에 이렇게 기록되어 있다.

예수께서 무리에게 말씀하실 때에 그의 어머니와 동생들이 예수께 말하려고 밖에 섰더니 한 사람이 예수께 여짜오되 보소서 당신의 어머니와 동생들이 당신께 말하려고 밖에 서 있나이다 하니 말하던 사람에게 대답하여 이르시되 누가 내 어머니이며 내 동생들이냐 하시고 손을 내밀어 제자들을 가리켜 이르시되 나의 어머니와 나의 동생들을 보라 누구든지 하늘에 계신 내 아버지의 뜻대로 하는 자가 내 형제요 자매요 어머니이니라 하시더라 (마 12:46~50).

예수는 가정의 의미에 혁신을 일으키셨다. 그분이 보시기에 가정이란 생물학적 측면으로 국한되지 않는다. 가정은 그분을 따라 하나님의 뜻을 행하는 모든 이에게로 확대된다.

결여된 요소

나는 밤 비행기로 대서양을 가로질러 처음으로 네덜란드의 암스테르담에 갔다. 초행길이었지만 그 저지대를 직접 본다고 생각하니 마음이 설렜다. 아내의 계보가 네덜란드로 거슬러 올라가기 때문이다.

내 상상 속의 네덜란드인은 옛 생활방식대로 살아가는 전통적인 사람들이었다. 핏기없고 상냥한 얼굴의 여자들이 나막신(정확히 클롬펜)을 신고 파란색과 흰색 드레스를 입고 우아한 스톰프 춤을 추었다. 그 춤이 우아할 수 있다면 말이다. 그러나 현대의 암스테르담은 내가 생각했던 그 특이한 모습과는 다르다. 그 도시는 무엇이든 다 된다는 도덕관념과 홍등가로 유명하다. 2001년에 네덜란드는 동성결혼을 합법화한 최초의 국가가 되었다. 이 나라가 앞장서서 낙태와 안락사와 매매춘을 합법화하자 다른 많은 유럽 국가도 뒤따라 비슷한 법을 제정했다. 네덜란드의 현대 사회는 내 선입관 속의 나막신이나 스톰프 춤과는 거리가 멀다!

나는 기독교 지도자들 몇을 만나—신앙이 동기가 되어 그 도시에 복음을 진척시키려는 사업가들과 교회 개척자들이 대부분이었다—기독교 이후의 문화에 참여하는 법을 많이 배웠다. 유럽의 문화적 정황을 보면 미국 생활의 방향을 가늠할 수 있다. 네덜란드에서 종교는 그저 시의성 없는 전통으로 취급된다. 종교를 너무 심각하게 대하는 사람은 누구나 극단주의자로 간주된다. 그래서 충실한 신자들은 거의 잊히다시피 한 복음적 삶의 본질적 요소 하나를 되살렸다.

바로 손님 대접이다.

교회 지도자들이 들려준 사연들에 따르면 손님 대접 덕분에 신앙에 관한 대화가 가능하다고 한다. 통과 수속 중인 중동 난민을 집에 들인 경우이든 동료를 저녁식사에 초대하는 경우이든, 낯선 사람을 환영하여 함께 즐거워하고 인간답게 대한다는 주제가 자꾸 튀어나왔다. 암스테르담에서 손님 접대는 눈에 확 띄는 반문화적 개념이다.

새로운 덕목은 아니다. 사실은 아주 오래되었는데 현대 생활에 밀려났다. 손님 대접이 호텔과 병원과 노숙자 보호소 등으로 제도화된 결과다(손님을 대접하는 산업까지 있다). 하지만 성경에서 이것은 분명히 중요한 일이며 은사로 언급되기까지 했다(고린도전서 12장 참조). 하나님이 뜻하신 인간관계는 손님 대접으로 아름답게 표현된다. 아마 우리 시대에 이런 모습을 그만큼 보기가 힘들어졌기 때문일 것이다.

손님 대접을 실천하는 한 가지 방법은 사람들에게 관심을 표하는 것이다. 자신에 대해 말하기는 쉽다. 그러나 대화할 때 자신이 받는 질문보다 더 많이 질문해 보라. 여기 단순하면서도 심오한 진리가 있다. 인간은 자신에 대해 나누기를 좋아하며 이를 통해 자신이 환영받고 있고 특별하다고 느낀다. 상대를 정말 알아 가겠다는 목표가 있으면 까다로운 대화도 부담이 조금 덜어질 수 있다.

이 모두가 관계학 개론처럼 들릴 수 있지만, 손님 대접의 중요성은 안개가 자욱한 밤의 등댓불처럼 나의 주의를 사로잡았다. 아는 사람들에게-모르는 사람들에게도-가시적 사랑을 쏟으면 그들은 자기도 모르게 예수의 사랑을 경험할 수 있다. 손님 대접은 행동하는 좋은 신앙이다. 빠른 식사와 온라인 우정과 일회성 성관계를 강조하는 문화 속에서 손님 대접은 참으로 반문화적 경험이다. 대접을 받는 사람은 이런 기회가 더 많아지기를 바라며 자리를 뜨게 된다.

역사적으로 하나님의 백성은 손님 대접에 최고이다 못해 극성스럽기까지 했다. "많은 고대 문명에서 손님 대접은 모든 도덕을 떠받치는 기둥으로 여겨졌다. 고대 이스라엘 백성의 경우, 자신들을 나그네와 거류민으로 인식하고 주변의 취약한 나그네들을 돌보는 책임을 다하는 일이야말로 하나님의 백성이라는 정체성의 일부였다."[4] 예수께서 환영을 실천하신 방식들은 종교 지도층을 당황하게 했다. 그분은 세리의 집에서 음식을 드셨고, '죄인들'과 교제하셨고, 제자들과 함께 장시간의 식사를 즐기셨다. 파티 출석률이 하도 높아 술꾼이라는 비난까지 들으셨다.

바울은 이것을 새로운 차원으로 끌어올렸다. 그의 서신들에 보면 '권속'이라는 개념이 소개된다. 다양한 신자들이 모인 그 그룹에서 모든 연령층이 함께 경건한 공동생활을 추구한다. 그레그 톰슨(Greg Thompson) 목사가 지적했듯이 "우리 중에는 권속이란 주제에 익숙하지 않은 사람들이 많지만, 기독교 신학에서 권속은 가정들을 포함하되 그것으로 국한되지 않는다. 예수의 이름을 부르는 모든 사람은 물론이고 그들에게 의지하여 보호받아야 할 사람들까지도 권속에 포함된다."[5]

손님 대접의 개념이 현재의 우리 문화에 약간 낯설게 느껴진다면 그 뿌리가 기독교 신학에 있음을 기억해야 한다. "하나님의 백성은 나그네와 거류민인데 그분이 '신앙의 권속' 안으로 맞아들여 주셨다. 그렇다면 하나님의 백성도 나그네에게 '자리를 내주되' 신앙 공동체에서만 아니라 각자의 권속(가정)에서도 그래야 한다."[6]

문호 개방 정책

"덕 다이너스티"(Duck Dynasty)를 시청한 적이 있는가? 루이지애나에서 촬영되는 이 리얼리티 시리즈는 한 대가족의 권속 같은 관계를 보여 주는 인기 프로그램이다. 대본상의 줄거리와 카메라의 배후에서 월리와 코리 로버트슨(Willie & Korie Robertson)은 손님 대접의 아름다운 모범을 보여 준다.

최근에 라이언스 일가는 웨스트먼로의 로버트슨 가정을 방문했다. 너그러운 기독교적 손님 대접의 수많은 사연이 온 사방에서 들려왔다. 그들의 헌신적인 손님 대접에 영향을 입은 인생과 가정이 얼마나 많은지 직접 보면서도 믿어지지 않을 정도였다.

우리는 푸짐한 가재 파스타('윌리 요리사'가 제일 좋아하는 음식 중 하나)를 저녁으로 먹은 뒤 로버트슨의 집 거실에서 따뜻한 블루베리 칵테일을 음미했다. 탄수화물을 과다 섭취한 나는 안락의자에 기대어 누운 자세로 윌리와 코리에게 말했다. "당신들이 살아가는 아름다운 모습을 직접 보니 정말 감동적이고 새 힘이 납니다. 마주치는 사람마다 이 가정의 영향을 입었다는 사연이 꼬리를 잇습니다. 모두 당신네 가정의 한 식구처럼 느끼고 있더군요. 정말 놀랍습니다!"

그러자 윌리가 약간 멋쩍게 대답했다. "이봐요, 게이브. 우린 그냥 삶을 살아가는 것뿐입니다. 무슨 특별한 일을 하는 게 아니라 그냥 옳은 길을 가는 거지요. 복을 받은 건 우리입니다."

24시간 동안 그들을 지켜보며 나는 감화도 받고 양심의 가책도 느꼈다. 그들이 엮어 온 관계망-가족들과 친구들-은 아주 놀랍도록 반문화적이면서도 사람의 마음을 잡아끈다. 웨스트먼로에서 접한 세 가지 독특한 관계는 내게 현대판 신앙의 권속이 어떤 모습일 수 있는지를 보여 주었다. 가재 요리를 좋아하지 않더라도 관계없다.

먼저 우리는 브라이언(Brian)을 만났다. 그는 엄마를 돌보려고 몇 년 전에 루이지애나 주로 이사한 26세의 청년이다. 취직하려 했으나 뜻대로 되지 않았다. 그가 전과자였으므로 고용주들은 두 번 생각할 것도 없이 그의 이름을 건너뛰었다. 안타깝게도 전과자에 대한 차별을 아직도 칭송하는 집단들이 많다. 그러나 브라이언은 어떤 일이든 마다하지 않고 새 출발을 하고자 했다.

월리의 회사 중 하나인 덕 커맨더에서 수백 명의 지원자 중 브라이언을 채용하자 그는 고마워 어쩔 줄 몰랐다. 로버트슨 부부는 그의 진정한 잠재력을 보았기 때문에 과거의 이력을 문제 삼지 않았다. 기회가 주어지자 그는 일을 훌륭하게 해냈고, 기술을 숙련해 최근에 그들의 다른 업체에서 매니저가 되었다.

"나는 월리를 사랑합니다. 내게 살길을 열어 주고 예수님을 소개해 주었거든요. 내가 다른 회사로 가는 일은 절대로 없을 겁니다!" 대화 중에 브라이언이 내게 한 말이다.

다음은 레베카(Rebecca)다. 로버트슨 일가와의 우정은 그녀가 고등학교 2학년 때 타이완에서 교환학생으로 와서 이들 가족과 함께 살면서부터 시작되었다. 얼마 후 그녀는 이 집에 수양자녀로 들여졌다가 자연스럽게 한 가족이 되었다. 현재 27세인 그녀는 덕 앤 드레싱이라는 디자이너 패션 부티크의 운영을 거들고 있으며, 자신이 받은 대로 남에게 돌려주려고 입양을 적극적으로 추진 중이다.

로버트슨 일가는 생후 5개월 된 한 아기를 입양한 뒤로 입양을 계속하고 있다. 최근에도 코리는 열두 살 난 남자아이에게 영주할 집이 필요하다는 소식을 듣고 즉석에서 입양을 수락했다. 맏아들이 대학으로 떠날 때가 되었으므로 그들은 "집에 방이 하나 남아돈다. 다른 가족을 받아들이자"라고 말했다.

바로 이것이 신앙 좋은 기독교인들이 가정을 운영하는 방식이다. 신앙의 권속으로서 문호 개방 정책을 펴는 것이다.

당신에게는 로버트슨 가정처럼 당신의 권속을 계속 늘려나갈 역량이나 공간이나 자원이 없다고 생각될 수 있다. 그러나 새로운 친구나 지인을 저녁 식사에 초대하는 일, 신경 써서 입양 가정들을 후원하는 일, 어떤 아이나 청소년이나 청년의 삶에 시간을 투자하는 일 등은 누구나 할 수 있다. 영주할 집이 없는 아이의 수양부모가 되는 것도 생각해 볼 수 있다.

가정마다 독특한 역동이 있지만, 그리스도는 우리를 불러 두려움과 편안해지려는 욕구에서 벗어나 그분을 신뢰하라고 하신다. 확신컨대 나그네를 영접하면 곧 예수를 우리 가운데 영접하는 것이다.

이 세상은 우정과 결혼과 가정에 굶주려 있다. 그것도 다 놀라운 선물이며 절실히 필요하다. 그러나 우리는 그보다 더 좋은 것을 내줄 수 있다. 손님을 대접하면 모든 사람이 속할 수 있는 신앙의 권속이 생겨난다.

생명, 죽음, 장애

11

신앙 좋은 기독교인은
어떤 형태이고 어떤 단계에 있든
모든 인간의 생명이 소중하다고 믿는다.

질병통제센터의 전세기에 홀로 탄 켄트 브랜틀리(Kent Brantly) 박사는 땀에 흠뻑 젖은 채로 자신의 생사를 알 길이 없었다. 브랜틀리 일가가 신앙적 동기에서 라이베리아의 몬로비아로 이주한 지 1년도 되지 않던 때였다. 켄트는 그곳의 의료선교회에서 봉사했다. 지난 수십 년간 발생한 가장 치명적이고 전염성 강한 바이러스가 불과 5개월 만에 그의 병원에까지 들이닥칠 줄은 그를 비롯해 누구도 몰랐다.

몬로비아에서 몇 달째 에볼라 퇴치에 애쓰던 켄트는 결국 자신도 그 치명적 바이러스에 감염되고 말았다.

첫 감염 사례가 보고된 게 불과 몇 주 전이었다. 320km나 떨어진 곳이었으므로 켄트와 그의 팀은 걱정하지 않았다. 서아프리카에는 그것

말고도 신경 써야 할 위독한 질병이 많았다. 이것이 전염병이 될 확률이 얼마나 되겠는가? 그러나 경고만으로도 의료진은 대비에 나섰다. 에볼라가 몬로비아까지 퍼진다면 감염자 대부분이 목숨을 잃을 것은 뻔했다. 그래서 의료진은 특수 시설을 만들고, 표준 절차를 훈련하고, 바이러스 퇴치에 도움이 될 만한 개인용 보호 장구를 최대한 비축했다.

오래지 않아 경고가 현실로 바뀌었다. 에볼라가 서아프리카 전역으로 퍼지면서 몬로비아는 이 전염병과 싸우는 중심지가 되었다. 켄트는 위험한 줄 알면서도 남아서 돕기로 작정했다.

그러다 최악의 악몽이 현실이 되었다. 어느 날 아침에 깨어난 그는 증상을 보고 알았다. 다른 수많은 환자가 앞서간 흑암의 길에 자신도 들어와 있었다. 켄트를 라이베리아로 파송했던 구호단체는 "사마리아인의 지갑"(Samaritan's Purse)이었다. 이 기관의 청원으로 미국 정부가 개입해 그를 본국으로 송환하기로 했다. 다른 사람들에게는 그런 기회가 없었음을 지금까지도 통탄하는 그는 이후 몇 달에 걸쳐 에볼라에서 회복된 뒤로 생존자의 죄책감을 안고 살아간다.

많은 사람이 켄트에게 치명적인 바이러스에서 치유된 게 신앙 덕분인지 물었다. 그는 에볼라가 완치된 것에 깊은 감사를 표한 뒤 늘 똑같이 대답했다. "사실은 애초에 내가 에볼라에 감염된 게 신앙 때문입니다. 신앙에 이끌려 몬로비아 사람들을 섬기러 라이베리아까지 갔으니 말입니다."

이것이 신앙 좋은 기독교인들의 사고방식이다.

신앙이 좋은 사람들은 남의 생명을 위해 자신의 안락과 명예와 목숨까지도 건다. 위독한 질병과 싸울 뿐 아니라 생명이 시작될 때부터 끝날 때까지의 전체 과정 동안 생명의 가치를 옹호한다. 그들은 아직 태어나지 않은 태아를 대변하고, 장애인의 존엄성을 존중하고 지지하며, 자연적으로 숨이 다할 때까지 생명이 지속되도록 만전을 기한다.

기독교인들은 모든 인간의 생명-어떤 형태이고 어떤 단계에 있든-이 소중하다고 믿는다.

생명은 하나님이 우리에게 주신 좋은 선물이기에 우리는 생명을 보호하도록 부름 받았다. 모든 생명은 기적이며 하나님의 무한한 창조력과 신실한 의도를 증언해 준다. 그분은 자신의 형상대로 지음 받은 사람들을 통해 세상에 복을 주려 하신다. 생명을 얼마나 중시해야 하는가에 대한 예수의 견해는 아주 극단적이다. 그분은 우리의 목숨이 위태로워지는 한이 있더라도 이웃을 사랑해야 한다고 가르치셨다. "사람이 친구를 위하여 자기 목숨을 버리면 이보다 더 큰 사랑이 없나니"(요 15:13).

생명을 숭시하는 깊은 헌신은 2세기 때부터 문서에 잘 남아 있다. 당시의 기독교인들은 성문 밖으로 나가 그곳에 버려진 영아들과 아이들을 살려내기로 유명했다.[1] 로마에 죽을병이 돌 때면 의사들과 지도자들은 자기부터 살려고 달아났지만, 기독교인들은 남아서 환자들에게 빵과 물을 공급했다.[2]

신앙 좋은 기독교인인 켄트 브랜틀리 박사는 앞뒤를 재지 않는 이타적 긍휼의 오랜 전통을 이은 사람이다.

생명의 전부를 중시한다

지난 50년간 '생명' 문제에 대한 기독교인들의 참여는 낙태법을 엄하게 만들고 낙태시술소를 폐쇄하는 것에 집중되었다. 그 동기를 논박하기는 어렵다. 1973년에 로우 대 웨이드(Roe v. Wade) 판결을 통해 대법원에서 낙태가 합법화된 뒤로 미국에서 5천4백만 건 이상의 낙태가 시행되었다.³ 그런데 일부 기독교인들은 낙태 반대를 외치는 소리를 달갑지 않게 여긴다. 그들의 바람대로라면 낙태 반대 활동가들은 입을 다물고, 문화적으로 덜 껄끄러운 사회 이슈들로 넘어가야 한다. 하지만 다행히 그런 일은 없었다.

데이비드와 제이슨 벤험(David & Jason Benham) 형제는 평생 이 일에 충실히 힘써 왔다. 그들이 어렸을 때 아버지 플립(Flip) 벤험이 노마 맥코비(Norma McCorvey, 로우 대 웨이드 사건의 원고인 "제인 로우"라는 법정 가명으로 더 잘 알려져 있다)를 예수께로 인도했다. 데이비드와 제이슨은 낙태시술소들 바깥의 길가에서 기도하는 한편, 기회 있을 때마다 공공의 장에서 태아들을 강력하게 변호한다.

혁신된 최신 의료기술을 통해 입증되듯이 태내의 생명은 가장 이른 순간부터 존재한다. 황새 보호(Save the Storks, 아기를 황새가 데려온다는 구전에서-역주) 같은 단체들은 이동 클리닉에서 초음파 검사를 무료로 제공한다. 이를 통해 예비 엄마는 아이의 뛰는 심장을 눈으로 직접 볼 수 있다. 임신 지원 대안 센터들—예컨대 맨해튼의 어베일(Avail), 시카고의 카리스(Caris) 임신상담원조 등—은 여성들에게 진짜 선택을 제공한다. 낙태를 대안으로 내놓는 가족계획협회(Planned Parenthood) 같은 단체들과는 대조적이다(이 기관의 자체 통계에 드러났듯이 각 '선택 방안'은 대등하게 제시되지 않는다[4]). 임신 지원 센터들은 여성에게 임신 기간과 그 이후에까지 보호와 상담과 지원을 베풀어 처음 몇 년 동안 엄마 노릇을 홀로 감당하지 않게 해 준다.

아울러 낙태한 여성들이 자신의 이야기를 공개하는 경우도 늘고 있다. 보장된다던 근심 걱정 없는 삶은 찾아보기 힘들다. 우울증과 각종 정신건강 문제에서 만성적인 수치심과 죄책감에 이르기까지, 한 생명을 종식시킨 여자들은 고통을 당할 때가 많다.

신앙 좋은 기독교인은 생명을 처분 가능하도록 여기는 문화를 배격해야 한다. 아울러 생명의 가치는 전인적인 만큼 출생 전의 생명을 보호하는 일뿐만 아니라 출생 후의 아이들을 양육하는 데도 중점을 두어야 한다. 두려움과 수치심과 불안에 싸인 예비 엄마들을 지원해야 한다는 뜻이다. 여성들이 자녀의 미래를 현실적으로 열어 갈 수 있도록 교회들이 옆에서 도와야 한다.

출생 후의 아이들을 양육하려면 또한 교회마다 입양 가정과 수양 부모의 수가 늘어나야 한다. 입양과 수양 자녀 양육이 점점 더 강조되는 현상은-더 최근에 기독교인들이 난민 보호에 보인 관심과 더불어-지난 10년 사이에 예수를 따르는 사람들 사이에 나타난 밝은 일면이다. 이런 긍정적 추세의 증거를 우리의 연구에서도 볼 수 있다. 자녀를 입양한 비율을 보면 미국의 전체 성인은 2%인데 비해 실천하는 기독교인은 5%였다. 수양 부모가 된 비율과 수양 자녀를 기를 것을 진지하게 생각해

본 비율도 실천하는 기독교인은 각각 3%와 31%였으나 전체 성인은 각각 2%와 11%에 그쳤다.[5] 이런 수치가 앞으로도 계속 높아지기를 기도한다.

이것이 죽음의 문화를 무장해제하는 좋은 신앙이다.

자연사

데이비드 쿠오(David Kuo)는 소중한 친구였다. 그에 대해 말할 때 과거시제를 쓰기가 아직도 어렵다. 그의 형제애와 격려와 특이한 목소리는 지금도 내게 영향을 미치고 있다. "충실해야 해, 이 바보야. 망치면 안 된다. 게이브, 하나님이 네게 재능을 주셨으니 너는 계속 밀고 나가야 한다." 2014년 그가 죽기 전 마지막 몇 번의 대화 중에서 그가 한 말이다. 데이비드보다 더 진실하고 담대하고 헌신적으로 예수를 따르는 사람을 내가 만나 본 적이 있는지 모르겠다. 우리 모두처럼 그에게도 모난 데가 있었으나 하나님은 이 다재다능한 사람 안에 아름다운 영혼을 빚으셨다.

데이비드는 6개월 시한부 선고를 받은 뒤로도 많은 일을 했다. 조지 W. 부시 대통령의 특별보좌관으로 근무했고, 〈뉴욕타임스〉 베스트셀러로 선정된 정치 회고록을 펴냈고, 미디어 벤처기업을 설립했다. 2003년에 불치의 뇌종양 진단을 받았지만 그는 거기에 아랑곳하지 않았다. 계속 살기로 작정했기에 치료에 적극적으로 힘썼고 위험한 뇌

수술도 받았다. 암이 재발했을 때도 계속 싸우며 이후 10년 동안 뇌 수술을 두 번 더 받았다.

그의 사랑하는 아내 킴(Kim)과 많은 친구들은 처음 진단 받았던 기간보다 훨씬 오래 사는 그를 감격스럽게 지켜보았다. 그는 6개월이 아니라 10년을 더 향유했다.

뜻밖에 연장된 데이비드의 수명은 자신에게 유익이 되었을 뿐 아니라 다른 사람들의 삶도 한없이 풍성하게 해 주었다. 첫째로, 데이비와 킴은 세상에 새 생명을 들여놓았다. 아름다운 두 자녀를 낳은 것이다. 둘째로, 삶의 리듬이 바뀌면서 데이비드는 더 여유 있게 기독교 지도자들의 공동체에 에너지와 시간을 내주었다. 덕분에 그들은 그의 지혜와 냉철함에서 유익을 얻었다. 생사의 기로에 있었기에 그는 두려움이 없었고 자신의 평판에도 더는 개의치 않았다. 그는 우리의 삶 속에 성큼 들어와 우리를 끌어냈고 온전히 하나님의 부르심대로 살도록 우리의 등을 떠밀었다.

6개월밖에 살 수 없다는 말을 듣고 난 뒤의 10년이 어쩌면 그의 삶에서 가장 열매가 풍성한 기간이었을 것이다.

요즘 사회의 추세는 우려스러운 방향으로 치닫고 있다. 최근의 한 여론조사에 따르면 미국인의 69%는 말기 환자가 고통 없이 죽고자 도움을 요청할 경우 의료진이 생명을 종식시키는 행위가 합법화되어야 한다고 답했다.[6]

브리트니 메이너드(Brittany Maynard)는 29세에 뇌종양을 진단 받아 살날이 6개월밖에 남지 않게 되자 "29세에 존엄사를 택할 나의 권리"

라는 캠페인에 돌입했다.[7] 그녀는 목숨을 끊을 날을 정한 뒤 그 날을 기다리는 카운트다운을 동영상에 계속 올렸다. 자신뿐 아니라 죽음의 타이밍을 통제하기 원하는 모든 사람의 죽을 권리를 옹호한 것이다.

수많은 이들이 브리트니가 공개하는 사적인 이야기를 쭉 따라갔다.[8] 어이가 없다는 미국인도 많았다. 이 젊고 아름다운 여성은 왜 치료도 마다한 채 조기에 목숨을 끊으려는 것인가?

마지막 사흘이 다가오자 브리트니는 내면의 갈등을 온 세상에 내보였다. "아직 몸 상태도 아주 괜찮고 기쁨도 충분하고 가족들과 친구들과 함께 충분히 웃으며 미소도 짓는다. 그래서 지금이 때가 아닌 것처럼 보인다."[9] 그런데도 그녀는 이렇게 스스로 다그쳤다. "하지만 때가 올 것이다. 한 주가 다르게 병세가 심해지는 게 느껴지니 말이다." 그녀의 긴장과 회의가 느껴지는가? 지금이 죽을 때인지 잘 모르겠는데도 그녀는 그 취약한 순간에 재고의 여지를 물리친 듯 보인다.

브리트니는 2014년 11월 1일에 의사가 처방해 준 약으로 목숨을 버렸다. 죽어야 할 때를 자신이 가장 잘 안다고 믿고 스스로 생사의 주관자가 되었다.

데이비드 쿠오는 생사를 하나님께 맡겼다. 다음은 그의 아내 킴 쿠오가 사별 후에 쓴 글이다.

프란치스코 교황이 말했듯이 자살을 도우면 "긍휼을 베푼다는 거짓된 느낌"이 든다. 아무 때나 선택하는 자살은 아담과 하와가 에덴동산에서 지은 것과 똑같은 죄다. 그저 하나님을 섬기는 게 아니라 스스로 하나님이 되려는 교만이다. 참된 긍휼은 말기 환자를 사랑하고 지원하면서 고통 완화의 처치를 해 주는 것이다. 우리는 죽음의 구체적인 방식과 시기를 창조주께 기꺼이 맡길 것인가? 우리의 마지막 시간을 실제로 그분께 얼마나 의탁하고 있는가?[10]

죽음을 우리 소관으로 삼는 것은 그만큼 우리가 하나님을 신뢰하지 않는다는 증거다. 스스로 하나님이 되어 자신의 생명을 통제하고자 하는 원죄를 재현하는 것이다.

그럴 만도 하다. 고통을 직시하면서 전진하고 싶은 사람은 별로 없다. 우리는 무슨 수를 써서라도 고난을 피하도록 문화적으로 조건화되어 있다. 그러나 사도 바울에 따르면 고난은 반드시 피해야 할 것만은 아니다(롬 8:16~18 참조). 오히려 다른 어디서도 만나지 못할 은혜를 우리는 고난 속에서 경험할 수 있다.

데이비드 쿠오처럼 신앙이 좋은 기독교인들은 죽음이 결국 정복될 것을 믿는다. "그가 모든 원수를 그 발 아래에 둘 때까지 반드시 왕 노릇 하시리니 맨 나중에 멸망 받을 원수는 사망이니라"(고전 15:25~26). 하나님은 생명의 하나님이시므로 그리스도 안의 부활을 약속하신다.

신앙 좋은 기독교인도 생명의 사람이 되어야 한다.

장애의 은혜

내가 아내 레베카를 곧잘 놀리는 일이 하나 있다. 아내가 고등학교 때 성취한 일 중 하나인데 아는 사람이 별로 없다. 학교 고적대에서 그녀는 트럼펫 수석 주자(열세 명의 남학생 옆의 유일한 여학생)였을 뿐 아니라 행진 지휘자였다. 신혼 초 처가에 함께 갔다가 행진 지휘자 전국우승 트로피를 보았을 때 내가 얼마나 감탄했는지 상상이 될 것이다. 어려서부터 레베카는 성취에서 의미를 찾았다.

아내도 나도 성취 지향의 환경에서 승승장구했다. 성취와 인정을 동인으로 삼아 파블로프(Pavlov)의 개처럼 반응했다. 우리는 목표 달성에 능해 꼭 팀에 뽑히고 우승했다.

우리가 의미를 측정하던 잘못된 방식은 결혼하고 오래지 않아 무너졌다. 우리는 행위에 기초한 자존감에 하나님이 전혀 관심이 없으심을 배웠다. 그 교훈은 맏아들 케이드(Cade)를 통해 찾아왔다.

내 나이 스물여섯 살에 케이드는 다운증후군을 안고 태어났다. 다운증후군이 있는 아이들은 염색체가 하나 더 있으며, 대개 특징으로 정신 발달과 신체 발달이 지연되고 잘 기뻐하는 기질이 있다. 잠재력은 대단한데 그것이 계발되는 데 좀 더 오래 걸릴 수 있다.

레베카와 나의 자녀 양육을 아들의 성취에 기초해 평가한다면 우리는 어쩔 수 없이 아연실색할 것이다.

아이가 걸을 나이가 되었을 때 우리는 매주 자그마치 여덟 종류의 치료를 병행했다. 일어설 수 있는 잠재력을 돕고자 나무로 만든 희한

한 기구로 양쪽 엉덩이의 높낮이를 맞추어 주기도 했다. 우리는 아이의 성취를 보고야 말리라는 일념에 사로잡혀 있었다. 하지만 케이드의 성장 속도는 장애아의 기준에도 못 미쳤다. 기는 행동, 첫 옹알이, 타인과의 교류 등 기본적인 고비마다 점점 더 뒤로 처졌다.

연습을 배가하고 마음을 독하게 먹어도 해결되지 않는 문제가 있다는 사실은 우리에게 충격이었다. 우리처럼 그간의 삶이 기업의 성장 차트처럼 늘 상향 곡선을 그려 온 사람은 이 교훈을 배우기가 거의 불가능하다.

레베카와 나는 자주 이런 의문이 들었다. '하나님이 우리에게 가르치시려는 게 무엇일까?'

케이드가 우리의 교사가 되었다. 케이드의 도움으로 우리는 행위에 기초한 잣대를 불 속에 던져 버렸다.

케이드 같은 아이들은 현대 사회에 위협이 된다. 그 아이의 장애가 신체적으로 누군가를 위협해서가 아니다. 그보다 인간은 흔히 자신의 부족한 면을 숨길 수 있지만 장애인은 늘 그것을 내보인다. 그래서 케이드는 완벽을 꿈꾸는 게 얼마나 잘못되고 가망 없는 일인지 우리의 면전에서 확인시켜 준다. 케이드 같은 사람들은 인간의 가치에 대한 사회의 정의를 교란하고 재정의한다.

케이드는 엄격히 말해서 '장애'가 있지만, 우리 가족과 친구들과 공동체는 그 아이의 재능과 독특한 능력을 알고 있다. 맨해튼의 거리에서 케이드에게 낯선 타인이란 존재하지 않는다. 자아에 함몰된 영혼을 볼 때마다 그 아이는 그 사람을 가만히 두지 않는다. 손을 흔들어 기어

이 헤드폰을 벗고 인사하게 만든다. 지하철을 타면 케이드는 좌석에 틈새가 조금만 보여도 들이밀고 앉는다. 방해받은 승객들은 처음에 당황해서 경계할 때가 많다. 그러나 케이드는 그들의 심기를 알아차리고 어떻게든 소통하려 한다. 대개는 그들도 교류에 응하면서 아름다운 순간이 벌어지곤 한다.

이것이 예수의 전복된 방식이다. 거기는 장애도 은혜인 세상이다.

케이드라는 선물이 나의 생명을 살려냈다. 하루는 나의 지혜로운 치료자가 이런 말을 했다.

"아들을 향한 당신의 무조건적인 수용과 기쁨과 사랑이, 바로 하늘 아버지께서 당신에게 느끼는 마음입니다." 그 말에 나는 뒤통수를 크게 한 방 얻어맞은 기분이었다.

"주님, 주님의 인정을 더 얻어내기 위해 제가 할 수 있는 일은 아무것도 없습니다. 저의 행위는 주님께 대단한 게 못 됩니다. 지금까지 저의 성취는 저의 영광을 위한 것이었지 주님의 영광을 위한 게 아니었습니다."

나는 당혹스럽다 못해 부끄러웠다. 그러면서 깊은 안도감이 밀려왔다. 이 모든 지혜를 가르쳐 준 교사는 말조차 어눌해 알아듣기도 힘든 아이였다. 이것이 우리 주변의 장애인들이 베푸는 은혜다. 그들은 우리의 삶을 풍요롭게 할 뿐 아니라 삶의 가장 중요한 교훈들도 가르쳐 준다.

그들은 우리 자신의 부족한 모습을 보게 해 준다.

그들은 어떤 상황에서도 기뻐하는 법을 가르쳐 준다.

그들은 완전함에 대한 우리의 정의를 고쳐 준다.

그들은 직업의 길을 바꾸어 놓고 가족끼리 어쩔 수 없이 협력하게 만든다.

그들은 그냥 지나치지 말고 함께 대화하자고 청한다.

그들은 무조건 사랑하며 거의 보답을 바라지 않는다.

리터지스트(The Liturgists) 팟캐스트에서 2015년의 어느 회차에 낙태를 주제로 다룬 적이 있다. 다운증후군 아이를 둔 음악가 마이클 겅거(Michael Gungor)는 거기서 자신의 아내 리자(Lisa)에 대한 이야기를 했다. 그녀는 다운증후군 자녀를 둔 엄마들을 위한 지원 모임에 참석 중이었다. 그룹이 모인 곳은 커피숍이었는데 지나가던 한 여자가 그들을 보고 무슨 모임인지 물었다. 그룹 인도자가 엄마들이 모인 배경을 설명해 주자 그 여자는 이렇게 말했다. "아, 그런 문제라면 이미 해결된 줄로 알았는데요."[11]

최악의 경우, 우리 문화는 누구에게도 당장 '유익'을 끼치지 못하는 듯한 사람들의 가치를 깎아내린다. 그러나 신앙 좋은 기독교인은 모든 인간의 생명이 소중함을 믿는다. 염색체 수와 무관하게 모든 인간은 지울 수 없는 하나님의 형상이 새겨져 있기에 무한히 가치 있는 존재다.

우리 딸 케네디(Kennedy)는 여덟 살이 될 때까지 '다운증후군'이라는 말을 들어 보지 못했다. 우리가 케이드의 진단명을 딸에게 숨기려 했던 것은 아니다. 우리는 딸이 케이드를 하나의 인간으로-'장애인'이나 '다운증후군이 있는 아이'로가 아니라-알고 사랑하기를 원했다.

두 아이의 관계는 믿어지지 않을 정도로 다정하다. 케네디는 우리

방식의 서머스쿨에서 교사 역할도 하고 케이드에게 예술적인 사교춤도 가르쳐 준다. 그렇게 케이드에게서 자신감과 기쁨을 이끌어 낸다.

케이드가 우리에게 이토록 귀한 선물이 되리라고는 전혀 예상하지 못했다. 단언컨대 이 아름다운 소년을 우리 가정에 보내 주신 하나님께 우리는 단 하루도 의식적으로 감사하지 않는 날이 없다.

인종과
편견

12

신앙 좋은 기독교인은
자신의 인종적 편견을 인정하고,
타인 안에서 하나님의 형상을 보며 다양한 우정을 가꾼다.

관계가 틀어지면 중요한 게 별로 남지 않는다.
 기독교의 하나님은 관계의 하나님이시다. 그분은 삼위일체의 자아-아버지, 성령, 아들-안에 관계적으로 존재하신다. 그분이 세상에서 하시는 활동도 자신과 인류의 관계를 화목하게 하시려는 사명에서 비롯되었다. 이 사명에 어찌나 열중하셨던지 그분은 아예 자신을 비워 '나 자'-한 인간-가 되셨다.
 이렇게 타인을 가까이하는 비슷한 모습을 우리는 예수께서 열두 제자를 부르신 방식에서도 볼 수 있다. 그분은 경험과 생활방식이 다양한 사람들을 친구와 따르는 자로 택하셨다. 어부와 세리가 섞여 있었고, 걸핏하면 흥분하는 사람과 냉철하고 계산적인 사람도 공존했다. 이런 다양성은 서로 불가능해 보이는 관계를 모자이크처럼 빚어 자신의 사명을 성취해 오신 하나님의 역사를 대변해 준다.

　인생을 몇 년만 겪어 보았어도 알겠지만, 인간관계는 하나님이 구속과 재창조라는 선한 일을 행하시는 주 무대 중 하나다. 주로 관계를 통해 하나님은 우리를 본래 지음 받은 모습으로 성화시키신다. 관계는 그분이 우리를 변화시키시는 작업의 동력원이다. 우리를 거룩하고 화목하게 하시는 하나님의 일이 가장 깊게 이루어지는 때는 대개 관계가 가장 어렵고 서로가 상극일 때다.

　바깥세상에 우리가 믿는 진리를 더 잘 보여 주는 것은 논리정연한 변증이나 꼼꼼히 다듬은 교리 진술이 아니라 신앙 좋은 기독교인들의 관계 방식이다.

　다르게 생각하고 다르게 살아가는 이들에게 우리는 어떻게 반응하는가? 자신이 더 낫고 똑똑하다고 생각하는가? 세상과 우리에 대해 상상도 못했던 교훈들을 우리는 마음을 열고 배우는가?

　좋은 신앙은 하나님과의 관계를 인간관계와 대비해 우위에 두지 않는다. 좋은 신앙은 대인관계를 통해 하나님과의 관계를 보여 준다.

　나는 문제 해결에 동참하는 게 즐겁다. 지혜가 일깨우듯이 한 사람의 관점이 어떤 상황에서나 다 무오할 수는 없다. 잠언에도 "지략이 없으면 백성이 망하여도 지략이 많으면 평안을 누리느니라"(잠 11:14)라고 했다. 내게 모든 해답이 있는 것이 아니기에 나는 해답이 있을 수 있는 다른 사람들과 모인다. 여러 사람과 생각을 결집하려는 이런 의욕이 우리 Q를 추동하는 배후의 힘이다. 교회나 문화 전반의 절박한 이슈에 부딪칠 때면 대개 나는 현실을 보는 관점과 입장이 서로 다른 일단의 사려 깊은 사람들을 방 안으로 부른다. 그리고 서로의 말을 들으며 해당 이슈에 관해 토론한다. 그중에는 이미 서로 관계가 형성되어 있는 사람들도 있지만, 영 아닐 것 같은 관계에서 새로운 우정이 싹트기도 한다. 어느 경우든 우리는 경계 태세를 허문다. 소매를 걷어붙이고 함께 방도를 모색한다.

내 경우 머리를 맞대고 지혜를 찾아야 할 필요성이 2014~2015년보다 더 절실하게 느껴진 적은 없다. 인종 문제가 또다시 전 국민의 의식의 표면으로 떠오르던 때다. 물론 이것이 평생에 걸쳐 가장 중요한 현실이었던 사람들도 많다. 그러나 많은 미국인은 인종 화해의 문제가 생각만큼 잘 해결된 게 아님을 지난 몇 년 사이 새삼 깨달았다.

트레이번 마틴(Trayvon Martin)과 에릭 가너(Eric Garner), 마이클 브라운(Michael Brown), 태미어 라이스(Tamir Rice), 프레디 그레이(Freddie Gray)가 차례로 살해되면서 퍼거슨과 볼티모어를 필두로 전국에서 시위가 벌어졌다. 이를 통해 내게도 흑인들의 고통과 슬픔, 의분이 보이기-정말 보이기-시작했다. 많은 백인 형제자매들처럼 나도 본능적 반응대로라면, 법을 지키고 경찰관의 법 집행에 협조하는 게 중요하다고 지적하고 싶었다. 그러나 흑인 형제자매들의 말도 들어 보니 분명해지는 사실이 있었다. 그들은 이런 죽음을 개별적인 비극으로 보지 않고 흑인 피살의 장구한 역사가 여태까지 되풀이되는 것으로 본다.

알고 보니 미국의 인종 문제에 관한 한 나는 너무 무지했다. 망망대해에서 길을 잃은 심정이었다. 많은 문화적 주제들의 경우에는 관련 이슈와 그 역사에 관해 최소한의 실용 지식은 있는 편이다. 그런데 인종 분야의 현실만은 나 스스로 이해할 수 있는 가망조차 없었다.

그래서 이번에도 내가 할 줄 아는 일을 했다. 사람들을 모았다.

여기저기 전화를 걸어 날짜를 정했다. 테네시 주의 주지사가 자신의 관저를 장소로 제공했다. 거기서 흑인과 백인 지도자들이 각각 열 명씩 모여, 교회와 나라의 깊고도 고질적인 인종 분열에 대해 기독교인들이 할 수 있고 꼭 해야 하는 일이 무엇인지 논의하기로 했다. 그들은 모두 속속들이 예수의 사람들이었다.

드디어 그날이 왔다. 햇빛 찬란한 내슈빌의 아름다운 아침은 평화와 화해를 약속하는 듯했다. 주지사 관저가 자리한 동네의 굽잇길을 감상하며 차를 몰고 가노라니 웅장하고 고상하고 기품 있는 유서 깊은 고택들에 감탄이 절로 났다. 그때 문득 이런 생각이 들었다. '이 중에는 한때 흑인 노예들을 부리던 대농장이었던 곳도 있겠지.'

그러면서 아찔한 의문이 뒤를 이었다. 혹시 주지사의 관저도 그런 농장이었을까? 그런데 내가 노예의 후손들을 하필 거기로 초대해 그들의 사연과 지혜를 듣고자 한 것일까?[1]

갑자기 속이 울렁거렸다. 어떻게 이 순간까지 그런 생각을 못했단 말인가? 여러 주 동안 계획하고 준비하면서도 나는 물론이고 함께 일하는 사람 누구도 이 장소의 역사를 한 번도 생각하지 못했다. 그것이 우리의 귀빈들에게 어떤 의미일지도 미처 고려하지 못했다.

나는 식은땀에 젖은 손으로 핸들을 꽉 쥐었다. 그리고 그제야 처음으로 깨달았다. '백인의 특권'이라는 말이 이런 뜻이구나.

미국의 백인 남성으로서 나는 어디를 가나 당연히 소속감을 느끼는 호사를 (다분히 무의식중에) 누리고 있다. 자신이 외부인처럼 느껴지지 않을까 하는 걱정 따위는 없다. 누군가 나의 존재나 의도를 의심한다든지 나의 능력이나 권리에 이의를 제기할지 모른다는 걱정도 없다. 그냥 내 생각대로 말하고, 사고 싶은 것을 사고, 내 실력으로 성공하면 된다. 그보다 더 근본적으로 나는 나의 견해와 경험이 보편적 규범이며 다른 사람은 다 '기타'라는 생각을 (다분히 무의식중에) 품고 있다. 유서 깊은 주지사 관저에서 행여 누가 불편함이나 소외감을 느낄지도 모른다는 생각이 들지 않았던 이유도 거기에 있었다. 내게 불편함이나 소외감이 없는데 어찌 남인들 그럴 수 있겠는가?

운전하던 그 시간이 고맙고, 나에 대해 깨달은 불편한 사실들이 고맙다. 그러나 더 감사한 것은 그날 내가 배운 내용이다. 열아홉 명의 지도자들의 사연과 관점을 들으면서 나는 달라졌다. 논의가 진행되는 동안 그들의 지혜가 몇 가지 나아갈 길을 밝혀 주었는데, 이는 미국의 인종 문제에서뿐만 아니라 기독교인이 모든 타인을 어떻게 대하도록 부름 받았는지에 대해서도 똑같이 적용된다.[2]

각 사람 안에 있는 하나님의 형상을 존중한다

모든 인간 안에는 지울 수 없는 하나님의 형상이 새겨져 있다(창 1:27 참조). 다른 어떤 피조물에도 없는 특성이다. 인종과 경제 정의를 위해 오랫동안 활동해 온 복음주의자 리자 섀런 하퍼(Lisa Sharon Harper)는

"이거야말로 인간을 인간 되게 하는 요인입니다"라고 말했다. 하나님의 형상을 지닌 우리는 그분의 대변자이자 창조세계의 청지기로서 '통치권'(히브리어로 '라다')을 행사하는 일을 맡았다. 리자는 이 통치권이라는 개념이 인간의 역량–행동 능력–과 불가분의 관계라고 보았다.

인간의 역량을 제한할 수 있는 요인은 많지만, 그중 가장 근본적인–개인뿐만 아니라 공동체나 인간 집단 전체를 제한하는–것 두 가지는 빈곤과 압제다. 생계를 유지하고 가족을 부양하려면 자원이 필요하다. 자원이 없거나 자원을 획득할 수 없는 사람은 빈곤 때문에 하나님의 대리자로 행동할 수 있는 능력이 제한된다. 마찬가지로 견제당하지 않는 타인의 권력에 억울하게 눌려 있는 사람은 사회적, 법적, 문화적 불평등 때문에 인간 고유의 역량이 제한된다.

미국의 대다수 성인은 특히 유색 인종의 역량이 그런 식으로 제한될 때가 많다고 보고 있다. 미국인 열 명 중 일곱은 유색 인종이 "인종 때문에 사회적 불이익을 당할 때가 많다"는 데 동의했다.

기독교인에게 이 말은 "유색 인종은 하나님의 대리자로 행동할 능력이 제한될 때가 많다"라는 뜻으로 풀이될 수 있다. 그들이 흑인이나 황인이어서가 아니라 사회적, 법적, 문화적 불평등이 인종적 압제의 끈질긴 유산으로 남아 있기 때문이다. 그런데 유색 인종이 인종 때문에 사회적 불이익을 당한다는 말에 "매우 동의하지 않는다"고 답한 비율을 보면 복음주의자–그중 절대다수는 백인이다[3]–가 전체 인구보다 두 배나 높다. "인종은 대체로 과거의 문제이지 현재의 문제가 아니다"라는 말에 "매우 동의한다"라고 답한 비율도 복음주의자가 두 배나 높게 나왔다.

맹점도 이런 맹점이 없다!

이런 연구 결과는 내슈빌의 그 화창한 아침에 리자가 포문을 연 말에 힘을 실어 준다. "미국에서 세계관의 가장 넓은 괴리는 [정치적] 진보 흑인과 [정치적] 보수 복음주의자 백인 사이에 있지 않습니다. 가장 넓은 괴리는 복음주의자 흑인과 복음주의자 백인 사이에 있습니다."⁴ 우리의 흑인 형제자매들은 이 나라의 인종 불평등 문제가 심각하다고 지속적으로 증언하는데, 우리 중에는 그 말을 듣지 않는 사람들이 너무 많다.

이제부터라도 들어야 한다. 경청이 옳은 일이어서도 그렇지만 더 중요하게는 하나님이 모든 색깔의 인간을 자신의 형상대로 직접 손으로 빚으시기 때문이다. 나아가 그분은 우리가 창조세계의 청지기로 행동하게 하신다. 그런데 우리 사회의 불경한 관습인 불의와 불평등은 하나님의 형상을 지닌 인간을 무력하고 품위가 떨어지게 만든다.

신앙 좋은 기독교인은 타인 안에 있는 하나님의 형상까지도—어쩌면 타인 안에 있기에 더—인정하고 존중한다. 그러므로 지금은 불의와 불평등에 일조한 우리(와 선조)의 죄를 회개할 때다. 그것이 본의 아닌 일조였다 하더라도 말이다. 우리는 과거를 청산하고 더 다양한(덜 다양한 게 아니라) 미래를 맞을 준비를 해야 한다.

우리는 개혁에 힘써야 한다. 인종 평등과 공정한 법 적용이 사법과 교육, 경제 등 모든 제도 속에 배어들게 해야 한다. 아이들은 피부색이나 거주 지역에 상관없이 양질의 교육을 받을 수 있어야 한다. 남녀노소를 불문하고 흑인이 체포되고 유죄선고를 받고 투옥되는 비율이 다른 모든 인종보다 높아서는 안 된다.

이런 목적을 달성하기 위한 구체적인 과정은 서로 다를 수 있어도 우리는 파벌적 목표보다 정의를 우선으로 삼아야 한다. 인종 문제를 이용해 공포를 조장한다든지 정치적 호소를 앞세워 인종 간의 적대감을 유발해서도 안 된다. 인간의 존엄성과 평등에 대한 성경적 이해가 우리의 모든 제도와 정치에 반영되어야 한다.

자신과 서로의 인종적 편견을 지적한다

우리는 다 편견이 있다. 그러나 가장 두려워해야 할 것은 우리가 인정할 수 없거나 인정할 마음이 없는 편견들이다. 노골적인 편견은 겉으로 드러나기 때문에 누구나 볼 수 있다. 그러나 가장 파괴적인 편견들은 숨어 있다. 우리의 정신세계에 아주 깊숙이 틀어박혀 있어 그 존재조차 우리는 모른다.

버지니아 주의 시골에서 자라면서 나도 그것을 직접 겪었다. 거기는 인종 간의 차이를 밑줄을 쳐서 강조하던 곳이었다. 백인을 우월하게 여기는 전반적 정책이 모든 학교와 교회와 동네를 지배했다. 백인들이 출입하지 않던 구역이 있었다. 특정한 공원과 이런저런 길목을 그들은 알아서 피했다. 흑인 사회에서 무슨 경고를 발했기 때문이 아니라 백인들 자신의 두려움 때문이었다. 그런 환경에서 자라다 보면 편견을 공기처럼 들이마시게 된다. 그런 감정은 속에 깊이 스며들기 때문에 그것을 떨쳐내려면 수년이나 수십 년, 어쩌면 평생이 걸릴 수도 있다.

내 친구 데이비드 베일리(David Bailey)가 깨우쳐 주었듯이 오늘의 미국에서 인종 혐오의 뿌리 대부분에는 그런 무언의 편견이 도사리고 있다. 자신의 편견을 아예 부정하는 경우도 있다. 현대의 평화 중재자인 데이비드가 정의하는 '암묵적인 인종적 편견'이란 우리의 지각과 행동과 결정에 영향을 미치는 인종 관련의 무의식적 태도나 선입견을 말한다. 민권운동 이후 미국에 원색적인 인종차별주의자는 줄었을지 모르지만 그렇다고 인종차별이 완전히 끝난 것은 아니다. 오히려 그것은 '암묵적인 인종적 편견'으로 새롭게 포장되어 있다. 우리의 편견은 노골적이거나 의도적이지 않지만, 우리의 시각에 엄청난 영향을 미친다. 사회 전체를 보는 시각에도 그렇고, 외모와 말투, 삶이 우리와 다른 개개인들을 볼 때도 마찬가지다.

데이비드 베일리는 버지니아 주 리치몬드의 아라본(Arrabon)이라는 공동체에 속해 있는데, 이곳은 사람들을 훈련해 다문화적 능력을 갖추고 화해 공동체들을 이루어 나가게 하는 단체다. 그날 내슈빌의 주지사 관저에서 그는 암묵적인 인종적 편견을 이렇게 설명했다. "게이브는 180cm가 넘는 키에 어깨도 아주 떡 벌어졌지만, 그렇다고 덩치 크고 무서운 백인 남자로 불린 적은 아마 없을 것입니다. 아무도 그런 생각조차 하지 않을 것입니다. 하지만 '덩치 크고 무서운 흑인 남자'라는 말은 그냥 당연하게 들립니다. 이것이 암묵적인 인종적 편견입니다."

데이비드에 따르면 유일한 해결책은 다양성을 갖춘 기독교 공동체의 도움으로 우리의 무의식적 편견을 의지적으로 인식하는 것이다. 그런 관계를 통해 모든 것이 달라질 수 있다.

중학교 1학년 때 나는 세드릭(Cedric)이라는 친구와 아주 친하게 지냈다. 교회와 어와나(Awana) 모임에 다니는 것부터 숲속에서 나무에 오르거나 스포츠를 하는 것까지 우리는 무엇이든 함께했다. 세드릭네는 백인이 대부분이던 우리 교회에 몇 안 되는 흑인 가정 중 하나였는데 거리낌 없이 나를 집에 맞아들여 주었다. 돌이켜 보면 세드릭과의 우정은 내가 태어날 때부터 호흡했던 인종적 편견이라는 대기 속에 불어온 상큼한 바람이었다. 미처 인식하지 못했던 선입견과 편견이 아직도 많이 있었지만, 그래도 세드릭 가정과의 관계가 아니었다면 틀림없이 은근한 편견이 내 마음속에 더 완강하게 뿌리를 박았을 것이다.

교회의 문제는 미국 내 많은(어쩌면 대다수) 기독교 공동체의 동질성에 있다. 다양성이 전혀 없다는 뜻이다. 대다수 교회의 인종적 동질성이라는 문제의 표피에는 다음과 같은 보편적 사고가 깔려 있다. 색맹처럼 아예 피부색의 차이 자체를 무시하는 게 '적절한 기독교적' 자세라는 것이다. 마틴 루터 킹 주니어가 도전했듯이, 인간을 '피부색이 아니라 내면의 성품으로' 평가하려는 진심 어린 선의에서 대개 백인들은 모든 사람을 똑같이 보려고–적어도 의식적으로–노력한다. 하지만 그렇게 색맹이 되면 서로 다른 사회적 내러티브와 문화적 표현을 인정할 여지가 없어진다. 아울러 그런 백인들은 방어 태세를 취하는 경향이 있다. 마치 차이의 존재를 인정하기만 해도 인종차별주의가 된다는 듯이 말이다. 방어 태세를 취하면 자신의 약한 모습을 충분히 내보일 수 없는데, 그렇게 솔직하지 못해서는 우리의 편견을 인식할 수 없다.

이것은 악순환이다. 다행히, 신앙 좋은 기독교인은 타인종의 신자들과 참된 우정을 가꿈으로써 거기서 벗어날 수 있다. 서로의 도움으로 우리의 무의식 속에 굳어진 선입견을 지적할 수 있다.

우리의 빈곤한 우정을 인식한다

민족과 인종의 경계를 뛰어넘어 참된 우정을 가꾸기가 쉽다면 누구나 그렇게 할 것이다. 그러나 사실 우리 대부분은 '인종 차별의 현실' 속에서 살고 있다. 우리가 날마다 교류하는 대상은 대체로 외모와 생각과 행동이 우리와 같은 이들이다. 고의든 고의가 아니든 우리 대부분이 우정을 유지하는 대상은 인종적, 문화적으로 자기와 비슷한 이들이다. 이런 관계가 우리의 현실 인식을 왜곡시킨다.

자신과는 다른 사람들과 함께 지내기가 즐겁다는 말에 '완전히 그렇다'라고 답한 미국인은 17%에 불과했다. 퍼거슨과 볼티모어 등지의 시위에서 흑인들이 격한 분노를 표출했을 때, 많은 백인이 당황한—완전히 충격을 받았다는 표현이 더 정확할지도 모르겠다—이유에는 그런 낮은 수치도 작용했을 것이다. 자신의 안전지대를 벗어나 본 사람이 너무 적다 보니 설마 상황이 그 정도일 줄 몰랐다.

테레사(Teresa) 수녀의 지도를 받은 크리스 휴어츠(Chris Heuertz)는 자칭 '명상적 행동주의'의 옹호자다. 그에 따르면 우리의 일상에서 벌어지는 인종 차별은 우정을 극히 빈곤하게 만든다. 내슈빌의 주지사 관저에서 그는 우리에게 최근에 받은 열 건의 문자와 통화를 들여다보라고 도전했다. "당신이 20대의 개신교 흑인 여자이거나 50대의 이성애자 백인 남자라면 당신이 보내고 받는 문자나 통화의 대상은 대부분 외모와 생각과 취향과 예배 방식이 당신과 같은 사람들일 것입니다." 크리스의 표현으로 이처럼 '긴밀하게 연관된 다양성'이 부족하면 우리의 우정이 빈곤해질 뿐 아니라 늘 '우리 모두' 대신 '우리 대 그들'의 구도로 사고하게 된다.

테레사 수녀는 "가난한 이들에게 우리가 필요한 것 이상으로 우리에게도 가난한 이들이 필요하다"라고 말했다. 크리스는 그 말의 의미를 이해하려고 몇 년 동안 씨름했다. 그는 교회가 그리스도의 뜻대로 되려면 우리가 타인들-가난한 사람, 동성애자, 천주교인이나 오순절 신자, 흑인이나 백인이나 황인 등-과 관계 맺는 것을 통해서만 가능하다고 믿는다. 새로운 창조세계를 가리키는 푯대가 되려면 '그들'이 우리에게 필요하다. 우리가 타인들과 더불어 우정을 맺고 가꿀 때 교회는 비로소 우리가 된다. 하나님 나라를 피부로 느끼게 해 주는 가시적 징후가 된다.

좋은 신앙은 어디서부터 시작할 것인가?

사람에 따라 우선 타민족의 친구를 사귀어 볼 수 있다. 소수집단이 이끄는 신앙 공동체의 예배에 동참할 수도 있다. 문화적 배경이 당신과는 다른 작가들과 사상가들의 글을 읽어라. 서로 사랑하려면 그들 개인과 공동체의 내러티브를 적극적으로 발굴하고 이해하려 해야 한다. 그것과 더불어 씨름해야 한다. 그러려면 도움이 필요하다. 피부색이 다른 멘토를 찾아가서 지도와 조언을 받아라.

우리가 믿기로 목사들과 그 밖의 교회 지도자들은 인종 화합과 교회 연합에 힘써야 할 특별한 책임이 있다. 대다수의 미국인도 이와 같은 생각이다. 미국 성인의 4분의 3은 "기독교 교회들이 인종 화합에 중요한 역할을 한다"는 말에 동의했다. 특히 당신이 백인 지도자라면 이제부터 피부색이 다른 동료 지도자들의 말을 경청할 것을 권한다. 주변의 백인이 아닌 목사를 집으로 초대하거나 함께 외식할 것을 생각해 보라. 지역 사회에서 당신 교회와는 민족 구성이 다른 교회들을 찾아 그들과 협력 사역을 할 가능성을 모색해 보라(당신이 이끌 거라고 예단하지 말라). 문화적 배경이 다른 성직자와 서로 강단을 교환하라. 음악 스타일이 다른 교회와 정기적으로 '교환 예배'를 기획하라. 다양한 민족의 교회 지도자들과 회중들을 한데 모아 해마다 한 번씩 연합 예배를 드리라. 분기마다 한 번씩이면 더 좋다.

더 나아가 소수집단의 교회 지도자들과 제휴해 안전하고 은혜 충만한 대화의 장을 마련할 수 있는 방도를 모색해 보라. 거기서 학습과 이해와 치유가 이루어질 수 있다. 교회의 역할에 대한 미국인 전반의 인식에서 보듯, 이런 행사와 활동을 교회에서 주최하면 사람들이 충분히 안전하고 편안하게 느껴 인종과 편견, 화해 같은 까다로운 주제들에 대해서도 솔직히 터놓고 나눌 수 있다.

◆ ◆ ◆

최근 Q 집회에서 우리는 미주리 주 고속도로 순찰대장 로널드 존슨

(Ronald Johnson)을 인터뷰하는 특권을 누렸다. 그의 이름이 생소하게 들리는 이들에게 그를 소개한다면, 존슨 대장은 마이클 브라운이 살해되고 나서 시민들의 소요가 일어났을 때 경찰 측의 대응을 조정하도록 소환되었던 인물이다. 며칠 동안 전국은 이 한 사람에게서 눈을 뗄 수 없었다. 과연 그가 퍼거슨 지역을 안정시킬 수 있을지, 아니면 경찰과 시위대 사이에 더 심한 폭력이 터질지 알 수 없는 상황이었다.

서로를 적으로 보는 두 집단 사이에서 존슨 대장은 그들을 잇는 다리가 되었다. 그리고 말 그대로 다리처럼 양쪽 모두에게 밟혔다. 일부 시위대는 제복 차림으로 나선 그를 겁쟁이라고 비난했다. 어떻게 흑인이 마이클 브라운을 죽인 경찰측을 대변한단 말인가? 일부 경찰관은 그가 너무 유화적이라고 비난했다. 그가 시위대와 함께 행진했고 경찰력의 초동 강경 진압에 대해 사과했기 때문이다.

다른 사람들은 그가 용감하다고 말했다.

Q에서 존슨 대장이 우리에게 말하기를, 그 일을 맡은 지 며칠 되지 않은 어느 저녁에 자신의 어린 딸이 이렇게 물었다고 했다.

"아빠, 무서워요?"

"그래, 무섭구나." 그가 대답했다.

이튿날 딸이 마태복음 14장의 몇 구절을 문자로 보내 왔다. 베드로가 예수를 향해 물 위를 걷는 대목이다. 딸은 이런 메시지를 덧붙였다. "포기하고 싶고 곧 넘어질 것 같으면 이 말씀을 기억하세요. 예수님이 베드로에게 하신 것처럼 아빠도 일으켜 세워 주실 거예요." 이 말씀에 힘입어 존슨 대장은 이후의 아주 힘든 며칠을 견뎌낼 수 있었다.

시대 진단 | 복음의 능력을 회복하는 삶

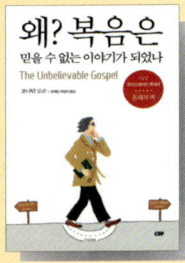

왜? 복음은 믿을 수 없는 이야기가 되었나

복음의 능력, 복음의 생명력을 회복하는 전도 비결
기독교를 외면하는 시대, 그리스도인은 무엇을 해야 할까? 저자는 지난 30년간 복음을 증거하고, 온갖 전도 방법을 훈련받고, 제자 삼는 일을 하면서 근본적 질문에 부딪쳤다. "어떻게 복음이 좋은 소식이 되게 할 수 있을까?" 이 책은 모든 그리스도인이 읽어야 할 복음 선언문이다.

조나단 도슨 지음 | 김재영, 박일귀 옮김 | 12,800원
미국 크리스채너티 투데이 올해의 책(복음전도, 변증)

믿음을 살다

오늘을 위한 성육신
오늘을 새롭게 하는 진짜 복음이 필요하다!
이 땅에서 참된 성육신의 삶을 사는 일은 쉽지 않다. 휴 홀터는 성육신 - 평판 - 대화 - 직면 - 변화라는 큰 틀 안에서, 예수 그리스도를 온전히 드러내는 성육신적 삶, 성육신적 공동체를 만들어 나가는 길을 성경적 원리와 유쾌한 예화들을 통해 선명하게 제시한다.

휴 홀터 지음 | 박일귀 옮김 | 14,000원

일상영성

삶을 변화시켜 일상에 기쁨을 주는 힘!
그리스도를 살아계신 스승으로 다시 세우고, 일상 가운데 전인적 제자로 성장하는 데 큰 도움이 될 책이다. 그리스도 안에서 성숙한다는 의미를 탁월하게 풀어냈다. 구원의 순간 이후, 우리는 하나님의 일에 협력하는 법을 배워야 한다. 주도권을 하나님께 내어드릴 때 우리를 위해 설계하신 영광스러운 삶을 돌려받는다.

게리 토마스 지음 | 윤종석 옮김 | 14,000원

물이 바다를 덮음 같이 여호와의 영광을 인정하는 것이 세상에 가득하리라
하박국 2장 14절

퍼거슨 지역에 궁극적 변화를 가져온 게 무엇이냐는 우리의 질문에 그는 이렇게 답했다.

"퍼거슨을 안정시킨 가장 강력한 목소리는 세인트루이스의 시민들을 섬기러 나온 성직자들과 신앙인들이었습니다. 경찰관의 목소리나 [학교] 교육장의 목소리로도 군중을 진정시킬 수 없었는데 하나님을 믿는 신앙이 그 일을 해낸 것입니다."[5] 그의 결론적인 말에 우리는 다 정신이 번쩍 들었다. "우리가 [퍼거슨 사태가 발생할 수 있는] 이 지경까지 이른 것은 신앙을 버렸기 때문입니다."

누구나 다 로널드 존슨 대장처럼 중책을 맡는 것은 아니다. 그러나 모든 피부색의 신앙 좋은 기독교인은 우리와 그들을 우리 모두로 이어 주는 다리가 될 수 있다.

동성애에 대한 대화

13

신앙 좋은 기독교인은
동성애자 친구들을 사랑하며
성의식에 대한 하나님의 설계를 신뢰한다.

드디어 그 순간이 왔다. 게이브가 몹시 겁내던 순간이었다. 벌써 몇 달째, 어두운 밤마다 식은땀과 불안한 생각이 나를 찾아왔다.

어떤 어휘를 쓸 것인가?
이 문제에 대해 내가 정말 믿는 바는 무엇인가?
대비해야 할 질문들은 무엇일까?
내가 큰 실수라도 저지르는 것은 아닐까?
도대체 나는 무슨 생각으로 이 일을 수락한 것일까?
어쨌든 이제 나설 시간이 되었다.

6개월 전에 나는 뜻밖의 전화 한 통을 받았다. 캘리포니아 주 팔로알토에 있는 스탠퍼드 대학교의 캠퍼스 사역자가 전화를 걸어 나를 '대화 파트너'로 초청했다. 그는 학생회에서 흥미를 보이는 몇 가지 주제에 관한 대화라고 행사에 대해 설명했다. 자세한 설명과 내가 대화할 상대가 누구인지 읽어 보니 그저 난롯가의 다정한 한담은 아님을 알 수 있었다.

스탠퍼드의 웹사이트에 실려 있던 설명은 이런 내용이었다.

> 작년에 LGBT 권익을 둘러싼 논쟁에 큰 변화가 있었다. 대법원은 결혼보호법(DOMA, 결혼을 한 남자와 한 여자의 결합으로 규정한 법-역주)과 캘리포니아 주민발의안 8호(동성결혼 금지법안-역주)를 철폐했고, 군대는 "묻지도 말고 말하지도 말라"(DADT)라는 정책을 폐기했으며, 많은 주에서 투표를 통해 동성결혼이 허용되었다. 동시에 기독교의 일부 교회와 교단도 LGBT 사역자들을 더 수용할 뿐 아니라 결혼의 평등까지 환영하고 있다. 반면에 많은 기독교인은 그렇게 LGBT 권익을 수용하는 게 우리의 전통적 규범과 성경에 어긋난다고 믿는다. 교회들은 이 문제로 분열할 것인가? 일치나 화해의 여지는 없는가? 오늘의 교회에서 가정의 가치와 결혼의 평등은 어떤 상태인가? 이 주제로 우리 함께 대화해 보자.

본능적으로 나 자신을 보호하고 싶은 마음이 굴뚝같았지만 그래도 나는 그 제안을 수락했다.

대화 상대는 다름 아닌 진 로빈슨(Gene Robinson)이었다. 그는 자신이 동성애자임을 공개한 최초의 성공회 주교이며, 대화 날짜는 마침 그가 주교로 서품된 지 10주년이 되는 날이었다. 타이밍도 우연 같지 않았거니와 아무래도 내가 희생양이 되어 어쩌다 한 번씩 우리 모두에게 찾아오는 그 '순교의 순간'을 맞이한 것 같았다.

  석 달 동안 그 주제를 깊이 팠다. 이왕에 성의식과 동성결혼, 성경적 성윤리에 대해 공개적으로 발언할 거라면 내가 믿는 내용을 충분히 숙지하고 싶었다. 솔직히 처음에는 상황이 어떻게 전개될지 모른 채 일단 마음과 생각을 열고 뛰어들었다. 나는 이런 주제에 대한 각기 다른 입장의 학자들과 신학자들, 목사들과 동성애자 친구들을 만났다. 기독교 서적과 일반 서적을 막론하고 고금의 책들도 읽었다. 성경 역사가들에게 자문했고, 1세기의 문화를 공부했고, 2천 년의 교회사도 쭉 훑어보았다. 이 모든 노력을 통해 우리 신앙의 옛 형제자매들이 과거에 믿었던 내용을 이해하고 내가 현재 믿는 내용을 확인한 뒤, 그런 신념을 논란이 들끓는 미래를 향해 소통하고 싶었다.

  드디어 그날 저녁이 되었다. 세간에 이미 끝난 것으로 간주되던 주제의 대화였으나 바로 그 대화의 때가 왔다. 나의 확신을 내보일 기회였다.

고통스러운 과거, 불확실한 미래

  「나쁜 그리스도인」에 밝혔듯이 동성애자들을 보는 기독교인의 태도는 교회의 사명에 해악을 끼쳐 왔다. 거의 10년 전인 그때, 16~29세의 젊은이 열 명 중 아홉은 기독교인을 반동성애자로 보았다. 어떤 의

미에서 당시 그들의 인식은 오늘의 위기를 알리는 전조와도 같았다.

이전의 그 책에도 그랬듯이 우리는 먼저 기독교인들이 이 부분에 유죄임을 재차 인정하고 싶다. 「좋은 신앙」의 취지는 인간과 인간의 성의식에 대한 정통 견해를 명확히 표현하는 데 있는데, 그 정통에는 스스로 의롭게 여기며 남을 비판하는 자세를 배격하는 일도 포함된다. 동성애자들을 대하는 기독교인의 태도가 우리의 평판을 나빠지게 했음을 인정해야 한다. LGBT 진영의 청소년들과 성인들로부터 우리가 들은 여러 사연에 따르면, 그들은 기독교인들로부터 정서적 학대, 신체적 고통, 사회적 차별을 당해 왔다. 심지어 그 상처로 목숨을 끊은 사람들도 있다. 모든 기독교인이 그들을 그렇게 대하는 것은 아니지만 어쨌든 이는 용납될 수 없는 일이다. 재론의 여지가 없다.

솔직히 우리는 일부 기독교인과 교회에 잔인한 동성애 혐오의 기질이 있음을 인정해야 한다. 동성 간의 섹스뿐만 아니라 동성에 끌리는 성향까지도 용서받지 못할 죄로 매도하곤 한다. 동성애는 극소수의 교인에게만 해당하는 성적 유혹인데도(LGBT로 자처하는 사람들은 전체 인구의 3~4%에 불과하다[1]) 동성애가 만만한 과녁이 되어 왔다. 변명의 여지가 없는 궤도 이탈이라는 것이다. 이혼과 재혼을 편리하게 무시하는 것과는 다르다. 일부 기독교인은 성경적 도덕성을 빙자해 LGBT 진영에 가차 없이 정죄를 퍼부어 왔다.

설령 동성애 혐오—성적 성향을 이유로 한 편견, 증오의 말, 심지어 폭력—에 적극적으로 가담하지 않았다 해도 우리 중 다수는 동성애 혐오에 대응하는 데 더뎠다. 우리는 죄인을 옹호하다가 자칫 죄를 '묵인'하기가 싫었고, 문화를 휩쓰는 성적 '자유'의 시류에 굴하고 싶지 않았다. 그래서 자신부터 죄가 없다고 솔직히 고백할 수 없는 한, 돌을 내려놓으라고 형제자매들에게 도전해야 할 때도 우리는 침묵만 지켰다.

차세대는 교회가 책임을 회피하는 모습을 보았다. 지역 사회의 LGBT 사람들을 향한 우리의 위선과 너무 느린 반응을 (종종 교회 안에서) 지켜보았다.

우리 기독교인들은 동성에 끌리는 이들에게 가한 모든 고통에 대해 책임을 인정해야 한다. 아이들이 자신도 어찌할 수 없는 감정 때문에 가족들과 신앙 공동체로부터 거부당해서는 안 된다. 그래서 가출하거나 자살을 생각하는 쪽으로 내몰려서는 안 된다. 우리는 이런 부끄러운 역사를 인정하고 회개해야 한다.

그러나 과거의 실수를 회개할 때도 우리는 조심해야 한다. 실패 후의 잘못을 바로잡고 신뢰를 회복하느라 급한 나머지 자칫 추가 반대쪽으로 너무 홱 돌아가지 않도록 경계해야 한다. 증오를 삼가기로 헌신할 때도 '사랑하기+믿기+살아가기'라는 세 요소를 하나라도 잊어서는 안 된다. 우리가 원하는 바는 LGBT 사람들을 사랑하고, 하나님과 그분이 창조하신 세상에 대한 진리를 믿으며, 이 주제와 관련해서-또한 영향을 가장 많이 받을 사람들과의 관계 속에서-신앙 좋은 기독교인으로 살아가는 것이다.

연구 결과로 보나, 그동안 배운 바로 보나, 우리는 LGBT 사람들을 위함과 동시에 기독교 신앙의 역사적이고 성경적인 성윤리를 고수하는 일이 가능하다고 믿는다. 동성애 혐오를 버리면서 신앙의 헌신까지 함께 버릴 필요는 없다.

「나쁜 그리스도인」의 배후 연구에서도 밝혀졌듯이 성의식을 둘러싼 이슈들은 오늘의 기독교계가 직면한 중대한(어쩌면 가장 중대한) 도전과 기회다. 그래서 「좋은 신앙」에서도 이 주제에 석 장을 할애했다.

사실상 모든 기독교인이 부모나 친구, 목사로서 이런 주제와 관련한 의문들로 씨름하고 있다. 그리스도를 따르려는 마음이 간절한 우리에게 레즈비언이나 게이, 양성애자나 성전환자인 사랑하는 가족이나 친구가 있는 경우, 아마도 커피숍이나 거실, 기숙사 방, 또는 혼자만의 기도 골방에서 눈물 흘리고 가슴 아파하며 답 없는 의문 때문에 고통을 겪을 것이다. 우리는 무슨 말을 해야 할지, 어떤 내용을 믿어야 할지, 어떻게 생각해야 할지, 그리고 서로 반대되는 확고한 견해차의 간극을 넘어 어떻게 친구로 남을 것인지 등을 알고자 고민한다. 정통 교리에 계속 헌신하면서도 LGBT 사람들의 참되고 충실한 친구가 되는 법을 알고 싶은 것이다. 동성에 끌리는 이들이 기독교인일 경우, 그들이 성경의 가르침에 일치하게 살아갈 방법도 우리는 알아야 한다.

최대한의 관심과 정직과 긍휼로 우리는 이런 의문을 명확히 다루고 싶다. 그러면 생명을 살리는 참된 해답을 향해 함께 전진할 수 있다. 이번 장 서두에 소개한 게이브의 이야기는 우리가 이런 일로 어떻게 씨름해 왔는지를 보여 주는 일례다. 교회와 LGBT 진영의 관계를 잘 생각하도록 우리 둘 다 각자의 가족과 교회와 기관을 책임감 있게 돕고 있다. 우리도 아직 배울 게 많다. 하지만 우리의 솔직함과 열린 마음에 힘입어 당신도 조금이나마 더 잘 사랑하고 믿고 살아가게 되기를 바란다.

좋은 섹스와 성경

어느 시대에나 그렇듯이 우리 시대의 핵심 질문 중 하나는 사람들이 자신의 삶이나 사회와 관련해 성경의 권위를 어떻게 이해하는가 하는 것이다. 오늘날 섹스, 성의식, 정체성 등의 문제와 관련해 벌어지는 일은 다분히 우리가 성경에 대해 어떻게 생각하고 어떤 관점을 취하는가에서 비롯된 것이다.

성경의 권위와 정확성을 어떻게 보는지를 알면 솔직히 그 사람이 동성애를 어떻게 보는지를 가장 확실히 예측할 수 있다.

동성애 성의식이 사회적으로 더 용인되면서 기독교인들은 이런 현상을 이분법적으로 설명하는 데 노력해 왔다. 한쪽에서는 (성관계가 결혼한 남녀 사이에만 허용된다는) 문자적 해석을 설명했고, 다른 한쪽에서는 성경에 금지된 동성애 관계를 (하나님이 의도하신 섹스의 한 정당한 표현이라고) 합리화했다.

기독교인들은 인간의 몸에 대한—섹스와 성의식도 거기에 포함된다—견실하고 풍부하고 생생한 신학을 성경에서 도출해 명확히 설명할 수 있어야 한다. 그것이 시급한 과제다.

이런 주제에 대한 기독교의 역사적 관점에 동의하지 않는 이들은, 실천하는 기독교인들과 특히 복음주의자들의 생각이 어떠한지를 우리의 연구에 기초한 이 책을 통해 더 잘 이해하게 되기를 바란다. 급변하는 주변 문화 속에서 우리는 속도를 늦추어 함께 LGBT 이슈들과 그 이면의 사람들을 생각해 보려 한다. 그 과정에서 분명히 밝혀지겠지만 이 까다로운 주제에 새로운 전진의 길이 절실히 필요하다. 사랑의 관계와 정통 신념, 그 둘 중 어느 한쪽도 타협하지 않는 길이라야 한다.[2]

중심축은 성경이다

헌신된 기독교인들 사이에 교회가 동성애 성관계를 긍정하는 게 불가피할 뿐 아니라 옳은 일이라는 주장이 점점 보편화되고 있다. 이런 입장을 소위 '긍정 신학'이라고 하는데 그 배후에는 자유주의 신학자들이 있다.

우리는 그들의 관점에 동의하지 않지만, LGBT 관계를 긍정할 것을 정서적으로 가장 설득력 있게 지지하는 주장 중 하나는 이런 식이다.[3]

> 과거에 기독교인들은 성경을 근거로 노예제도를 옹호하며 흑인을 압제했다. 나중에야 자신들이 성경을 잘못 해석했음을 깨닫고 역사를 바로잡기로 입장을 바꾸었다. 지금 기독교인들은 성경을 근거로 전통적 결혼을 옹호하며 동성애자를 압제하고 있다. 이번에도 성경을 잘못 해석하고 있다. 머잖아 그들은 역사를 바로잡기로 입장을 바꿀 것이다.

제법 설득력 있게 들린다. 과거에 중대한 이슈들에서 일을 망친 교회가 지금은 그런 잘못을 되풀이하고 있지 않다고 누가 말할 수 있겠는가? 지구가 우주의 중심이 아님을 과학적 근거에 기초해 주장한 갈릴레오(Galileo)를 교회는 이단으로 단죄하지 않았는가? 이번에도 우리가 틀렸다면 어찌할 것인가? 우리가 만나는 많은 지도자들은 교회의 형편없는 이력에 대해 정당한 우려를 표한다. 과학, 여성과 소수집단의 권리 등 여러 폭넓은 이슈에서 교회가 틀렸던 적이 있기 때문이다.

하지만 이런 논지에는 문제점이 있다. 역사를 편향되게 보거나 성경과 들어맞지 않는다는 것이다.

역사적 관점에서 볼 때, 일부 기독교인들이 틀린 것은 사실이다. 그러나 다른 기독교인들은 옳았고, 대개 주류 문화보다 시대를 훨씬 앞서갔다. 사실 기독교인들은 성경 해석에 기초해 늘 긍정적 사회 변화의 촉매제가 되었다. 노예제도는 그중 한 예에 불과하다. 남북전쟁 이전부터 미국 북부의 많은 기독교 교회들에 교인의 자격 기준이 정해져 있었는데, 그 기초의 일부는 신앙을 노예제도 폐지와 연결한 사도 바울의 신학에 있었다. "노예제도를 실천하거나 정당화하는 사람은 누구나 교회와 성찬에서 제외된다."⁴ 18세기 말의 영국 정치가 윌리엄 윌버포스(William Wilberforce)는 노예제도 폐지 운동의 근거를 모든 인간이 하나님의 형상대로 평등하게 창조되었다는 기독교적 확신에 두었다. 현대판 노예제도인 인신매매를 종식하려는 작금의 노력을 보더라도 기독교인들—특히 열정의 근거가 철저히 성경적 확신에 있는 젊은 신자들—이 그 원동력의 임계 질량을 구성하고 있다.

역사 속의 기독교인들이 항상 틀렸다는 말은 전혀 사실무근이다.⁵

게다가 최대의 관건은 더 가망성이 높아 보이는 미래를 추측해 '줄을 잘 서는' 게 아니다. 그것은 주변의 압력에 굴하는 일이다. 그보다 우리의 지극한 관심은 예수와 그분의 목적에 있어야 한다. 오늘을 향한 그분의 목적을 최대한 분별해야 한다.

'역사의 과오'라는 논지가 틀렸음은 성경에 비추어 보아도 명백하다. 성경은 만인이 하나님의 형상대로 창조되었으므로 사회적 지위도 평등하다는 반문화적 개념을 주창한다. 신약에 나오는 바울의 가르침은 당시로써는 다분히 혁명적이었다. 그는 평등이란 개념이 문화적으로 존재하기도 전부터 평등을 옹호했다. "너희는 유대인이나 헬라인이나 종이나 자유인이나 남자나 여자나 다 그리스도 예수 안에서 하나이니라"(갈 3:28). 노예 소유주인 빌레몬에게 편지를 보낼 때도 그는 1세기 문화의 작가인 만큼 노예제도를 묵과할 듯도 싶지만 오히려 인간관계에 대한 반문화적 비전을 제시했다.[6]

노예와 여성 등 압제당하는 사회 집단에 관한 한 성경의 궤적은 창세기부터 요한계시록까지 자유가 더 신장되는 쪽으로 나아간다.

인간의 성의식의 경우, 성경의 궤적은 하나님이 주신 제약이 더 명확해지는 쪽으로 나아간다. 즉 우리의 성생활에 대한 더 높고 더 상호 연관된 일련의 기준들이 성경에 밝혀진다.

하나님의 백성의 이야기가 전개되어 갈수록—구약에서 시작되어 예수의 사역을 거쳐 초대 교회를 상대로 기록된 서신서에 이르기까지—성경의 성윤리는 창조주의 의도를 벗어나지 않고 더 명료해진다. 예수께서 제7계명("간음하지 말라")을 거론하시며 기준을 더 높이신 일을 기억하는가? 그분에 따르면 머릿속에 공상을 품어도 영적으로 죄를 범하는 것이나 같다(마 5:27~30 참조).

그때나 지금이나 이는 섹스를 생각하는 혁명적이고 반문화적인 방식이다. 그것이 우리에게 더 큰 자기만족을 주어서가 아니라 오히려 정반대이기 때문이다. 예수는 우리를 불러 자아를 완전히 버리게 하신다.

미국인의 결혼관

다음 중 당신의 결혼관을 가장 잘 대변하는 것은 무엇인가?

	성인 전체 (%)	실천하는 기독교인(%)	LGBT (%)
한 남자와 한 여자가 하나님 앞에서 맺는 언약	51	86	15
성별을 떠나 두 성인이 하나님 앞에서 맺는 언약	13	8	32
한 남자와 한 여자 사이의 시민 결합	13	3	4
성별을 떠나 두 성인 사이의 시민 결합	18	2	44
이중 어느 것도 아님	5	2	6

반올림의 결과로 총계가 100%를 넘을 수도 있다.
응답자들에게 하나의 답만 선택하게 했다.
출처: 바나 옴니폴, 2015년 8월, 표본집단 1,000명

역사가 흐른다고 옳고 그름이 바뀌는 게 아니다

긍정 신학을 지지하는 사람들은 더 보수적인 견해에 대한 평형추로

자처할 때가 많다. 그러면서 자신들의 견해에도 역사적 정통 입장과 똑같은 역사적, 신학적 비중이 있다고 믿으려 한다. 어차피 생각이 바뀌는 사람들이 점점 늘고 있으니 모두의 생각이 바뀌기까지는 그저 시간문제가 아닐까?

그런 속단은 금물이다.

동성결혼을 지지하는 쪽으로 빠르게 변화가 나타나고 있음에도 우리의 연구 결과를 보면 대부분의 실천하는 기독교인들은 거기에 설득당하지 않고 있다.

◆ 과반이 약간 넘는 미국인과 절대다수의 실천하는 기독교인은 결혼이란 한 남자와 한 여자가 하나님 앞에서 맺는 언약이라고 믿는다. 나아가 수천만의 미국 성인은 동성결혼을 지지하지 않는다. 동성결혼을 합법화한 대법원의 오버거펠(Obergefell) 판결이 있은 그다음 달에 미국인의 동성결혼 지지율은 48%에서 42%로 오히려 떨어졌다.[7]

◆ 대법원의 동성결혼 합법화 판결을 지지하는 미국의 실천하는 기독교인과 복음주의자는 각각 28%와 2%에 불과하다. 젊은 기독교인들이 LGBT 권익을 점점 더 지지한다는 말들은 많이 있었으나, 현실은 젊은 층의 실천하는 기독교인 4분의 3과 그보다 더 높은 비율의 젊은 층 복음주의자가 동성 관계의 도덕성에 대해 여전히 우려를 품고 있다.

◆ 복음주의 목사 열 명 중 아홉 이상과 천주교 신부의 84%는 교회

가 "한 남자와 한 여자의 결혼이라는 역사적 가르침을 고수해야" 한다고 보았다. 주류 목사의 경우8 교회가 정통 노선을 고수하기를 바라는 비율은 55%에 그쳤다.

◆ 모르몬교와 정통 유대교와 이슬람교의 대다수 지도자들도 한 남자와 한 여자의 배타적 결혼이라는 역사적 결혼관을 각자의 신앙 전통이 계속 가르쳐야 한다고 보았다. 기독교의 경우와 마찬가지로 각자의 경전을 권위 있게 여기는 지도자들일수록 이런 견해에 가장 헌신적인 경향을 보였다.

◆ 미국의 흑인 목사 열 명 중 아홉은 동성결혼을 지지하는 운동이 1960년대의 민권운동과 비슷하다는 개념을 배격한다.

당신이 동성 간의 성관계를 긍정하지 않는다면 당신만 그런 게 아니다. 그런데 성경적 성윤리를 고수하는 우리는 주류 문화보다 당연히 극단으로 간주된다. 우리가 깨달아야 할 사실이 있다. 다가올 미래의 사람들은 이에 대한 자신의 확고하고 열정적인 견해를 바꾸지 않을 것이다. 이런 결론은 겁을 주기 위한 게 아니라 단순히 사실의 진술이다. 일부 기독교인들은 이 문제에 대한 입장을 바꾸었고 앞으로 더 많이들 그럴 수 있다. 그러나 양쪽의 논지를 충분히 살펴보고 나서도 역사적 정통에 계속 헌신하는 사람들은 설득당할 소지가 훨씬 낮다.

기독교인들이 저항해도 동성애 진영에서는 계속 정치적 압력을 가할 것이다. 충격적이게도 미국인 다섯 명 중 하나는 법으로 강제해서라도 성직자들이 동성결혼의 주례를 맡게 해야 한다고 답했다. 물론

다수 의견은-아직은-아니지만, 그래도 이 논쟁의 미래를 보여 주는 대목이다.

그래서 까다로운 대화를 헤쳐 나갈 전진로가 우리에게 필요하다.

우리가 믿듯이 성경에 제시된 성의 기준은 아주 높다. 그러나 동시에 성경은 우리에게 모든 사람을 하나님의 형상대로 지음 받은 그분의 자녀로 볼 것을 강권한다. 물론 거기에는 게이, 레즈비언, 양성애자, 성전환자도 포함된다.

바로 그것이 대화 파트너의 역할을 수락한 게이브가 스탠퍼드대학교에서 해야 할 일이었다. 그가 열심히 노력해 준비한 것은 추상적 토론이 아니라 추상적 개념의 이면에 있는 한 사람(진 로빈슨) 및 사람들(LGBT 진영)과의 대화였다.

◆ ◆ ◆

로빈슨 주교를 대면하기 60분쯤 전에 나는 친구 크리스(Chris)에게 부탁해 내게 예상 질문을 던져 보게 했다. 진보 성향의 젊은 학생들 앞에서 만만찮은 공개 대화에 참여하려면 먼저 자신감을 다질 필요가 있었다.

"성윤리에 대해 내게 아무거나 물어보게. 아무 질문이나 말일세."

크리스는 이렇게 응수했다. "사랑하는 두 사람이 평생 서로에게 헌신해서는 안 될 이유가 무엇인가? 그거야말로 인간이 할 수 있는 가장 다정하고 긍휼에 찬 일이 아닌가?"

나는 얼굴이 화끈거리고 손에 땀이 찼다. "아 그거라면, 글쎄, 이렇게 생각해야 하지 않을까? … 음, 그러니까 …" 거기서 말문이 탁 막히면서 이런 생각이 들었다. '이러다 완전히 죽을 쓰겠군!'

그러나 한 시간 후 무대에 섰을 때는 형언할 수 없는 확신과 평안이 느껴졌다. 기독교인인 나는 그 근원이 성령이심을 알았다. 몇 달째 나는 하나님께 기도하기를 내 입에 할 말을 주시고, 사고는 예리하되 관계에는 민감하게 하시며, 까다로운 주제를 성령의 지혜에 의지해 논하게 해 달라고 했었다. 이제 나는 그분의 임재를 느끼면서 최선을 다해 그분의 사랑으로 그분의 진리를 말했다.

내가 한 말을 단어 하나하나까지 다 하나님의 공으로 돌린다면 이상할 테니 그러지는 않겠다. 하지만 한결같은 하나님의 임재 덕분에 나는 논외로 치부되기 일쑤인 몇 가지 중요한 요점을 개진할 수 있었다. 로빈슨 주교는 똑똑하고 재미있고 친절했으며 성경적 관점의 사랑, 섹스, 친밀함, 정체성, 죄의 본질 등을 제시할 수 있는 여지를 내게 너그러이 허락해 주었다. 청중들도 야유를 퍼붓기는커녕 존중과 심지어 감사의 반응을 보였다. 장내의 분위기로 보더라도 이것은—이미 정해진 결론이 아니라—진정 대화다운 대화였으며, 내가 대변한 관점도 대화에 중요하게 기여했다.

행사가 끝나자 청중석에서 일제히 박수가 터져 나왔다. 무대에서 내려와 대기실로 들어가니 수십 명의 사람이 진과 나에게 친절하고 정중한 대화를 보여 주어 정말 고맙다고 말했다.

이 주제로 이견을 설파하기란 쉽지 않다. 그러나 그날 밤 그 자리에서만은 그런 일이 있었다. 사람들은 진정으로 격려를 받았다.

이 바뀌지 않거나 빨리 바뀌지 않는 형제자매들과 어떻게 함께할 것인가? 그들이 존재하기에 우리가 비켜 갈 수 없는 질문이 있다. 핵가족이라는 이상(理想)은 정말 복음이 우리를 이끌어 가는 유일한 곳인가?

그렇지 않다.

구원을 생각할 때 '두 자녀를 둔 행복한 부부'가 제일 먼저 떠오른다면, 그것은 예수의 기쁜 소식을 근본적으로 오해한 것이다. 성적으로 만족스러운 관계를 찾는 게 누구에게든 기쁜 소식이라는 말도 마찬가지다.

이성애자로 바뀌거나 결혼을 하거나 성생활에 만족을 느끼는 것을 기쁜 소식의 관건으로 삼으면 대부분의 동성애자는 앞이 캄캄해질 수밖에 없다. 갈망의 완전한 전향을 '구원'의 일부로 경험하지 못하기 때문이다. 그러니 많은 사람이 자신의 혼란스러운 현실을 타개하고 평생의 동반관계에 대한 인간의 선한 갈망을 채우고자 다른 방법을 찾으려 함은 당연한 일이다.

그들을 탓할 수 있는가? 우리도 그들의 입장에서 하루만 살아 보면 그들처럼 하려는 유혹이 들 것이다. 이것이 동성애의 갈망대로 사는 게 성경에 어긋나지 않는다고 결론지은 많은 기독교인의 이야기다. 그들은 덫에 갇힌 채 고립된 심정이다.

우리는 많은 친구에게서 고뇌와 번민을 들었다. 공통된 내러티브는 이와 같다. "나에게 게이의 감정이 있다면 하나님도 그것을 원하실 수밖에 없다. 결국, 나를 지으신 분은 그분이다. 그분이 나를 지으셨는데 나에게 이런 감정이 있다면, 그분도 내가 이런 감정을 억압하기를 원

성의식과 기독교 신앙을 둘러싼 공개 토론에 참여한다고 해서 거기서 어떤 결과가 나올지, 결과가 있기나 할지 나는 모른다. 하지만 그날 밤 하나님이 내게 이런 확신을 심어 주신 것만은 분명하다. 우리는 그분의 설계와 방식을 신뢰할 수 있으며, 충실함을 지키려면 때로 그런 까다로운 대화에도 참여해야 한다.

어떻게 하면 LGBT 이웃들을 사랑함과 동시에 성경적 성윤리에 계속 충실할 수 있을까? 이 교차점이야말로 우리의 좋은 신앙을 삶으로 실천할 수 있는 아주 좋은 장이다. 지금부터 그 방법을 살펴보자.

친밀함 없이는
살 수 없다

14

신앙 좋은 기독교인은
미혼이나 독신인 사람들을
자신의 권속 안으로 반가이 맞이한다.

안타깝게도 나는 처남에 대한 기억이 별로 없다. 브라이언 설즈(Brian Searles)는 자연스러운 카리스마를 뿜어내는 잘생기고 사교적인 남자였다. 다만 우리는 함께 시간을 보낸 적이 별로 없다.

내가 대학에 다닐 때 브라이언이 여동생 질을 찾아온 기억이 몇 번 있다. 당시 그는 휴가를 나온 공군이었다.

질과 나는 1995년에 결혼했는데 그때 신랑 들러리를 서 준 브라이언에게 내가 성경책을 선물했다. "데이비드, 고맙다! 정말 이 책을 더 읽고 싶었거든." 그는 웃으며 그렇게 말했다.

우리가 아직 신혼이었을 때 브라이언이 캘리포니아의 우리 집에 며칠 동안 방문한 적도 있다. 그는 '친구'와 함께 왔다. 둘이 친구 이상의 사이임을 질과 내가 깨달은 것은 그들이 차를 몰고 떠난 뒤였다. 그때 처음으로 우리는 브라이언이 게이임을 알았다.

그 뒤로도 오랜 세월 동안 짤막하게 만났는데 대개는 대가족이 모일 때였다. 브라이언은 위트와 잘 노는 기질로 우리 세 아이를 매료했다. 그러던 어느날, 그의 체중이 확 줄어든 게 눈에 띄었다. 몸이 좋지 않아 보였다.

브라이언은 HIV에 감염되어 결국 에이즈에 걸렸다. 이런저런 치료를 받았으나 효과가 없었다. 고통스러운 여정 끝에 그는 2009년 1월에 세상을 떠났다.

내가 알던 브라이언은 훌륭한 남자였고 질의 좋은 오빠였다. 하지만 솔직히 나는 정말 그를 아내의 동성애자 오빠 이상으로 본 적이 없었다.

부끄러운 고백이며 내게 가장 후회되는 일 중 하나다. 하지만 사실이다.

좋은 신앙을 잘 생각해 보고자 이 책을 쓰는 동안 게이브와 나는 우리 친구 줄리 로저스(Julie Rodgers)가 선포한 진리에 마음이 찔렸다. 동성애자 기독교인인 그녀는 이렇게 말했다.

"우리는 섹스 없이는 살 수 있어도 친밀함 없이는 살 수 없다."[1]

처남에게 친밀함을 내주지 못한 게 지금도 마음에 걸린다. 나는 그를 이해하려고 하거나 그와 더 깊은 우정을 쌓으려 한 적이 없다. 어떻게 하면 달라졌을까? 더 좋은 친구 사이가 될 수는 없었을까? 왜 나는 그에게 더 관심이 없었을까? 그가 병들었을 때 왜 더 많은 시간을 함께 보내지 못했을까?

나를 비롯해 기독교인들은 혼외 순결의 개념에 참으로 헌신되어 있다. 그런데 왜 나는 브라이언에게 우리 가족, 그의 여동생, 남녀 조카들과 친하게 지낼 기회를 더 많이 내주지 못했을까? 그에게 우리와 함께 살자고 청했다면 어땠을까? 한 가족이 되어 일상생활을 함께할 수는 없었을까?

헌신된 기독교인인 우리 가족은 왜 그가 죽어 가는 동안 한 번도 그를 찾아가지 않았을까? 정작 숨이 끊어지는 순간까지 그를 보살핀 사람은 LGBT 친구들이었다. 선한 사마리아인의 비유가 그대로 현실이 되었으니 억장이 무너질 것만 같다.

◆ ◆ ◆

이성애자이자 기혼자인 우리가 동성에 끌리는 성향을 논해 봐야 직접적 경험에서 오는 권위가 있을 수 없다. 우리 둘 다 그런 경험이 없다. 우리는 누구나 겪는 죄의 결과까지만 알 뿐 가정과 교회와 지역 사회로부터 소외당하는 느낌이 근본적으로 어떠한지는 모른다. 동성애자들은 험담의 과녁이 되며 그보다 심한 일을 당할 때도 너무 많다. 동성에 끌리는 기독교인 친구늘을 괴롭히는 내면의 고뇌는 참담하다. 사실 그중 다수는 아주 최근까지만 해도 그런 고뇌를 홀로 겪어야 했다. 기독교의 신앙 공동체들이 동성애자 형제자매들과 함께 하는 게 절대적으로 필요하다. 긍휼의 마음과 불굴의 헌신으로 그들을 인도해 주어야 한다.

그러나 동성애자라고 해서 적용되는 규정이 다른 것은 아니다. 하나님이 설계하신 섹스는 언약의 결혼 안에서 남녀 사이에만 가능하다. 그것이 기독교의 성경적 성윤리다. 나머지 모두는 독신이나 미혼으로 남아 성적 성향과 관계없이 성적으로 순결해야 한다.

우리의 연구 결과에 따르면 실천하는 기독교인 열 명 중 여덟과 사실상 모든 복음주의자는 "기독교인이 결혼하지 않은 동료 기독교인에게 성적 금욕을 기대하는 것은 합당한 일이다"라고 보았다. 모든 신앙 집단을 통틀어 과반의 미국 성인(56%)도 그것을 타당하게 여겼다.

아울러 실천하는 기독교인 다섯 명 중 넷과 복음주의자 열 명 중 아홉은 "동성에 끌리는 기독교인에게 연애 관계의 금욕을 기대하는 것은 합당한 일이다"라고 보았다. 미국의 성인 전체도 똑같이 답한 비율이 절반을 조금 넘었다(52%). 흥미롭게도 젊은 층의 실천하는 기독교인이 이런 독신 생활의 기준을 합당하게 여기는 비율은 나이든 기독교인이나 거의 똑같게 나타났다.

게이와 레즈비언 성인 중 약 3분의 1(기독교를 포함한 모든 신앙 집단을 통틀어)은 미혼인 이성애자 기독교인이 독신 생활을 기대하는 것이 타당한 일이라고 답했다. 그리고 이들 가운데 다섯 명 중 하나 정도는 동성에 끌리는 기독교인이 독신 생활을 기대하는 게 타당하다고 보았다. 이는 전국 평균보다는 낮은 비율이지만, 그래도 많은 동성애자들이 독신 생활을 기독교 공동체 내에서 유력한 성적 기준으로 보고 있음을 알 수 있다.

모든 인간은 장애가 있다

당신의 친구나 가족 중에 혹시 자신의 동성애 성향을 아주 어려서부터 알았던 사람이 있는가? 그들의 이야기를 들어 보면 대부분의 동성애자가 그 길을 일부러 선택한 게 아님을 알 수 있다.

팔로알토의 기념교회 강단에 진 로빈슨 주교와 함께 앉던 그날, 나는 그의 눈에서 고통을 보았다. 천주교회에 따르면 "나 같은 사람들은 본질적으로 장애가 있습니다. 넘기 어려운 벽 같은 것이지요. 본질적 장애라면 손을 쓸 방도가 없습니다"라고 그는 말했다.

기회가 주어졌기에 나는 최대한 온유하게 답변했다. "진, 나도 본질적으로 장애가 있습니다. 인간의 타락한 본성이 곧 장애지요. 그게 나의 실상이고 거기가 나의 출발점입니다. 우리는 다 장애가 있습니다. 장애를 입은 상태에서 출발해, 그리스도를 온전히 알아 가면서 그분 안에서 자신의 정체를 발견하는 것이지요."[2]

역사적으로 교회는 동성에 끌리는 성향을-다른 많은 갈망과 함께-죄로 인한 장애라고 가르쳐 왔다. 그런데 정치적 공성성을 따시는 세상에서는 죄라는 단어는 고사하고 장애라는 단어도 듣기에 거북하다. 이 단어를 일단의 사람에게 적용하면 상처를 입히는 혐오 발언으로 들린다. 널리 용인되는 도덕관 중 하나가 "남이 어떤 삶을 선택하든 비판해서는 안 된다"임을 잊지 말라. 남의 정체감에 의문을 제기해서는 더욱 안 된다. 그뿐 아니라 대부분의 사람들은 자아를 발견하려면 자기 내면을 보아야 한다고 믿고 있다.

그러나 성경이 말하는 인간 본성에 따르면 우리는 다 장애가 있다. 관계적 장애, 성적 장애, 신체적 장애, 영적 장애 등 한두 가지가 아니다. 우리는 다 "그 상태로 태어났다." 아담과 하와의 타락이 부른 결과 중 하나로 하나님의 설계가 변질되었다. 모든 열망이 다 하나님이 본래 우리에게 경험하도록 의도하신 갈망은 아니다. 그냥 자신의 갈망을 실현하는 식으로는 자아를 발견할 수 없다. 동성애자든 이성애자든 양성애자든 성전환자든, 기타 무엇이든 다 마찬가지다.

천성과 양육과 환경의 복잡한 결합은 성의식을 이루는 강력하고 신비로운 요인이다. 대부분의 유명한 LGBT 옹호자들과 미국심리학협회가 인정하듯이 성적 성향의 원인은 아직 과학적으로 밝혀지지 않았다.[3, 4] 유전적, 생리적 요인도 동성애 성향에 작용할 수 있으며(많은 LGBT 활동가들의 주장처럼) 거기에 유년기의 경험이 촉매 역할을 한다. 인간의 성의식은 일정한 연령까지는 정말 유동적인 것 같다. 잠재된 다양한 요인이 둥지를 틀기도 하고 날아가 버리기도 한다. 즈넬 윌리엄스 패리스(Jenel Williams Paris)는 「성적 정체의 결말」(*The End of Sexual Identity*)에 이렇게 썼다. "오늘날 학자들의 공통된 견해에 따르면 인간의 '유형'은 성적인 면에서 두세 가지로 구분되지 않는다. 오히려 행동이 다양하고, 성적 감정이 유동적이며, 개개인의 성적 이력도 복잡하다."[5]

모든 역동을 이해하는 척한다면 이는 하나님 노릇을 하는 꼴이다. 선천적 요인과 후천적 요인의 정교한 결합이 워낙 복잡해서 각 개인의 성의식이 형성되는 경위는 창조주만이 아실 수 있다. 겸허히 말하거니와 장애를 입은 인간의 갈망에 대해 단 하나의 답을 찾으려 한다면, 결국 교착 상태에 빠질 것이다. 그보다 그냥 다음 사실을 인정하는 게 더 유익하다. 동성애 성향을 경험하는 대부분의 레즈비언이나 게이는 그것을 일부러 선택한 게 아니다. 그들이 처음부터 알았던 것은 그것뿐이다.

제자들은 어떤 맹인을 보며 그가 부모나 본인 중 누구의 죄 때문에 맹인이 되었는지 예수께 여쭈었다. 그러자 그분은 그들의 질문이 잘못되었다고 말씀하셨다(요한복음 9장 참조). 주님에 따르면 올바른 질문은 이런 것이다. 하나님은 이 사람의 삶 속에, 그리고 그 삶을 통해 어떻게 그분의 목적을 드러내고 계신가?

오늘 우리가 던져야 할 질문도 바로 그것이다.

만인을 위한 기쁜 소식

동성에 끌리지만, 동성애에서 벗어나려는 많은 기독교인에게 '기쁜 소식'이란 성적 성향이 완전히 바뀐다는 뜻이었다. 일부의 경우 이성애자로 돌아서서 이성과 결혼해 행복하게 산다는 뜻이었다. 거기에 못 미치는 것은 다 '수준 미달'이거나 부족하게 느껴졌다. 그러나 성적 성향이 그렇게 동성 쪽에서 이성 쪽으로 바뀐 사례가 더러 있긴 하지만 그것이 보편적인 경험은 아니다.[6] 우리가 믿듯이 그리스도 안에서 변화되면 옛 자아로부터 해방된다. 그렇다면 우리는 동성에 끌리는 성향하지 않으실 것이다. 내적 갈등 없이 그분을 따르기를 원하실 것이다. 그러니 그분은 게이를 괜찮게 보실 수밖에 없다. 그동안 우리가 성경을 잘못 해석한 게 분명하다."

물론 이것은 전형적인 이야기를 너무 단순화한 것이며, 자신의 성적 갈망과 그리스도를 따르려는 열망을 서로 조화하려는 일부 LGBT 기독교인들의 진지한 추구를 폄훼할 의도는 조금도 없다. 그러나 성경을 우리 인간의 개인적 경험의 렌즈로만 읽으면 문제에서 헤어날 수 없다.

LGBT 기독교인들뿐만 아니라 그들의 친구들도 새로운 해석을 찾고 있다. 미국인 열 명 중 아홉은 자신이 개인적으로 아는 게이가 있다고 답했다.[7] 이런 유대 관계가 강력한 동인이 되어 사람들은 성경이 말하거나 말하지 않는 내용에 대한 자신의 신념을 수정할 수도 있다.

자신의 정체를 감정대로 따라야 한다고 생각하는 미국인들이 점점 많아지고 있다. 그러나 신앙 좋은 기독교인의 정체는 그리스도 안에 있다.

우리의 정체란 내면을 본다고 발견되는 게 아니다.

하나님이 설계하신 인간의 정체는 우리 바깥의 한 고정점에서 발견되고 실현되게 되어 있다. 그 고정점은 바로 그분 자신이다. 그분은 우리를 형통하게 하시려는 그분의 계획 쪽으로 우리를 부르신다. 우리 마음과 생각과 몸에 참으로 가장 좋은 것들은 다 거기에 있다. 이것이 기쁜 소식이다! 게이들뿐만 아니라 모든 사람에게 그렇다.

우리는 하나님의 형상을 지닌 그분의 자녀이며, 그분의 아들을 더 닮음으로써 그분을 영화롭게 하도록 지음 받았다. 자신의 이런 정체를 알 때 우리는 가장 깊은 만족을 누리게 된다.

하나님의 목적을 이루면 거기서 우리의 목적도 발견된다.

철학자이자 학자인 천주교인 찰스 테일러(Charles Taylor)는 이미 30년 전에 미국의 신종교는 자기만족이라고 역설했다. 그는 자신의 저서 「불안한 현대 사회」(이학사)에서 "우리는 자기만족을 절대적으로 중시한다. 자기를 만족하게 해 줄 진정한 자기만의 생활방식을 누구나 찾아야 한다는 것이다"라고 말했다.[8] 우리가 어떻게 길을 잃었는가에 대한 그의 진단은 이렇게 이어진다.

> 개인주의가 발흥하면서 우리는 선조들의 삶에 의미를 부여했던 모든 구조에서 떨어져 나와서 우리 내면으로 내던져졌다. 그런데 내면을 보니 공허함뿐이다. 필요한 자원을 공급해 주던 이전의 모든 것에서 단절되어 표류하고 있기 때문이다.[9]

우리 사회는 고금의 지혜와 지식에서 스스로 떨어져 나와 표류하고 있다. 진보를 추구하다가 삶의 본질을 잃고 말았다.

앞서 4장에 강조했듯이 기독교인들이 믿는 삶의 관건은 자기만족이 아니라 하나님을 영화롭게 하는 것이고, 그분의 목적을 이루어 우리의 관계와 공동체와 우리 자신을 회복하는 것이다.

바로 이것이 기쁜 소식이다.

우리의 정체는 그리스도 안에 있다

　세상은 브루스 제너(Bruce Jenner)의 성전환 자아인 케이틀린(Caitlyn)의 출현을 경축하기도 하고 이에 대해 논쟁을 벌이기도 했다. 그는 1976년에 10종경기로 올림픽 금메달을 딴 미국의 운동선수이자 시리얼 브랜드인 위티즈(Wheaties)의 공식 대변인이었다. 그런데 내면 깊숙이 자신이 여자로 느껴졌다. 오랜 세월 속으로 고민하며 자신을 분석한 끝에 제너는 더는 남자로 살 수 없다는 결론을 내렸다.

　우리는 결코 성전환 경험에 대해 냉담하지 않다. 오히려 이 여정을 가는 이들을 향해 슬픔과 긍휼을 느낀다. 다이앤 소여(Diane Sawyer)가 진행한 제너의 '커밍아웃' 인터뷰를 보며 우리는 올림픽 선수 출신인 그의 이야기에 가슴이 뭉클했다. 아울러 우리는 이 장애의 현실을 경험하는 가족이나 친구나 동료 신자와 대화할 때 교회가 배울(또는 떠올릴) 수 있는 큰 교훈들이 있다고 본다. 트랜스젠더 진영은 피상적 겉모습을 넘어 인간의 영혼을 볼 것을 촉구하는데, 솔직히 이 부분은 우리를 감화시킨다. 우리가 만나 본 많은 성전환자들은 인생의 의미에 대해 일반인보다 더 중요하고 의미 있는 질문들을 던진다. 이것은 좋은 모습이다.

　기독교인은 자신의 정체를 바꾸려는 이들을 매정하게 대해서는 안 된다. 그들이 추구하는 바는 그들의 내면 깊은 곳에 있는, 완전히 참된 모습이 되고픈 갈망을 보여 주는 표지판과도 같다.

　그러나 감정을 거의 절대시하는 문화에 관한 한 우리는 시대를 초월하는 진리를 제시해야 한다. 찰스 테일러가 말했듯이 문화는 내면 깊숙한 감정을 보아 거기서 자아를 발견하라고 우리를 회유한다.[10] 그러나 감정을 늘 믿을 수는 없다. 감정은 실체를 보는 우리 내면의 성향을 요긴하게 알려 줄 뿐, 그 자체가 실체는 아니다. 오히려 실체에 정면으로 어긋날 때도 있다. 그래서 기독교인들은 정체의 뿌리를 실체에 둔다. 인간은 자아 바깥의 고정점이 있어야만 자신이 누구인지 알 수 있으며, 우리의 감정이 실체에 얼마나 다가갔는지는 그 고정점에 비추어 측정해야 한다.[11]

우리의 정체와 소명과 목적은 우리 바깥의 출처에서 온다. 그것은 바로 하나님의 영이다. 우리의 감정을 그 출처에 복종시키지 않으면 스스로 속을 위험이 있다.

케이틀린의 출현을 세상에 홍보하는 「배니티 페어」(Vanity Fair)의 한 영상물에 보면 "껍데기가 떨어져 나가는 순간 나는 자유를 얻었다"라고 말하는 제너의 모습이 나온다.[12] 얼마나 슬픈 일인가. 이것은 원수의 거짓말이다. 사슬 속에 자유가 있다는 말이야말로 최악의 기만이다. 세상에서 가장 아름다운 화장법과 예쁜 옷과 사진 촬영을 다 모아 놓아도 그것이 사람을 감정의 굴레에서 해방시킬 수는 없다.

세상에는 성에 대한 혼돈이 넘쳐난다. 변질된 성적 갈망과 행동을 경축하며, 감정대로 사는 이들에게 '영웅'이라는 칭호가 부여된다. 그야말로 원수의 기만이 활개를 치고 있다.

'만족이 바로 눈앞에 있다.'

'내 정체를 내 마음대로 정하면 인생이 더 나아질 것이다.'

'실체를 내 감정에 맞추면 행복해질 것이다.'

이런 거짓말은 에덴동산의 그 나무만큼이나 오래된 것이다.

신앙 좋은 기독교인은 "자아를 발견하려면 내면을 보라"는 주류 문화의 메시지에 어떻게 맞설 것인가? 물론 각자의 독특한 성격과 경험과 꿈과 재능과 관점을 존중하는 것은 좋은 일이다. 하지만 가장 중요한 일은 아니다. C. S. 루이스의 말마따나 "부수적인 것을 맨 앞에 두어서는 그것을 얻을 수 없다. 부수적인 것을 얻으려면 가장 중요한 것을 맨 앞에 두어야 한다."[13]

기독교인은 가장 중요한 일과 부수적인 일의 순서를 제대로 두어야 한다.

그러나 사회의 소란은 더 커져만 가면서 사람들을 반대쪽으로 유도하고 있다. 팀 켈러의 말마따나 우리 문화는 "구성원들에게 이렇게 믿도록 압력을 가한다. '너 자신이 되어야' 하고, 성적 갈망은 인간 정체의 결정적 요소이며, 왕성한 성적 갈망을 조금이라도 억제하면 심리적 손상을 입는다고 말이다."[14] 또 가수 테일러 스위프트(Taylor Swift)는 누구나 '자신이 원하는 존재를 원할' 수 있다고 노래한다.

이런 신념이 널리 퍼져나가 일종의 종교가 되었다. 만족을 얻으려면 자신의 갈망을 실현해야 한다는 것이다. 그러나 신앙 좋은 사람이 되려면 우리는 좋은 개념과 나쁜 개념을 구분해 그에 상응하게 살아야 한다.

자기만족은 나쁜 개념이며 막다른 골목이다.

자아에 대한 진리를 발견하려고 굳이 주류 문화에 맹목적으로 편승해 감정에 의지할 필요는 없다. 반대로 우리는 변질된 부분을 밝혀낼 수 있고, 그리스도 안에 온전함과 참된 정체가 있다는 비전을 제시할 수 있다.

사랑받아야 할 사람들

우리의 친구 프레스턴 스프링클(Preston Sprinkle)은 기독교인들이 LGBT 사람들–기독교인 여부를 떠나–을 어떻게 대해야 하는지를 멋진 말로 표현했다. 그들도 사랑받아야 할 사람들이라는 것이다.[15]

"그들은 사랑받아야 할 사람들이다. 해결되어야 할 문제가 아니다."

이 책에 줄곧 말했듯이 좋은 신앙이란 다른 사람들을 향한 사랑과 하나님의 선한 길에 대한 믿음을 삶으로 실천하는 것이다. 성과 성의식을 생각할 때 자칫하면 사랑을 아예 망각한 채 믿음의 내용만 알면 된다고 귀결 짓기 쉽다.

누가복음 7장에 나오는 바리새인 시몬이 그런 잘못을 범했다. 예수를 주빈으로 모신 식사 자리에서 한 부도덕한 여자가 흥을 깨 놓았다. 예수의 발에 입 맞추고 용서를 구하며 부적절한 장면을 연출한 것이다.

시몬은 자기가 그 여자의 죄를 안다고 생각했을 뿐 그녀를 사랑받아야 할 사람으로 보지는 않았다. 그의 생각 속에 본심이 드러나 있다. "이 사람이 만일 선지자라면 자기를 만지는 이 여자가 누구며 어떠한 자 곧 죄인인 줄을 알았으리라"(눅 7:39).

시몬의 생각과는 반대로 예수는 그녀의 망가진 과거를 아신다. 그녀의 죄를 간과하지 않으시고 좌중을 향해 '많은' 죄라고까지 말씀하신다. 그러나 그분이 그렇게 하신 것은 그녀의 수치를 들추어내시기 위해서가 아니라 아무리 망가진 사람들도 그분의 용서를 통해 회복될 수 있음을 보여 주시기 위해서다.

오늘도 예수는 사람들을 회복시키고 계시며 성혁명의 난민들도 예외는 아니다. 그 일을 그분은 교회를 통해서 하신다. 제 기능을 다 하는 교회는, 좋은 신앙대로 사랑하고 믿고 살아가는 하나님의 권속이다.

하나님을 멀리하는 사람에게 우리의 사랑을 베풀어야 할 때는 언제이고 사랑을 거두어야 할 때는 언제인지 의문을 품는 이들이 있다. 중요한 질문이다. 알다시피 예수께서 우리를 사랑해 목숨까지 내주신 때는 우리가 아직 죄인 되었을 때였다. 따라서 죄에는 늘 결과가 있겠지만—기독교계 내부의 경우 교회의 치리도 포함된다—그런 결과 때문에 사랑까지 거두어서는 안 된다.

당신이 기독교인이라면 사람들에게 사랑을 베푸는 일은 호흡만큼이나 기본이다.

친구가 포르노 중독을 고백했는가? 당신이 그에게 실망했을지라도 그는 사랑받아야 할 사람이다.

당신의 딸이 레즈비언으로 커밍아웃했는가? 그 딸도 사랑받아야 할 사람이다.

당신 교회의 어느 교인이 혼외 임신을 했는가? 그것과 상관없이 그녀는 사랑받아야 할 예비 엄마다.

당신 교회의 어느 젊은 커플이 결혼도 하지 않고 동거 중인가? 그들도 사랑받아야 할 사람들이다.

LGBT 사람들을 본연의 모습-하나님의 형상대로 지음 받은 존재-으로 보기 시작하면 그들이 해결되어야 할 이슈라는 생각이 줄어드는 대신 사랑받아야 할 사람들이 보인다. 우리가 그렇게 하지 않으면 나쁜 신앙이 슬며시 기어들어와, 기독교 공동체 안에서 이루어지는 그리스도의 지속적인 회복 사역을 변질시킨다.

예수는 사람들의 방향을 새로운 종교적 질서 쪽으로 애써 조정해 주셨다. 사회 소외층을 외면하던 종교 지도자들의 잘못을 지적하셨고, 그들의 각 공동체에도 똑같이 가르치셨다. 당시 배척당한 사람들은 안전과 공동체와 친밀함을 빼앗긴 채 외롭고 두렵고 고통스럽게 살아갈 수밖에 없었다.

예수는 그것을 뒤집어 일부러 소외층에게 기적과 복을 베푸셨다. 그분이 그들을 치유해 공동체 안으로 받아들이시자 그들의 삶은 새로운 질서를 증언하고 옛 질서를 고발하는 역할을 했다. 하나님의 백성 속에 깊이 뿌리내린 불경한 율법주의와 독단적 태도를 폭로한 것이다.

성과 성의식을 둘러싼 오늘의 질문들은 선물이 될 수 있다. 성경적 성윤리는 동성에 끌리는 형제자매들을 불러 자아를 부인하게 해 준다. 그러면 그들은 교회 전체가 이미 살고 있었어야 할 생활방식을 모본으로 보여 주게 된다.

자아를 부인해야 할 영역을 이것 하나로 국한해서는 안 된다. 대신 우리는 모두의 기준을 똑같이 높여 큰 희생을 치르고라도 순종하며 살아가야 한다.

미혼과 독신 기독교인들의 삶은 우리 많은 사람이 잊어버린 자아 부인을 증언해 준다. 사랑하는 그 사람들의 삶을 깊이 생각하면서 우리는 양심에 찔려 이렇게 자문해야 한다. '내가 예수님을 위해 부인하고 있는 욕구는 무엇인가? 나도 제자도 때문에 희생하고 있는 게 있는가?'

아무런 희생도 없는 사람들이 우리 중에 많다.

현대의 북미 기독교인들은 대부분 자아부인에 대한 생각이 별로 없다. 누군들 우리를 탓하겠는가? 날마다 쏟아져 나오는 수많은 광고 메시지는 다음과 같은 개념을 부추긴다. '어떤 갈망도 억제해서는 안 된다. 우리는 더 소비할 자격이 있다. 자신의 쾌락을 구해야 행복한 삶을 얻는다.'

그러나 예수를 따르려면 자아부인이 필수다.

> "자기 십자가를 지고 나를 따를 것이니라"라는 유명한 명령은
> "자기를 부인하고"라는 말씀으로 시작되어
> "누구든지 제 목숨을 구원하고자 하면 잃을 것이요"라는 경고와
> "누구든지 나를 위하여 제 목숨을 잃으면 찾으리라"는 약속으로 끝난다.[16]

자신의 갈망을 부인하는 일을 극단주의로 치부하는 자기중심적 사회에는 어림없는 소리로 들리겠지만, 자아부인은 좋은 신앙의 본질적 요소다. 바울은 고린도 교회에 "모든 것이 내게 가하나 다 유익한 것이

아니요"(고전 6:12)라고 썼다. 하나님이 정해 주신 테두리를 인정하고 그 안에서 살아가는 것은 미친 짓이 아니다. 유별난 삶인 것은 맞지만 미친 짓은 아니다.

예수는 제자가 되려는 이들에게 자아를 부인할 것을 요구하셨다. 우리의 교회들에서 성경적 성윤리에 헌신한 기독교인들은 그 자아부인을 보여 주는 살아 숨 쉬는 본보기다. 미혼과 독신 기독교인들—동성애자나 이성애자 할 것 없이—의 충실한 삶은 교회 전체를 향한 다음과 같은 부름, 즉 우리도 큰 희생과 아픔이 따르더라도 순종하며 살아가라는 부름이다.

교회는 '첫 번째 가족'이다

사도 베드로는 모든 나그네 인생에게 "영혼을 거슬러 싸우는 육체의 정욕을 제어하라"(벧전 2:11)고 촉구했다. 그런데 자아부인은 본래 혼자서 실천하는 게 아니라 성령의 임재와 그리스도 안의 형제자매들의 동행이 필요하다. 우리는 큰 희생을 치르고라도 순종하며 살아가되 하나님과 사람들과의 친밀한 교제 속에서 그리하게 되어 있다.

우리가 모두 그렇지만 독신 기독교인들은 특히 더하다. 신학자 데이나 올슨-게티(Dayna Olson-Getty)가 경고했듯이 "섹스처럼 자력(磁力)이 강한 것을 부정하려면 그보다 더 강한 긍정의 대상이 있어야 한다."[17] 우리의 비전을 넓혀 교회를 첫 번째 가족으로 보는 일은 매우 중요하고도 성경적이다. 우리는 동성애 기독교인들에게 경건한 관계의 자리를 내어 주지 않으면서, 그들에게 그들과 친밀한 성적 관계를 부인하라고 할 수는 없다.

이브 터쉬넷(Eve Tushnet)은 자신의 회고록 「동성애자 천주교인」(Gay and Catholic)에 "독신자들을 가족으로 더 친하게 엮어 주는 일이야말로 교회가 할 수 있는 가장 큰 일 중 하나다"라고 썼다.[18] 현 시점에 요긴한 과제를 정확히 짚어낸 말이다. 소속된 가족이 없다고 느끼는 이들에게 교회가 가족이 되어 주어야 한다. 그 구체적인 하나의 예로 터쉬넷은 매튜 존스(Matthew Jones)의 블로그를 언급했는데, 그는 이성애자 친구의 결혼식에 참석했던 즐거운 경험을 이렇게 털어놓았다.

> 내가 신랑에게 커밍아웃한 뒤에 그에게서 편지가 왔다. 내가 영영 가정을 이루지 못한다 해도 늘 자기네 가정의 일부임을 꼭 알아 달라는 내용이었다. 그는 또 앞으로 자기 자녀들이 나를 알고 나한테서 배우기를 원한다고 했다. 그들은 서로를 향한 자신들의 사랑에 어떻게든 나도 포함된다는 것을 보여 주었다. 나의 미래가 따뜻한 거실에서 그리 멀지 않으리라는 것과, 그 거실에 나를 즐거이 형제와 친구라 불러 줄 사람들이 가득하리라는 것을 [그 결혼식에서] 어렴풋이 볼 수 있었다.[19]

교회는 동성에 끌리는 기독교인들이 환영받고 소속할 수 있는 안전한 장이 되어야 한다. 터쉬넷이 그런 실제적 제안들을 내놓았다.[20] 가장 중요한 일 중 하나는 '환영의 마음으로 동성애 이슈들에 대해 말하는'

것이다. 그녀는 이렇게 썼다.

> 당신의 교회에서 잠깐 중보기도를 할 짬이 있다면 하나님께 게이와 레즈비언에게, 그리고 동성에 끌리는 사람들에게 복을 주시도록 기도할 수 있다. 또는 성적 성향과 관계없이 모든 사람이 사랑을 주고받는 법을 배우면서 각자의 소명을 발견하도록 기도할 수도 있다. 이와 비슷하게 많은 영적 주제들의 어떤 측면은 동성에 끌리는 사람들이나 동성애자와 특히 관계가 된다. 예컨대 "혀를 삼가자"는 주제를 다룰 때는 동성애 혐오의 비방도 포함해 보라. 남을 희생시키는 험담이나 농담과 더불어 그 또한 삼가야 할 말이기 때문이다. 육신의 아버지에게 사랑받지 못하는 이들에게 하나님이 아버지의 모델이 되실 수 있다고 말할 때는 아버지에게 거부당하는 게 이 자녀들도 포함해 보라. 동성에 끌리는 사람들과 동성애자도 그리스도의 몸 된 교회의 일부임을 당신이 알고 있다면, 그것을 표현할 수 있는 자잘한 방법들은 얼마든지 많다.[21]

교회는 LGBT 기독교인들이 공동체에 기여하는 은사를 인정하고 경축해야 하며, 그들도 다 그 사실을 알아야 한다. 우리의 집과 가정생활 속에 그들을 반겨 맞아야 하고, 하나님의 목적을 이루기 위한 그들의 독특한 공헌을 지원해야 한다. 그들은 평생 이성 간의 언약의 결혼을 하지 않을 수도 있다. 그러므로 교회 가족은 말 그대로 그들에게 가족이 되어 주어야 한다.

안정된 가족 관계가 결여된 젊은이들이 미국에 많이 있는데도 교회 공동체는 그들에게 뾰족한 해결책을 내놓지 못하고 있다. 교회에 다니지 않는 성인 중에는 기혼자가 44%에 불과하지만 교회에 다니는 사람은 열 명 중 거의 여섯이 기혼자다. 결혼한 적이 없는 사람의 비율도 교회에 다니지 않는 미국인의 경우는 열 명 중 셋이지만 교회에 다니는 성인 중에는 20%로 그보다 낮다.

우리 사회는 가정의 필요성을 아주 절실히 느끼고 있다. 그런데 교회는 독신자들보다 가정이 있는 사람들에게 더 편하게 느껴지는 것 같다.

우리는 우리 교회에서 동성에 끌리는 사람들과 그 밖의 독신자들에게 선물이 되어 줄 수 있다. 평소의 일상 리듬을 바꾸어 그들을 끼워 주면 된다. 자녀가 있는 가정은 매주 독신 친구를 초대해 함께 영화를 보거나 피자를 먹을 수 있다. 명절의 모임에도 그들을 불러 당신 자녀의 '삼촌'과 '이모'가 되는 영광을 부여하라. 직계 핵가족이 없는 사람들을 초대해 가정생활의 기쁨과 고충과 반복되는 일상을 경험하게 해 주라.

그러면 그들도 당신에게 선물이 될 것이다. 덕분에 당신은 우정을 가상 세계에서 끌어내 현실 세계로 되찾아올 수 있다. SNS상의 편집된 사진으로만이 아니라 그 이상을 보고도 여전히 당신을 사랑해 줄 형제나 자매를 얻게 된다. 그들과 더불어 일상생활의 기복을 나눌 수 있다. 자녀에게는 당신 부부 외에도 경건하고 믿을 만한 성인이 생기게 된다. 그들이 멘토와 친구가 되어 자녀를 돌보아 줄 것이다.

늘 쉽지만은 않을 것이다(어차피 쉬운 관계란 없다). 그러나 10장에서 살펴보았듯이 이것이 첫 번째 가족인 교회의 비전이다.

가정에 대한 신학이 더 정교해지고(물론 성경적으로) 미혼과 독신에 대한 신학이 더 견실해진다면, 교회는 성경적 성윤리를 실천하는 기쁨과 고충 면에서 더 신뢰받는 위상을 얻을 수 있다. 우리가 신임을 얻어 동성애자와 양성애자 기독교인들을 독신 생활로 부르려면 오직 하나님의 가족으로서만 가능하다. 교회들이 독신을 환영하고 지원하고 경축하는 공동체로 거듭나지 않는다면, 우리 자신은 동참할 마음도 없으면서 형제자매들—동성애자든 이성애자든—에게만 평생의 고된 일을 요구하는 꼴이 된다.

시편 68편 6절에 "하나님이 고독한 자들은 가족과 함께 살게 하시며"라고 했다. 우리는 이성애자 기독교인 부부들에게 가족에 대한 개념을 충분히 넓게 가르치고 있는가? 충분히 넓어서 미혼인 형제자매들과 독신으로 부름 받아 하나님께 응답하는 사람들을 능히 품을 만한가? 독신 기독교인에게 혼자 힘으로 순결을 지키라고 하는 것은 성경적이지 못하다. 이 짐을 홀로 지도록 요구해서는 안 된다.

친밀함은 우리 모두에게 필요하다. 교회를 가족으로 보신 예수의 비전을 실천하면 서로에게서 친밀함을 얻을 수 있다.

신실함을 지키는
5가지 길

15

신앙 좋은 기독교인은
우리 시대에 가장 큰 불화를 일으키는
이슈들에 사려 깊게 참여한다.

대법원 판결을 통해 동성결혼이 전국적으로 합법화되기 전이었다. 나는 어느 유명 목사가 전국으로 방영되는 텔레비전에서 기자의 질문에 답하느라 애쓰는 모습을 본 기억이 있다.

"뉴욕의 동성결혼 합법화를 지지하십니까?"라는 질문이었다.

목사의 대답은 이랬다.

"성경에 가르치고 있듯이 나는 결혼이란 한 남자와 한 여자 사이에만 가능하다고 믿습니다. 그 밖의 모든 방식은 하나님의 최선에 어긋납니다. 당연히 나는 소위 동성결혼을 지지하지 않습니다!"

기자는 어깨를 으쓱해 보인 뒤 다음 주제로 넘어갔다. 이 목사 역시 다원주의 문화 속에 살아간다는 의미를 전혀 모른 채 성경만 탁탁 내려치는 사람이라는 확신이 그 기자에게 들었던 것이다.

언뜻 보면 이 목사의 대응은 전혀 문제가 없고 심지어 충실해 보인다. 하지만 그래서 이는 기독교인들이 이런 복잡한 주제로 어떻게 대화할 것인가에 대한 혼란을 보여 주는 좋은 예다. 텔레비전에서든 이웃들과 모인 자리에서든, 우리는 정치적 질문을 받으면 반사적으로 신학적 답변을 내놓을 때가 많다. 분명한 신학은 물론 중요하다. 우리는 그것을 통해 세상 전체를 보아야 한다. 하지만 신학을 구체적 상황에 잘 적용하려면 신학 지식뿐만 아니라 기도와 지혜도 필요하다.

텔레비전에 나온 그 목사만의 문제가 아니다. 미국의 성직자들을 상대로 한 바나의 여론조사에 따르면, 동성결혼과 기타 LGBT 권익에 관한 정치적 문제를 다룰 준비가 아주 잘 되어 있다고 답한 개신교와 천주교 사역자들은 절반 정도에 불과했다. 우리가 보기에 이것을 해결하는 게 좋은 신앙의 시급한 과제다. 논의의 다양한 측면을 잘 구분할 줄 모르기 때문에 우리가 전달하고자 하는 메시지가 흐려진다.

지난 몇 년간 피자 가게 주인(인디애나), 빵집 요리사(콜로라도와 오리건), 결혼식 기획자(뉴욕), 사진사(애리조나) 등과 관련해 종교의 자유에 대한 논쟁이 터져 나왔다. 그들이 동성 간의 결혼식을 위한 서비스를 종교적 이유로 거부했기 때문이다. 이런 논쟁을 모르고 있다면 아마 당신은 인터넷에 연결되어 있지 않을 것이다. 많은 LGBT 활동가들은 '차별'이라 외치며 이런 양심적 거부를 '흑인 차별 정책'에 비유했다.[1] 한편 일부 기독교인들은 동성 커플의 결혼식에 서비스를 거부하기보다 제공하는 편이 오히려 사랑과 친절과 우정의 몸짓을 보여 주는 최선의 길이 아닐까 생각하기도 한다.

누가 옳고 누가 그른가?

지금부터 이것을 분해해 각 역동의 작용을 이해해 보자. 그러려면 정치와 기독교 신학을 분리해야 하고, 어떻게 사역의 마음으로 공공 광장에서 새로운 현실에 참여할 수 있을지 고민해야 한다. 좋은 신학이 다른 모든 결정에 영향을 미쳐야 함은 우리도 인정한다. 그러나 잘 살아가고 사랑하는 방식에는 재량의 여지가 있지 않을까? 믿는 내용에는 대다수의 실천하는 기독교인들이 일치한다 하더라도 말이다. 좋은 신앙은 혼란을 정리할 수 있다. 신앙 좋은 기독교인은 늘 똑같은 '기독교적 정답'만 내놓는 게 아니라, 사람들의 현실적 질문을 충실하게 다룰 수 있다.

다음의 틀은 기독교인들에게 오리무중을 헤쳐 나갈 길을 열어 준다. LGBT 사람들 및 관련 주제들에 대한 우리의 반응을 이 다섯 가지 렌즈를 통해 볼 수 있다. 이 렌즈는 현재의 성의식 담론에 대한 우리의 사고를 명료하게 해 줄 뿐 아니라 신앙 좋은 신자들에게 현재와 미래의 이슈들에 대응하는 방법의 골격을 제시해 준다.

신학	하나님의 말씀과 교회의 지혜가 여기에 대해 계시해 주는 내용은 무엇인가?
사역	타락한 세상을 살아가는 사람들을 향한 적절한 목회적 반응은 무엇인가?
관계	나와는 의견이 다른 친구나 이웃과 더불어 어떻게 대화할 것인가?

정치 |불완전한 정책이나마 인간의 행동을 가장 가능하게 해줄 정부의 정책은 무엇인가?

공공 광장 |나와는 신념이 다른 이들과의 일상적 교류와 나의 개인적 확신, 이 둘 사이의 적절한 관계는 무엇인가?

우리가 믿는 내용이 주류 문화와는 판이하므로 앞의 틀 때문에 그 믿음의 짐이 가벼워지는 것은 아니다. 그러나 우리는 기독교 신자이기에, 이 틀은 사안을 명확히 밝혀 주고 신앙 좋은 기독교인들에게 전진로를 열어 준다.

신앙 좋은 기독교인은 어떤 문제를 막론하고 하나님의 생각을 가장 중시한다. 신학이 우리의 최고 우선순위가 되어야 한다. 신학은 우선 하나님의 말씀에 뿌리를 두고, 교회의 역사적 가르침으로 뒷받침되며, 끝으로 이성과 경험으로 지지되어야 한다. 전국의 목회자들이 이 우선순위를 대체로 공유한 듯 보인다. 개신교와 천주교 사역자 열 명 중 여덟 이상은 자신이 LGBT 관련의 신학적 질문을 다룰 준비가 잘 되어 있다고 답했다.

일단 믿는 내용을 알았으면, 이제 신학을 사람과 정치, 공공 광장에 적용하는 참여 방식에 대해서는 그리스도를 따르는 이들 각자에게 맡겨야 한다. 정통 신념을 삶으로 실천하는 최선의 길이 기독교인마다 늘 세세히 일치하지는 않는다. 그러므로 우리는 은혜로 견해차를 허용해야 한다. 성령께서 우리 각자를 인도해 이웃을 사랑하게 하시는 방식도 서로 다를 수 있다. 부수적인 부분-사역, 관계, 정치, 공공 광장-에서 독단적이거나 고압적인 자세를 취하면 안 된다. 그렇게 되면 기독교인들 사이가 불필요하게 갈라져, 이를 빌미로 바깥세상이 우리의 연합을 의심하게 된다. 본질적인 부분(정통 신학)에 집중하고 비본질적인 부분에 대해서는 서로의 충실한 노력을 축복해 주자.

신학

지금은 작고한 찰스 콜슨과 함께 몇 년 전에 커피를 마신 적이 있다. 그는 내 인생의 중요한 멘토이자 기독교인들에게 주류 문화에 잘 참여할 것을 촉구한 든든한 버팀목이었다. 내가 그에게 물었다.

"격렬한 논쟁을 불러일으키는 이 모든 새로운 이슈들을 교회는 어떻게 생각해야 합니까? 이민, 전쟁, 동성애, 환경 등에 대해 말입니다."

찰스가 예리한 눈빛으로 말했다.

"게이브, 이것들이 새로운 이슈들은 아니라는 건 자네도 알 텐데?" 그는 쓴웃음을 지으며 아버지 같은 어조로 말을 이었다.

"전부 교회 교부들이 다루었던 문제일세. 자네 세대가 다룰 문제 중 교회가 이미 씨름하지 않았던 새로운 것은 하나도 없어. 오래된 개념들이 역사 속에 되풀이될 뿐이지, 새로운 이슈는 아니란 말일세. 물론 지금은 그게 다소 무난하거나 극단으로 비칠 수 있겠지. 하지만 새로운 건 아니라네." 내가 미처 뭐라고 말하기도 전에 그는 이렇게 약을 올렸다.

"게이브, 자네 정말 옛날 책들을 더 읽어야겠군!"

그 대화에 자극을 받아 나는 더 깊이 들어가야 했다. 21세기의 모든 이슈를 성경을 재검토해야 할 특수 사례로 단정하던 것을 그만두어야 했다. 우리 개신교는 역사가 짧고 복음주의는 더 짧다. 옛날 책들을 찾다가 천주교의 「간추린 사회교리」(한국천주교주교회의)를 알게 되었다. 문화의 거의 모든 이슈에 대한 천주교의 가르침을 종합한 이 두꺼운 책은 고금의 지혜를 집대성한 것이다. 시대를 초월하는 이 책의 심오한 통찰에 압도된 나는 우리가 얼마나 풍부한 유산을 천주교 형제자매들과 공유하고 있는지 새삼 깨달았다. 특히 앞날을 내다보는 우리는 그 사실을 잊지 말아야 한다. 시험을 통해 검증된 지혜는 우리 모두에게 유익을 줄 수 있다.

기독교인들(과 모슬렘들과 유대교인들)이 수천 년 동안 믿어 왔듯이 섹스는 언약의 결혼 안에서 남녀 사이에 이루어진다. 다른 모든 경우에는 미혼이나 독신으로 남아 순결을 지켜야 한다.

크리스토퍼 위안(Christopher Yuan)은 과거에 동성애 매매춘에도 가담했다가 변화된 신자인데, 그에 따르면 독신은 선택이지만 미혼은 각 사람의 기원이자 숙명이다. "독신으로 부름 받은 사람은 적지만 모든 사람은 과거에(출생 시에) 미혼이었고 현재도(유년기와 청년기 동안) 미혼이며 결국(천국에서) 미혼이 될 것이다. 독신은 헌신이지만 미혼은 존재 상태다."[2] 그리스도를 따르는 이들 중 일부는 독신의 소명으로 부름 받지만 모든 미혼 신자는 순결로 부름 받았다.

성의식에 대한 이런 비전은 모든 사람과 모든 갈망, 모든 범주에 적용된다. 게이나 레즈비언, 이성애자, 기혼자, 미혼자 등 누구나 다 똑같은 짐을 지고 있다. 일부에게 그 짐이 더 무겁게 느껴질 수는 있지만 그럼에도 하나님이 설계하신 성의식은 각 사람에게 평등하게 적용되어야 한다.

모든 기독교인-레즈비언과 게이, 양성애자, 성전환자 신자들뿐만 아니라-은 더없이 높은 기준의 도덕적 행동으로 하나님께 부름 받았다. 동성에 끌리는 기독교인들을 향한 하나님의 부르심은 전체적 성윤리의 일면에 불과하며, 그 성윤리는 십자가를 지고 그리스도를 따르는 우리 모두에게 적용된다.

이 점을 염두에 두고 우리가 인정해야 할 것이 있다. 성경적 성윤리를 고수하는 기독교인들은-적어도 주류 문화에 비하면-극단적이다. 따라서 우리는 '극단주의자'라는 딱지에 어느 정도 편해져야 한다. 그 호칭은 점점 더 많이 성경적으로 헌신된 기독교인들에게 붙여질 것이다. 우리가 낙태 시술자를 암살하거나 장례식에서 "하나님은 호모를 증오하신다"라는 팻말을 들어서가 아니라(그것은 당연히 극단주의다), 주류 문화의 도그마에 어긋나는 깊은 종교적 확신을 고수하기 때문이다.

예수는 동성애라는 단어를 쓰신 적이 없다. 그러나 결혼과 이혼에 대해 그분이 말씀하신 내용에 일관된 성윤리가 밝혀져 있다. 예컨대 바리새인들이 예수께 "사람이 아무 연고를 물론하고 그 아내를 내어버리는 것이 옳으니이까"(마 19:3 개역한글)라고 물었을 때 그분은 그 계기를 활용해 이렇게 가르치셨다.

> 사람을 지으신 이가 본래 그들을 남자와 여자로 지으시고 말씀하시기를 그러므로 사람이 그 부모를 떠나서 아내에게 합하여 그 둘이 한 몸이 될지니라 … 그런즉 이제 둘이 아니요 한 몸이니 그러므로 하나님이 짝지어 주신 것을 사람이 나누지 못할지니라(마 19:4~6).

그분의 가르침은 종교적 허점과 법적 이중 잣대라는 시류에 역행했다. 예수께서 가르치신 성윤리는 넓고 느슨한 게 아니라 좁고 빡빡했다. 그분이 청중을 도로 데려가신 곳은 태초였고, 자신의 창조 질서였으며, 인간의 형통에 대한 자신의 설계였다.

긍정 신학의 관점을 지지하는 일부 사람들은, 예수께서 인용하신 창세기에 동성 간의 단혼(單婚) 헌신도 배제되지 않는다고 해석한다. 그들의 주장에 따르면 그분이 생각하신 '한 몸'이란 '이혼으로 나뉘어서는 안 될 영구적 연분의 관계'를 뜻할 수 있으며,[3] 따라서 이 말씀에 근거해 동성결혼을 금지해서는 안 된다.

그러나 창조주께서 사람을 '남자와 여자로' 지으셨다는 예수의 언급은 하나님이 설계하신 결혼에 성별 차이가 존재함을 재확인해 준다. 우리의 친구 프레스턴 스프링클이 썼듯이 "만약 예수께서 성별 차이를 결혼의 필수로 보지 않으셨다면, 창세기 1장 27절의 성별 차이를 인용하신 일은 불필요한 일이다. 그런데 그분은 그것을 인용하셨고, 따라서 예수께서 생각하시는 결혼은 남녀 한 쌍으로 이루어진다."[4] 예수의 말씀은 하나님이 설계하신 남녀의 연합을 재천명하신 것이다. 기타 모든 성적 연합은 그분이 설계하신 인간의 형통에 미치지 못한다.

바로 그것이 기독교인들이 2천 년 이상 믿었고 실천하려고 애쓴 내용이다. 유대교는 그 역사가 훨씬 더 오래되었다.

그런데 신세대는 이 지혜에 의문을 품는다. 그들은 신념의 위기를 겪고 있다. 성경의 권위를 믿을 수 있는지, 시대를 초월하는 교회의 지혜를 믿어도 되는지 의심하고 있다.

이 정도로 혼란스러우면 우리는 기본으로 돌아가야 한다.

태초에 하나님은 자신의 형상대로 사람을 지으시되 남자와 여자로 지으셨다. 남자와 여자는 완전한 전체의 서로 다른 두 절반으로 지음 받았고 결혼을 통해 완성되도록 설계되었다. 성적으로 다른 두 사람이 결혼으로 연합해 함께 하나님의 창조 질서를 대변한다. 결혼을 통해 형성되는 핵가족과 대가족은 항상 씨족과 부족, 마을과 도시와 국가를 구성하는 기초 단위였다. 대가족과 앞서 살펴본 권속은 인간 공동체의 근본 요소다. 이것이 우리가 돌아가야 할 기본이다.

이런 원리야말로 하나님이 의도하신 바이므로 우리는 장애를 입고 깨어진 세상에서 그 이상(理想)을 추구해야 한다. 그 신념을 가볍게 버리는 사람들도 있겠지만, 신앙 좋은 기독교인은 이런 이성결혼의 개념이 인기가 없다 해도 성경의 가르침과 2천 년 동안 축적된 기독교의 지혜에 중대한 의미가 있음을 안다.

사역

우리의 사역은 목회적 접근을 취해야 한다. 즉 그리스도를 더 사랑하는 쪽으로 각 사람을 목양해야 한다. 온 인류가 겪고 있는 온갖 왜곡되고 깨어진 상태 속에서 말이다. 기독교인들은 각자의 삶 속에서 LGBT 사람들에게 그리스도의 무조건적 사랑을 베풀되 완전한 자유재량으로 그리해야 한다. 사람에 따라 내 친구 크리스처럼 동성애자 전용 술집에서 함께 어울릴 수도 있다. 자신이 살고 있는 도시에서 그는 레즈비언 공동체의 비공식 '사목'으로 알려져 있다. 모든 파티의 모든 초대 명단에 그가 빠지지 않는다. 그들은 그를 사랑하고, 그도 그들을 사랑해서 그 표현으로 현장에 동참한다.

그렇게 교회 바깥에서 관계를 가꾸는 일도 중요하지만, 동성에 끌리는 기독교인들에게 교회 안에서는 어떻게 사역할 것인가? 길은 하나뿐이다. 우리는 하나님 나라의 문화를 닮은 교회 문화를 창출해야 한다. 하나님 나라의 문화는 관계에 대한 갈망을 성욕보다 훨씬 깊이 채워 준다.

앞서 여러 장에서 논했듯이 기독교인들은 결혼을 우상으로 만들지 않도록 조심해야 한다. 결혼을 모든 신자의 숙명으로 단정해서는 안 된다. 대신 미혼자들의 가치와 소명에 설득력 있는 비전을 제시해야 한다. 사람의 중요도나 성숙도를 결혼 여부로 규정해서는 안 된다. 대신 영적 은사와 섬김을 중심으로 공동체의 가치를 재편해야 한다. 동시에 우리는 따로 가정이 없는 이들에게 삶과 집을 개방하도록 기혼자들에게 도전해야 한다. 교회는 모든 기독교인의 첫 번째 가족이며, 이 진리는 결혼하지 않았거나 평생 결혼하지 않을 사람들에게 가장 절절하게 느껴져야 한다. 섹스 없이는 살 수 있어도 친밀함 없이는 살 수 없음을 잊지 말라.

하나님 나라의 문화는 동성에 끌리는 사람들을 환영한다. 그리하여 거기서 그들은 소속할 수 있는 공동체를 만나고, 하나님의 목적에 맞는 인생의 소명을 발견한다. 미혼이나 독신인 다른 기독교인들의 이야기가 축하받는 것을 듣는다. 동료 교인들처럼 자신의 근본적 정체도 그리스도 안에 있음을 상기하고, 그분의 부르심에 응하여 그분을 닮아갈 수 있는 준비가 된다. 깊고 평생 가는 기독교인의 우정이 회복됨을 경험한다.

한 가지 주의할 점이 있다. 기독교인들이 LGBT 진영을 섬기는 참여 방식에는 대폭 자유재량이 있어야 하지만, 사람들을 섬기고 목회적으로 돌보는 방향은 우리의 신학과 일치하게 설정해야 한다. 단적인 예로, 교회의 역사적 성윤리는 성적 성향과 관계없이 미혼 친구들에게 순결을 요구한다. 그것을 믿기에 우리는 그들에게 성적인 관계를 추구하도록 권하지 않는다.

실질적인 면에 있어서 성경적 성윤리에 헌신한 교회들은 분명한 선을 그어, 교회 지도자들이나 제자훈련 담당자들의 신학과 생활방식이 그 성윤리에 일치하도록 해야 한다. 처음에는 그것이 가혹하거나 둔감해 보일 수 있지만, 신앙 좋은 기독교인으로서 어떻게 사랑하고 믿고 살아갈 것인지 혼란스러운 이들에게는 그런 일관된 실천이 오히려 이해를 더 명료하게 해 준다.

동성애자 기독교인들을 대하고 섬기는 방식은 교회마다 다를 수 있다. 우리의 친구인 딘 커리(Dean Curry) 목사는 동성 커플들의 자녀에게 헌아례를 시행하는 이유를 이렇게 설명한다.

> 오늘날 시행되는 헌아례는 성경에 없다. 이 아이가 복 받은 존재라는 믿음을 고백하려고 우리가 만들어 낸 것이다. 관건이 아이인 만큼 우리는 아이에게 초점을 맞추려 한다. 부모가 동성애자든 이성애자든 관계없다. 어차피 그 아이들의 부모는 모두 죄 가운데 있기 때문이다. 이성애자 부모의 자녀를 축복하기 전에 "그들은 훌륭한 부모의 자격이 있는가?"라든지 "그들의 생활에 흠이 없는가?"라고 묻는 일은 없다. 중요한 건 아이이므로 부모가 어떤 사람인지는 논외의 문제다. … 두 여성이 우리에게 와서 "우리 아이를 위해 헌아례를 해 주시겠어요?"라고 말하면 우리는 "물론이지요. 우리는 이 아이가 복 받은 존재이며 하나님의 예술 작품임을 믿습니다. 그래서 이 아이에게 그분의 최고의 복을 빌어 줄 것입니다"라고 대답한다.[5]

목사들은 많은 실제적 문제들로 씨름하고 있다. 이미 결혼한 상태인 게이 커플이 당신의 교회에 나오기 시작한다면 어찌할 것인가? 그들을 어떻게 섬길 것인가? 그들에게 자녀가 있다면 어찌할 것인가? 이런 질문에 대한 최선의 답은 지도자마다 의견이 다를 수 있고 실제로 그럴 것이다. 설령 그들이 정통 신학의 견해를 고수한다 하더라도 말이다. 바로 그것이 요지의 일부다. 사역의 렌즈를 볼 때는 어느 정도 재량이 있어야 한다. 모두 신학에 함축된 의미를 각자의 공동체 내에서 모색하고 있기 때문이다.

그러나 그런 문제들과 그에 따른 재량의 필요성을 핑계 삼아 당신 교회의 신념을 애매하게 숨겨서는 안 된다. 성의식에 대한 성경적 메시지 중 껄끄러운 부분을 감추면, 예수를 따르려는 동성애자들이 중대한 불이익을 당하게 된다. 하나님이 보시는 성적 행통에 대한 당신 공동체의 신념을 명확히 밝히면—늘 되풀이할 필요는 없지만—온갖 오해와 불화를 방지할 수 있다. 교회의 입장이 분명하지 않으면 게이 커플들은 그게 '미끼 상술'로 느껴져 당연히 분노할 수 있다. 여태 교회에 헌신해 왔는데 이 공동체가 게이 성관계를 인정하지 않는다는 말을 한 번도 들어 본 적이 없다면 말이다. 이것은 무례한 기습이며, 성의식의 문제들에 대한 친절하고 명료한 가르침을 통해 예방할 수 있는 일이다.

최소한 우리는 사역의 기초 단위가 사람임을 인정해야 한다. 우리가 힘쓰는 사역이 자신의 성의식에 대한 하나님의 진리를 찾으려는 사람들—특히 젊은이들—에게 결코 해를 입혀서는 안 된다는 뜻이다. 우리의 교회들은 사람들이 자신의 감성과 경험을 털어놓고 그리스도 안에서 자신을 발견하는 가장 안전한 장이 되어야 한다. 그럴 수 없다면 그 교회는 사역을 예수의 방식대로 하고 있지 않은 것이다.

관계

이런 긴장을 교회나 사역의 차원에서 접하고 있지 않은 이들도 많다. 당신도 그중 하나일지 모른다. 대신 그들은 이견을 품은 친구나 가족이나 이웃과 대화하는 법을 알고자 한다. 주류 문화가 동성 관계를 정상화하고 성별 차이를 최소화하는 이때, 우리는 이런 주제에 대해 말하는 법과 말하지 않는 법을 알아야 한다.

게이브는 이런 대화가 얼마나 까다로울 수 있는지를 어렵게 배웠다.

어느 저녁에 레베카와 나는 어느 부부와 함께 저녁을 먹고 있었다. 우리는 그들을 몇 년째 즐거이 알아 가던 중이었다. 남편 빌(Bill)은 언론계에 몸담고 있고 아내 마리아(Maria)는 의사다. 어느새 빌과 나는 미국 교회의 동성애 성의식이 어디로 향하고 있는가에 대해 열띤 대화를 나누고 있었다. 평소에도 사회 문제로 토의하곤 했으므로 특별한 일은 아니었다. 빌은 내가 젊은 세대 기독교인들의 태도를 잘 알고 있음을 알았고, 나는 그가 이 주제를 더 깊이 이해하는 데 관심이 있음을 알았다. 그는 내게 사무적인 톤으로 질문을 던졌고 나는 사태의 추이에 대한 사견을 생생히 밝혔다. 그가 언론사에 있는 만큼 우리 대화의 건조한 말투와 내용은 둘 모두에게 전혀 문제 될 게 없었다.

그런데 내가 즉석에서 한 말을 빌의 아내 마리아가 우연히 들었다. 나는 아이들이 게이로 태어나는 게 아니라 아마도 천성과 양육과 환경이 섞여 성적 성향과 성 정체의 발달에 영향을 미친다는 이론을 설명하던 중이었다. 마리아가 불쑥 끼어들었다. "그건 그렇지 않아요!" 그녀는 눈물을 글썽거렸고 목소리가 잔뜩 긴장되어 있었다.

나는 당황해 그녀에게 설명을 부탁했다. "내 조카는 네 살밖에 안 된 남자아이인데 자기가 여자라고 생각해요. 발레리나 옷을 입고 빙빙 도는 것과 인형 놀이를 좋아하지요. 내 남동생은 남자 중의 남자인데 당신의 말을 들으니 조카가 스스로 여자라고 생각하는 게 동생의 잘못인 것처럼 들리잖아요."

"아 그게 아닌데…, 죄송해요. 그런 의미는 아니었어요."

하지만 이미 피해를 준 뒤였다. 내가 둔감해서 관계가 손상되었다. 물론 마리아의 사연을 내가 미리 알 길은 없었지만, 자리를 뜰 때는 기껏 가꾼 우정을 망친 것 같아 슬프고 좌절감이 들었다. 너무 편하게 말하면서 성의식과 성 정체를 '이슈'만으로 본 탓이었다. 관건은 실존 인물들인데 말이다.

그날 나는 중요한 교훈을 배웠다. 관계에 관한 한 말투도 내용 못지않게—어쩌면 내용보다 더—중요하다. 기독교인들은 가장 사랑이 많고 친절하고 존중하며 잘 배우는 친구가 되어야 한다. 늘 두 배 세 배의 노력으로 상대를 이해하고 경청하며 기대 이상의 은혜를 후히 베풀어야 한다.

LGBT 진영의 수많은 사람과 그 가족들은 교회를 향해 분노를 품고 있다. 일부 기독교인들이 가족과 친구를 향해 비판적 자세를 보였기 때문이다. 이런 경우에는 관계의 다리를 놓는 데 더 많은 노력이 필요하다. 당신에게 동성애자 친구가 아직 없다면 적극적으로 그런 우정을 가꾸라. 신학적 차이는 상관없다. 그동안 기독교인들 사이에 지나치게 성행했던 잔인하고 인간성을 말살하는 동성애 혐오의 태도를 겸손히 인정하고 고백하라. 사람들의 지극히 개인적인 이야기를 경청하고 공감해 주라. 남의 관점을 이해하려는 일은 그것을 지지하는 것과는 다르다. 그런 이해를 통해 친구가 되는 것이다.

그날 밤 나는 빌에게 이메일을 보내 내가 둔감했던 것을 다시 사과했다. 마리아에게도 나의 사과를 전해 달라고 부탁했다. 그는 괜찮다면서 너그러이 받아 주었다. 주제의 특성상 타이밍이 안 좋았을 뿐이라며 마리아와 함께 이해하고 잊어버리겠다고 했다.

알아야 할 한 사람을 대면하는 것에 비하면 해결해야 할 이슈를 논하는 것은 사소한 일이다.

이성애나 동성애 쪽으로 기우는 성향이 문제의 핵심은 아니다. 하나님은 우리 모두를 그분의 자녀로 보신다. 우리를 간절히 열망하시며 새롭게 빚어 주려 하신다. 우리 각자를 그분의 목적에 맞추어 주려 하신다. '타인'을 그렇게-감정과 필요와 상처와 갈망을 지닌 하나님의 자녀로-보지 못한다면 우리는 참으로 알거나 알려질 수 없다.

겸손한 마음으로 대화하면 가장 사랑하는 이들과 함께 새 출발을 할 기회가 생긴다.

정치

오늘날 어떤 이슈를 막론하고 가장 참여하기 힘든 분야는 정치일 것이다. 그래도 이 논란 많은 삶의 영역에서 어떻게 충실할 것인지에 대해 방향 감각과 현실적 기대를 품는 것은 꼭 필요한 일이다.

정치에 관한 한 교회의 임무는 주로 입법화에 승리하는 게 아니라 하나님 나라를 증언하는 것이다.[6] 물론 정치로 부름 받은 기독교인들도 있으며, 우리 사회의 형통에 도움이 될 만한 법안을 원하는 것은 결코 잘못이 아니다. 그런 것들도 우리는 주창해야 한다. 그러나 자칫 정치의 중요성을 지나치게 강조하고 관계의 위력을 경시하기 쉽다.

신학이 정치와 분리되어서는 안 되지만, 우리는 분명히 구별할 줄은 알아야 한다. 신학은 하나님의 계시에 대한 우리의 최선의 해석이다. 정치의 관건은 특정한 정황 속에서 현명하고 사려 깊은 결정을 내리는 데 있다. 우리의 정치는 신학적 고찰에서 도출될 수 있고 마땅히 그래야 하지만, 동시에 인정해야 할 것이 있다. 다른 정황에 놓인 기독교인들은 그들 나름의 신학적 고찰의 과정을 거쳐 다른 정치적 결론에 도달할 수 있다는 것이다.

신앙 좋은 기독교인은 정치 참여에 관한 한 서로에게 다른 견해와 입장을 품을 수 있는 재량을 주어야 한나.

게이브의 친구 로스(Ross)는 LGBT 시민들이 주택이나 고용에서 차별당하지 않도록 기독교인들이 보호법의 제정을 위한 투쟁에 앞장서야 한다고 믿는다. 그러나 다른 친구 조엘(Joelle)은 LGBT 시민들이 전체 시민의 모든 권리를 이미 누리고 있으므로 법적으로 특별 보호를 받아야 할 계층으로 분류되어서는 안 된다고 강변한다. 그렇게 되면 LGBT의 주장을 민권운동과 대등시하는 우를 범한다는 것이다. 민권

운동은 수 세기 동안 지속된 정부 차원의 백인 우월주의를 철폐하려는 운동이었다.

보다시피 신앙 좋은 기독교인은 정치에 참여하는 최선의 길에 대해 의견이 갈린다. 그래도 괜찮다.

성경적 도덕관이 반영된 법안과 법적 정책을 확보하는 것은 교회의 임무가 아니다. 우리의 사명은 장차 임할 하나님 나라의 시민답게 살아감으로써 하나님이 의도하셨고 갈망하시는 창조세계의 모습을 선포하는 것이다.[7]

공공 광장

대부분의 기독교인이 알고 있듯이 우리의 사고방식은 더 이상 공공 광장을 지배하지 않는다. 게이브가 그의 저서 「넥스트 그리스도인」(*The Next Christians*)에서 논증했듯이 이런 변화는 궁극적으로 교회에 유익이 될 것이다.[8]

사실 다른 견해를 품은 사람들과 우리가 공존하는 공간은 점점 더 험지가 되어 가고 있다. 향후 몇 년 내로 기독교인들은 우리와는 상극인 사람들과 함께 공공 광장을 공유하는 법을 배워야 한다. 그 중 한 가지 중요한 방법은 번번이 우리와 대립하는 이들과의 사이에서 공통의 대의를 찾는 것이다. 예컨대 LGBT 권익과 관련된 많은 이슈는 기독교인들을 다수의견으로부터 갈라놓을 수 있다. 하지만 좋은 신앙으로 우리는 뭔가 공통분모를 찾을 수 있다.

지난 몇 년 동안 나는 게이 권익 운동의 영웅 중 한 명으로 널리 인정받고 있는 앤드루 설리번(Andrew Sullivan)과 우정을 쌓아 왔다. 정치와 공공 광장을 그만큼 잘 아는 사람을 별로 보지 못했다. 이미 1980년대부터 그는 LGBT 진영을 향해 결혼을 막는 것은 그 무엇도 용납해서는 안 된다고 촉구했다. 그들이 사회 전반에 온전히 용인되고자 애쓰긴 했어도 그때만 해도 동성결혼의 합법화는 아무도 생각하지 못한 개념이었다.

대법원의 오버거펠 판결을 앞두고 있던 어느 날 앤드루와 나는 일부러 대화의 자리를 마련했다. 견해가 극과 극으로 갈리는 이슈임에도 어떻게 우리가 존중과 우정의 모범을 보일 수 있을까? 그것이 대화의 주제였다. 그는 나의 초청을 쾌히 수락해 보스턴에서 열린 Q 전국 집회에 동석했다. 거기서 우리는 공통분모를 찾는 법을 함께 논의했다.

예상하지 못했던 은혜의 한순간에 앤드루가 공개 사과를 했다. 자기 진영의 사람들이 자기네 권익을 증진하려 애쓰느라 기독교 지도자들과 기관들을 너무 극단까지 몰아간 적이 있다는 것이다. 나도 그에게 LGBT 진영이 기독교인들에게 당한 고통을 교회가 이래저래 이해하지 못했음을 고백했다. 진영과 관계없이 모든 사람을 반드시 인간답게 대해야 한다는 열망을 우리 둘 다 표출했다. 하나님의 최선이 무엇인가에 대해 서로 의견이 다를지라도 말이다.

공공 광장에서 좋은 신앙을 실천할 수 있는 단순하고도 분명한 방법은 많다. 예컨대 어떤 아이도 따돌림과 끝없는 욕설, 사회적 수모와 구타를 당해서는 안 된다는 데는 누구나 동의할 것이다. 모든 부모는 각계의 지도자들이 일심으로 아이들을 지켜 주리라는 것을 알고 안심할 수 있어야 한다. 학교와 지역 사회의 성소수자들을 짓밟고 괴롭혀 온 시류에 저항하기 위해 우리는 LGBT 활동가들과의 사이에 공통분모를 만들 수 있다. 문제를 공론화하는 단체에 합류해 관련 지도자들에게 가장 위험에 처한 아이들을 보호할 것을 촉구하는 것이다.

공동 전선을 찾을 수 있는 또 다른 영역은 LGBT 사람들에 대한 차별을 단죄하는 일이다. 주택과 고용에 관한 한 성적 성향이나 정체 때문에 기회가 막혀서는 안 된다. LGBT 시민들을 위한 특별 보호법 제정 여부에 대해서는 활발한 논쟁이 있을 수 있고 마땅히 그래야 한다. 그러나 주택과 고용은 모든 시민이 누리는 기본권이며, 기독교인들은 주저 없이 권익을 빼앗긴 소외층의 편에 서야 한다.

그러나 동성애 권익이 더 보편화될수록 그와 대등하게 중요한 것이 있다. 개개의 기독교인과 교회와 종교 기관도 자유로운 종교 생활의 권리를 계속 누릴 수 있어야 한다는 것이다. 어떤 기관의 경우에는 기독교 정통에 부합하는 행동 규범이라든지 지도자와 구성원의 자격 요건을 정할 수 있다. 또 어떤 기관은 자체 시설을 동성 간의 결혼식에 임대하는 일을 거부할 수 있다.

한 가지 주의할 점이 있다. 당신의 신앙 공동체가 어떤 기준을 정하든 일관성이 있어야 함을 잊지 말라. 종교 공동체가 확고한 신념을 실천하는 것은 차별이 아니다. 하지만 그 신념을 실천하는 방식이 일관되어야 한다. 일관성이 없으면 바깥사람들이 보기에 지독한 위선자처럼 보인다.

　제과점 주인이 동성 간의 결혼식에 케이크를 팔지 않는 일을 어떻게 보아야 할까? 알다시피 "케이크를 팔든지 아니면 사업을 접어라!" 하고 말하는 기독교인들도 많다. 하지만 그런 반응은 종교의 자유를 하찮게 여기는 것이다. 게이 고객에게 서비스를 제공하지 않는 게 논란의 관건이 아니다. 일각에서는 그렇게 호도하려 하지만 말이다. 아니, 관건은 자신의 양심에 어긋나는 행사-동성 간의 결혼식 같은-에 개인적으로 참여하거나 기여하지 않을 신앙인의 권리를 보호하는 데 있다. 일부 신앙 좋은 기독교인들이 보기에 그런 참여나 기여는 동성 간의 결합을 긍정하는 일이며, 따라서 거기에 관여하려면 자신의 깊은 신념을 어겨야만 한다. 그것이 어떤 사람들에게는 차별로 보일 수 있으며, 각종 법률적 의문이 야기됨은 물론이다. 그러나 미국 내 종교적 자유의 담론을 정리하려면 앞서 여러 장에 살펴본 것처럼 개인의 양심의 자유를 이해하고 존중하고 수용하는 게 결정적으로 중요하다.

　반면에 제과점과 꽃집 등 혼례 서비스 업체를 운영하는 많은 기독교인은 동성 간의 결혼식에 기여하는 것을 사람들을 섬기고 관계를 가꿀 수 있는 절호의 기회로 본다. 또 그들은 동성애자들을 섬기면 반동성애자로 알려진 기독교의 평판을 바로잡는 데 도움이 될 수도 있다고 생각한다.

　이렇듯 공공 광장에 참여할 때는 하나님이 그분의 사람들을 충실한 삶으로 부르시는 다양한 방식이 반영되어야 하며 실제로도 그렇다.

◆ ◆ ◆

 이상의 다섯 가지 렌즈의 도움으로 기독교인들이 좋은 신앙으로 살아갈 기회를 더 똑똑히 보게 되기를 바란다. 이 틀을 접목하는 사람들이 늘면서 우리에게도 이런 격려의 반응이 계속 들려온다. "여태 들어 본 가장 확실한 것 중 하나다! 이웃 사랑을 선택하려고 굳이 내 신학을 버릴 필요가 없다. 둘이 공존할 수 있으며, 내가 신실하려면 그 둘이 공존해야만 한다."

 그것이 좋은 신앙이다.

 그들처럼 당신도 신학을 고수하려고 반동성애자가 될 필요는 없음을 알고 힘을 얻기 바란다. 무엇이 좋은 성윤리인가에 대한 견해는 서로 다를지라도 이것만은 모두 동의할 것이다. 우리가 지금보다는 더 잘해야 한다는 것이다. 이런 까다로운 대화를 회피해서는 안 된다. 은혜와 진리를 품고 그 속에 들어가야 한다. 견해가 다른 이들에게 긍휼과 사랑을 베푸는 방식에 대해서는 훌륭한 기독교인들도 서로 이견이 있다. 그 점은 우리도 인정해야 한다. 그러나 복음을 위해, 그리고 버림받고 외면당하는 이들에게 베푸는 긍휼과 사랑 자체에는 타협이 있을 수 없다. 우리 모두 이것만은 동의할 것이다.

미래

교회, 그리고 우리의 미래

3

중심은 견고하게
가장자리는 유연하게

16

신앙 좋은 기독교인은
성경에 삶의 기초를 두고
사람을 보는 기술을 실천한다.

캘리포니아 주 샌디에이고 인근의 아름다운 휴양지였으니 인터뷰의 무대치고는 아주 환상적이었다. 파도가 넘나드는 델마(Del Mar)의 구름 없는 하늘 위를 갈매기 떼가 선회하고 있었다. 나는 미국 내 무신론의 발흥에 대한 CNN 특별 보도의 한 부분을 사전 녹화하러 그곳에 갔다. 이 주제에 대한 바나의 조사 결과를 제공해 달라는 부탁이 있었다. 녹화가 예정된 장소는 디팩 초프라(Deepak Chopra)의 사무실이었는데, 그는 '오프라 윈프리 쇼'에 자주 출연해 명성을 얻은 유명한 뉴에이지 영성가다.

미국이 무신론으로 치닫고 있는지의 여부와 숨은 무신론자 목사들이 많다는 속설도 주제로 예정되어 있었.

나는 인터뷰 진행자에게 이렇게 말했다. "종교가 없다고 답하는 사람들이 증가해 왔습니다. 세속주의자 미국인이 10년 전보다 많다는 뜻입니다. 그러나 실제로 무신론자의 수는 거의 똑같습니다. 대신 사람들은 불가지론자나 무종교로 자처하는 추세입니다."

"그러면 세속주의가 미국에서 가장 빠르게 성장하는 집단 중 하나라고 말하는 사람들에게 뭐라고 말해 주겠습니까?"

"미국의 기독교가 25년 전보다 약해진 것은 분명합니다. 점점 더 가시화되는 무신론도 빼놓을 수 없고요. 그러나 이런 변화는 다분히 연구자들이 던지는 질문이 과거와는 달라졌기 때문입니다. 지금은 사람들이 '무종교' 난에 표시할 수 있지만, 과거에는 그런 항목을 주지 않았지요. 그래서 가설적 증가를 추적할 방도가 없습니다."

"목사인데 속으로는 하나님을 믿지 않는 경우도 있나요? 혹시 그런 증거가 있습니까?"

"아니요, 그런 조사는 한 게 없습니다. 인터뷰 대상을 찾으실 수는 있겠지만 그런 사람들이 많지는 않을 겁니다. 목사의 자리는 힘든 일입니다. 우리가 조사한 바로는 성직자들 사이에 어떤 식으로든 신앙의 현저한 위기가 있다는 증거는 별로 없습니다."

인터뷰는 한 시간 동안 계속되었다.

녹화가 절반쯤 끝났을 때 인터뷰 진행자인 카이라(Kyra)가 카메라를 다 중단시키고 사무실 주인을 실내에 맞이했다. 디팩 초프라가 도착한 것이다.

"미안해요, 딥스. 당신의 인터뷰는 늦어지겠네요." 역시 초프라 씨와 카이라는 서로 잘 아는 사이였다.

"괜찮습니다. 난 시간이 많으니까요."

◆ ◆ ◆

초프라의 사무실에서 보낸 그날을 우리 사회의 신앙의 축소판으로 볼 수도 있다. 기독교와 세속주의와 타종교가 이상하게 섞여 현실에 대한 대화의 충분한 공통분모를 모색했으니 말이다. 하지만 그 이상의 의미도 있었다. 샌디에이고의 그 실내에는 하나님의 형상대로 지음 받은 세 사람이 초대되었고, 그들은 각자의 필요와 갈망과 짐을 안고 세상에 대한 대화에 임했다.

데이터를 중시하는 우리지만 날마다 애써 상기하는 게 있다. 우리가 만지는 통계수치는 실존 인물들을 대변한다. 새로운 데이터를 분석할 때마다 우리의 도전은 인구 집단의 동향을 파악할 뿐 아니라 그 집단에 속한 사람들을 보는 것이다.

당신도 똑같이 하도록 도전하고 싶다.

좋은 신앙을 제대로 예시하려면 사회적 역동을 이해하는 데서 그치지 않고 그것을 실존 인물들과 연결할 줄 알아야 한다. 우리 사회의 세속주의와 다원주의라는 거시적 차원을 탐색할 때도 당신이 알고 있는 (또는 알아가야 하는) 무신론자, 불가지론자, 무종교인, 타종교 신자 등을 생각해 보라.

당신은 그들의 이야기를 아는가? 대화할 때 안고 오는 그들 각자의 필요와 갈망과 짐을 아는가? 당신의 머릿속에서 그 사람들이 하나의 큰 '그들'로 뭉뚱그려지는 것은 아닌가?

데이터도 잘 보아야겠지만 그 데이터로 대변되는 사람들을 잊지 말자. 도표와 그래프와 표는 사람들을 보게 해 주는 정도만큼만 유익하다.

그날 샌디에이고에서 데이비드가 CNN의 인터뷰 진행자에게 상기시켰듯이 미국인의 절대다수는 어떤 식으로든 신앙을 통해 형성되었으며, 기독교는 미국의 종교 무대에서 단연 지배적 주역이다(유럽 출신의 인구가 아메리카 원주민을 추월한 이래로 350년 동안 쭉 그래 왔다). 단순한 인구 추정으로만 본다면 앞으로 백 년 후에도 기독교가 미국 인구의 지배적—다만 덜 지배적—비율을 차지한다고 보아도 무방하다.

기독교의 분포는 워낙 광범위해서 지금도 인구의 절반가량은 미국이 '기독교 국가'라는 말로 가장 잘 규정된다고 보고 있다(다음 표를 참조하라).

그러나 세속주의가 더 활발해진 징후들도 놓치기 어렵다. 대다수 사람들은 문화가 기독교적 기반으로부터 떨어져 나갔다고 답했다. 미국인 다섯 명 중 넷은 "미국 사회가 세속화되고 있어서 신앙과 종교는 공적인 삶에서 더 배제될 것이다"라는 말에 동의했다. 또 전체 성인의 43%와 실천하는 기독교인의 57%는 '세속 국가'라는 말이 오늘의 미국에 딱 맞는다고 보았다. '신앙 없는 국가'(23%)나 '기독교 이후의 국가'(31%)라는 표현을 더 선호한 성인들도 있다.

실제로 무신론자와 불가지론자와 무종교인은 전체 인구의 약 4분의 1밖에 되지 않는다. 특히 밀레니엄 세대에서 그 비율이 증가하고 있지만 그래도 미국에서는 여전히 소수집단이다.

공통분모를 찾기도 쉽다.

신앙에 대한 견해가 다양한 와중에도 두어 가지 큰 개념에는 의견이 일치된다. 실천하는 기독교인과 비기독교인 양쪽 다 약 3분의 1은 미국을 '종교다원주의 국가'로 보았고, 절반 이상은 '영적 과도기의 국가'로 보았다. 여기 우리가 동의할 수 있는 지점이 있다.

우리가 종교적 다양성의 사회에 살고 있다는 인식도 어느 정도 맞지만, 실제로 기독교나 세속주의 이외의 타종교를 믿는 사람은 국민의 약 10분의 1에 불과하다. 이런 여러 현실관이 서로 각축을 벌이면서 우리의 공적인 삶에 나타나는 많은 종교적, 이념적 갈등을 일으키고 있다.

오늘의 미국을 가장 잘 표현해 주는 말

아래의 각 문구가 오늘의 미국을 표현하는 말로 정확한지를 표시하라.
모든 수치는 '정확하다'라고 응답한 비율이다.

	성인 전체 (%)	실천하는 기독교인 (%)
종교다원주의 국가	66	71
영적 과도기의 국가	53	57
기독교 국가	49	49
세속 국가	43	57
기독교 이후의 국가	31	39
신앙 없는 국가	23	36

출처: 바나 옴니폴, 2015년 8월, 표본집단 1,000명

숫자의 배후에 깔려 있는 실체

서구 사회에서 세속주의가 탄력을 받고 있음은 의문의 여지가 없다. 미국도 점차 다원화되고 있다. 즉 모든 이념이 사회에서 대등한 위상을 점한다. 이럴 때일수록 우리는 신앙을 증진하는 데 어떤 기회와 위협이 존재하는지 알아야 한다.

견해와 소속을 보여 주는 거시적 자료의 배후에 3가지 실체가 깔려 있다. 화면을 클로즈업해서 사람들을 볼 수 있다면, 앞으로 우리는 신앙 좋은 기독교인들로서 신중하고 정교하게 대응할 수 있을 것이다.

유전적 기독교인의 감소

다음 표에서 보듯이 기독교인으로 자처하는 사람들의 수는 감소하고 있다. 노년 세대와 베이비붐 세대는 열 명 중 거의 아홉이 자칭 기독교인이지만 X세대와 밀레니엄 세대는 그 수치가 각각 78%와 67%로 감소한다.

그러나 우리의 데이터에 따르면 대체로 이런 감소세는 기독교인으로 자처하되 신앙에 우선순위를 두지 않는 유전적 기독교인들 사이에 나타난다. 실천하는 기독교인─매월 예배에 참석하며 신앙이 자신의 삶에 매주 중요하다고 말하는 이들─의 비율은 비교적 변동이 적다. 예컨대 자칭 기독교인 중 실천하는 기독교인의 비율은 베이비붐 세대가 45%, X세대가 42%, 밀레니엄 세대가 36%다. 세대가 바뀔수록 조금씩 줄긴 하지만 전체적으로 훨씬 덜 두드러진다. 밀레니엄 세대는 신앙을 유지하는 데 어려움이 없지 않지만, 그들도 성경과 교회와 그리스도에 대한 헌신은 견고하다.

이것은 고무적인 일이다. 기독교인으로 자처하는 미국인의 수는 전체적으로 감소할지 몰라도 충실한 생활방식에 우선순위를 두는 사람들의 핵심 수치는 일정하게 공고하다. 이 신자들이 미국 기독교의 미래를 대변한다.

미국 성인의 신앙 분포

	노년 세대 (%)	베이비붐 세대(%)	X세대(%)	밀레니엄 세대(%)
자칭 기독교인	88	85	78	67
자칭 무신론자, 불가지론자, 무종교인	6	8	13	21
기독교 이외의 타종교 신봉자	6	6	8	11

반올림의 결과로 총계가 100%를 넘을 수도 있다.
출처: 바나의 데이터베이스 '도시와 국가', 2009~2015년, 표본집단 30,535명

피상적 형태의 신앙이 사라지는 게 나쁜 일은 아니다. 타성적 신앙이 증발할수록 충실한 신자들로서는 사명을 다할 수 있는 더 좋은 기회다. 다만 우리가 씨름해야 할 몇 가지 질문이 있다.

◆ 세속 문화와 나란히 지속할 수 있는 것으로 신자들의 삶 속에 포함시켜야 할 실천들은 무엇인가?

◆ 교회는 구도자들에게 다가가는 일(전도)과 성도들을 무장시키는 일(제자도)에 어떻게 우선순위를 둘 것인가?
◆ 견고하고 생생한 신앙의 유산을 어떻게 신세대에 전수할 것인가?

하나님은 과반수의 대중이 없어도 그분의 일을 하실 수 있다. 하지만 이어지는 세대마다 활동적인 제자의 수가 줄어든다면 나머지 소수가 할 일은 더 많아진다.

복음은 모든 것을 바꾸어 놓는다. 우리의 마음에서부터 가정과 동네, 일터로 침투하고 복잡한 일상생활의 구석구석으로 퍼져나간다. 달라스 윌라드는「그리스도를 아는 지식」에서 역설하기를, 기독교인들이 되찾아야 할 신앙은 '사안의 본질'에 가 닿아야 한다고 했다.[1] 우리는 실체가 무엇인지 규정하는 일을 과학자들과 학자들에게 맡겨 둘 때가 너무 많다. 그러면 종교는 헌신과 직관과 정서라는 유연한 문제로 국한된다. 그러나 성령께서 우리를 회복의 주역들로 변화시켜 주시기에 우리의 관심은 삶의 '초보적인' 이슈들을 훨씬 넘어선다.

바로 이런 변화의 신앙을 우리는 실천하고 전수해야 한다.

성경의 권위에 대한 의문

다원화된 세속 미국에서 실존 인물들의 삶에 영향을 미치는 두 번째 전반적 추세는 만연한 회의론이다. 특히 젊은 세대에서 그렇고, 특히 성경과 관련해서 그렇다. 기독교인으로 출발했던 상당수의 사람들이 하나님의 말씀에 대한 믿음이 식으면서 종교를 잃는다. 물론 미국의 절대다수 가구에는 성경책이 있고, 비기독교인도 포함해 많은 사람이 자신이 알고 있거나 들었던 성경의 지혜를 존중한다. 그러나 미국성서공회의 의뢰로 시행한 연구를 통해 우리가 추적한 사실이 있다. 성경을 하나님의 감동으로 된 말씀이 아니라 단지 인간들이 집필한 또 하나의 책으로 보는 미국인의 비율이 증가하고 있다는 것이다.

좋은 신앙은 성경을 따라가게 되어 있다. 이 문제는 차세대에 큰 위협이 된다.

미국의 노년 세대(70세 이상)에서는 네 명 중 셋이 성경의 권위를 믿으며, 성경을 읽는 사람과 회의적인 사람의 비율은 4대 1이다. 반면에 미국의 가장 젊은 세대인 밀레니엄 세대(18~31세)의 경우는 성경의 권위를 믿는 사람이 절반도 못 되며, 성경 읽기와 회의론의 비율이 1대 2로 뒤바뀐다. 나아가 4장에 살펴보았듯이, 밀레니엄 세대의 비기독교인은 성경을 '그냥 이야기'(50%), '신화'(38%), '허구'(30%)로 보는 비율이 장년층이 같은 대답을 한 비율보다 훨씬 높다.

이런 데이터에서 보듯이 젊은 미국인들이 성경을 대하는 방식은 현저하게 변했다. 윗세대의 비기독교인들은 성경을 딱히 믿지 않더라도 대체로 성경을 문제 삼지는 않는다. 장년층들에게는 "성경에 그렇게 나와 있다"라는 말이 설득력 있게 통할 수 있다. 그러나 청년들은 그대로 믿을 소지가 훨씬 낮다. "너의 도그마는 혼자서만 품고 있어라"라는 게 지배적 정서다.

우리는 이런 추세를 진지하게 보아야 한다. 성경에 대한 태도는 대체로 연령대의 영향을 받지 않기 때문이다. 즉 다른 종교적 행동들은 나이가 들면서 변하지만, 이 부분은 그렇지 않다. 이런 추세의 논리적 결론으로, 세속주의는 가속화될 것이다. 왜 그럴까? 성경에 대한 믿음이 약해지면 건물의 기초를 없애는 것과 같은 효과가 있기 때문이다. 모든 것이 흔들리기 시작한다.

많은 기독교인이 세속주의의 득세를 걱정하지만, 세속주의가 우리의 가장 큰 관심사가 되어서는 안 된다. 다시 말해서, 세속주의의 확산은 성경 읽기가 부실해지고 신학적 사고가 얕아진 데서 비롯되는 부산물이다. 오늘의 일부 기독교인들은 동의하지 않겠지만, 우리 복음주의자들이 믿는 성경은 창조주의 감동으로 된 말씀이고, 모든 내용이 진리이며, 하나님이 어떤 분이시고 우리가 누구이며 어떻게 그분의 백성으로 살아갈 것인지를 아는 데 절대적으로 필수다.

성경의 권위에 복종하는 자세가 좋은 신앙의 기초다.

우리는 하나님의 방식을 신뢰하는 법을 다시 배워야 한다. 그분의 방식이 문화의 현 시류에 어긋날지라도 말이다. 그러려면 지적인 솔직함과 겸손을 겸비해야 한다. 어쨌든 이것은 꼭 필요하고 시급한 과제다. 사랑하고-믿고-살아간다는 좋은 신앙생활의 3요소 중 '믿음' 부분을 이것이 떠받치기 때문이다.

자기중심적인 영혼의 여정

세 번째 거시적 추세는 모든 것의 중심이 되는 개인주의의 출현이다. 자아몰두의 문제는 원죄를 통해 생겨났지만 우리는 그 절정을 구가하고 있다. 다른 때에 비해 우리는 매우 자아도취적인 시대를 살고 있다. 소비지상주의의 촉수 때문이든 디지털 기기를 통한 즉석 만족 때문이든, 기타 요인들의 조합 때문이든, '나밖에 모르는' 사람들이 점점 많아지고 있으며 기독교인도 예외가 아니다. 4장에 보았듯이 오늘의 사회에 개인주의가 범람하고 있고 교회도 그대로 닮아 가고 있다. 세속화 일로의 정황 속에서 좋은 신앙을 실천하는 데 이런 개인주의가 영향을 미친다. 개인주의는 기독교 공동체로부터 반문화의 주역이 될 능력을 앗아가기 때문이다.

◆ 미국 성인의 84%와 실천하는 기독교인의 66%는 "인생의 최고 목표는 최대한 삶을 즐기는 것이다"라는 말에 동의했다.
◆ 성인의 91%와 실천하는 기독교인의 76%는 "자아를 발견하려면 자기 내면을 보는 게 가장 좋은 길이다"라고 보았다.
◆ 성인의 97%와 실천하는 기독교인의 91%는 "자신의 감정에 충실해야 한다"는 데 동의했다.

정말 충격적인 통계수치다. 무수히 많은 기독교인이 자신의 영적 페르소나에 뉴에이지의 도그마를 접붙였다. 껍질을 다 벗겨 보면 드러나듯이 예수의 길을 이용해 자아의 길을 추구하는 기독교인들이 많다. 쾌락주의 철학자인 루크레티우스(Lucretius)가 승자인 듯 보인다.

문화 속에 퍼져나가는 세속주의 때문에 우리가 손을 쥐어짜고 있는 동안, 교회에 다니는 대다수 기독교인은 나 중심의 부패한 신학을 받아들였다. 우리가 힘쓰는 제자도는 나밖에 모르는 시대정신에 예언자적으로 대응해야 한다. 사람들을 예수께로 회심하도록 이끌 뿐 아니라 자아라는 종교를 버리게 해 주어야 한다.

기독교는 나 중심의 신앙이 아니다. 기분이 내키는 일요일 아침에만 교회를 가거나 달리 할 일이 없는 주말에만 성경공부에 참석하는 게 아니다. 단지 내 자존감을 살리기 위한 것은 더더욱 아니다. 기독교는 우리 내면을 변화시켜 바깥을 향하게 하시는 성령의 역사다. 그래서 그리스도의 몸 된 우리는 세상을 향한 하나님의 목적 쪽으로 나아간다.

신앙 좋은 기독교인들이 나밖에 모르는 신념을 빨리 버릴수록 다른 사람들에게도 각자의 자기중심성에서 벗어날 길을 더 일찍 제시할 수 있다.

이것이 교회의 가장 바람직한 모습이다. 교회는 상처를 자초한 우리 죄인들을 치유하여 우리도 치유자가 되게 해 준다.

쉬운 일은 아니다. 신앙 공동체들이 문화의 내러티브와 결별하려면 성경에 기초한 새로운 생활방식을 받아들여야만 한다. 이거야말로 반문화다. 그러나 기독교인들이 기본에 충실하기만 하면 이 부분에서 기독교 신앙의 성적은 꽤 좋아질 것이다.

사람들을 보아야 한다

나는 친구 빌과 함께 차를 몰아 캘리포니아의 산허리를 올랐다. 수

평선 쪽으로 해가 기울고 있었다. 오프라 윈프리의 텔레비전 미니시리즈인 '신앙'(Belief)의 비공식 시사회에 초대받아서 가던 길이었다. 그 프로그램은 인간의 영적 삶이라는 주제를 BBC의 '살아 있는 지구'(Planet Earth)처럼 담아낸 다큐멘터리였다.

조명이 흐릿한 극장 안에 다양한 신앙을 대변하는 사람들이 150명쯤 모였다. 드디어 오프라-바로 그 오프라 윈프리!-가 나와 모두를 산타바바라에서 환영했다. 짤막한 소개 후에 스크린이 밝아지면서 기독교, 유대교, 힌두교, 이슬람교, 기타 종교를 믿는 사람들의 이야기가 전개되었다. 촬영 기법도 뛰어났고 남녀노소의 사연들도 가슴에 와 닿았다. 다큐멘터리 전체의 내레이션은 오프라의 목소리였다.

다시 전등이 켜지고 우리 모두에게 카드가 배부되었다. 저녁 식사 장소인 오프라의 집에 가는 길이 적힌 카드였다. 몇 킬로미터 길을 운전하고 가면서 빌과 나는 '신앙'의 좋았던 부분과 그렇지 못한 부분에 대해 대화했다. 알고 보니 방금 관람한 일화들을 우리 둘 다 무척 재미있게 보았다. 우리는 다른 기독교인들, 특히 복음주의자들이 이 시리즈물을 어떻게 생각할지도 궁금했다.

"데이비드, 다양한 신앙을 대등하게 보여 주면 만인구원론이 조장된다고 보는가?" 빌이 물었다. "우리 기독교인들은 특히 오프라 같은 사람이 신앙에 대한 프로그램을 제작하면서 다양한 신앙을 보여 주는 것을 정말 원하지 않는 것일까?"

과연 우리는 다원주의 세상에 살고 있다.

아름다운 문들을 지나자 양쪽에 나무가 늘어서 있고 자갈로 포장된

길이 나오면서 주차 요원이 우리를 맞이했다. 도시의 공원만큼이나 널찍한 앞뜰의 잔디밭으로 올라서서 빌과 나는 우뚝 솟은 삼나무들과 반짝이는 연못을 바라보았다. 중앙의 높다란 분수대가 연못에 잔물결을 이루어 내고 있었다.

"이상하게 나는 타종교를 모두 긍정적인 각도에서 다룬 게 영 마음에 걸렸네." 내가 솔직히 말했다. "그게 나한테 거슬리는 이유를 신학적으로는 알겠는데 감정적으로 차마 보기에 거북했던 이유는 무엇일까? 기독교가 긍정적으로 비칠 때는 기분이 좋았는데 타종교에 대해서는 그렇지 않았거든."

"무슨 말인지 알겠네."

"그래도 전체적으로 냉소적이지 않은 시각으로 신앙을 다루었으니 설령 내가 다는 동의하지 못한다 해도 이 다큐멘터리를 지지할 수 있어야겠지. 그런데 왜 이리도 심적으로 힘든 것일까?"

이런 생각들로 머릿속이 어지러운 가운데 나는 내 마음이 꺼림칙한 이유를 깨달았다. 방금 내가 본 것은 화면에 멋지게 담아낸 다원주의의 현장이었다. 오프라의 작품은 예상대로 훌륭했고 모든 신앙이 대등한 비중으로 다루어졌다. 그러나 이를 통해 전달된 기본 개념은 어떤 신앙을 선택하든 신앙은 다 좋다는 것이었다.

공정했지만 진실은 아니었다. 신앙마다 세상의 많은 선에 이바지하긴 하지만 모든 신앙이 다 진리일 수는 없다. 신앙마다 궁극적 주장이 서로 모순되므로 모든 길이 다 천국으로 나 있지는 않다.

신앙 좋은 기독교인은 이런 왜곡을 조심해야 한다. 모든 신앙이 진리라는 메시지는 최악의 다원주의다. 다양한 관점을 존중하는 당당한 다원주의와 달리 이것은 여러 상충하는 신앙을 상대화해 실제로는 그 중 아무것도 진리가 아니라는 식으로 말한다. 더 '영적'이 되는 좋은 방법들일 뿐이라는 것이다.

동시에 우리는 이런 왜곡이 시대 풍조가 되어 버린 환경 속에 공존하며 참여할 줄도 알아야 한다.

날이 저물어 손님들이 거대한 야외 베란다의 식탁에 나누어 앉자 저녁 식사가 나왔다. 잠시 후에 오프라가 한 바퀴 쭉 돌다가 드디어 우리 식탁에 왔다. 그녀가 다른 손님의 질문에 답하는 동안 내 머릿속에 열 살 적의 오프라의 모습이 불쑥 떠올랐다. 그때 그녀는 세상에 선을 행하려는 열망에 부푼 어린 소녀였다.

문득 그녀가 보였다. 그냥 오프라가 아니었다! 아니, 내가 본 사람은 하나님의 형상대로 지음 받고 창조주의 극진한 사랑을 받으며 그분을 알고자 갈급해 하는 한 여인이었다. 그녀의 텔레비전 시리즈물에 대한 내 나름의 결론적 소감과 무관하게, 그녀를 좀 더 똑똑히 볼 수 있었다. 이 여인은 사람들을 더 깊고 영적인 세계로 이어 주고자 자신이 할 줄 아는 모든 일을 하고 있었다. 그녀의 노력이 기독교 신앙 하나만 증진시킨 것은 아니지만 나는 이를 비판할 마음이 없었다. 오히려 어디서 어떻게 기회가 오든 신앙을 논할 기회를 잘 살리고 싶었다. 그녀의 작품에서 가장 좋은 면을 보기로 했고, 그녀가 영화로 제작한 예술작품과 그 속에 풀어낸 이야기 덕분에 대화의 물꼬가 트일 수 있음에 감사하고 싶었다.

오프라의 시선이 내 쪽으로 향했을 때 나는 이렇게 말했다. "나는 많은 시간을 밀레니엄 세대의 영적 여정을 생각하며 보냅니다. … 그들이 신앙 전통을 고수하는 이유와 그러지 못하는 이유를 말이지요. 내 생각에 다큐멘터리 〈신앙〉의 강점 중 하나는 기독교인을 포함한 젊은 이들이 신앙을 찾으려는 모습을 진지하게 보여 준 점입니다. 그게 요즘의 규범은 아니니까요. 대부분의 밀레니엄 세대는 신앙에 대한 확신을 잃고 있습니다. 그런데 〈신앙〉은 신앙 전통이 중요하며 한 세대에서 다음 세대로 전수될 수 있음을 보여 주었습니다."

"고마운 말씀이네요." 그녀는 그렇게 대답한 뒤 제작 과정에서 그 점을 강조하기로 했던 배경을 설명해 주었다. 몇 분 더 대화하다가 그녀는 우리에게 감사를 표하고 다른 식탁으로 옮겨 갔다.

내가 호화로운 야외의 연회장을 빙 둘러본 것은 그때였다. 다양한 신앙의 동료 손님들이 보였다. 뭔가를 찾고 있는 사람들이었다. 그들이 만일 기도한다면, 예수께서는 그들에게 "찾으라 그리하면 찾아낼 것이요"(마 7:7)라고 약속하셨다. 새로운 가능성 앞에서 내 심장이 뛰었다.

기독교인이 아닌 사람들을 대할 때 우리는 "사랑하기+믿기+살아가기=좋은 신앙"이라는 공식을 제대로 적용해야 한다. 상대가 세속적인 사람이든 타종교 신자이든 마찬가지다. 우리의 친구 배리 코리(Barry Corey)가 말했듯이 기독교인은 "가장자리는 유연하고 중심은 견고해야" 한다.[2] 예수께서도 사람들을 그렇게 대하셨다. 그분이 우물가의 여인과 나누신 대화, 자신을 심문하는 이들에게 보이신 반응, 마음이 굶주린 이들에게 들려주신 생명을 살리는 답변들을 생각해 보라. 그분은

'견고한 중심'으로부터 진리를 말씀하셨으나, 모두를 겸손히 반기시는 '유연한 가장자리' 덕분에 사람들이 바짝 다가와 그분의 말씀을 들을 수 있었다.

예수는 사람들을 보는 신성한 기술을 실천하셨다.

중심은 견고하되 가장자리가 유연하면 우리도 예수께서 극진히 사랑하시는 사람들을 볼 수 있다. 성령의 도움으로 그들을 보면 통계상의 동향을 넘어 실존 인물들의 상처와 희망과 필요가 보인다.

차라리 외면하기가 너무 쉽지 않은가? 게이브는 Q 집회에 모슬렘 이맘을 초청한 적이 있다. 이맘 파이잘(Feisal)은 뉴욕시와 미국 전역을 떠들썩하게 했던, 소위 그라운드 제로 옆 모스크(이슬람교 예배당)의 건립을 주관한 사람이었다. 몇 달 후 그는 맨해튼에서 게이브의 이웃이 되었다. 게이브가 견고한 중심을 고수하면서도 그를 강사로 초청한 것은 유연한 가장자리의 표출이었다. 게이브는 자신이 이맘의 신학에 동의하거나 지지하지 않음을 강단에서 명백히 밝혔지만, 동시에 신앙 좋은 기독교인들이 독실한 모슬렘의 말을 들어 보는 것도 매우 중요하다고 밀했다.

Q 집회에 참석한 사람들은 대부분 마음을 열고 수용했다. 듣고 배우며, 이해를 도모할 가치가 있다고 여겼기 때문이다. 그러나 어떤 사람들은 게이브가 이맘의 시각을 은연중에 지지한다고 보았다. 이맘을 보고 듣도록 초대했다는 이유만으로 말이다. 그중 소수는 트위터에 비난의 글을 올렸다. 이맘의 말을 인용하면서 그 모임이 시간 낭비임을 온 세상에 알린 것이다.

그렇게 느꼈을 수는 있으나 그들은 볼 기회를 놓쳤다.

다원주의 문화 속에 살아가려면 사이좋게 지내는 법, '타인'을 이해하는 법, 우정을 가꾸는 법, 벽을 넘어 소통하는 법을 배워야 한다. 이런 기술은 필수다.

신앙 좋은 기독교인은 자신이 믿는 내용을 확신하지만 동시에 다르게 믿는 사람들을 보는 연습도 한다. 그럴 때 우리는 선도자의 역할을 할 수 있다.

새로운 세상 속의 교회

17

신앙 좋은 교회들은
세상에 복을 끼치는 제자를 만든다.

우리는 이야기가 언론에 어떻게 전해지는지 보려고 기다렸다. 지난해에 바나는 1년에 걸쳐 스코틀랜드의 신앙, 기독교, 교회의 실태를 연구해 그 결과를 발표했다. 발표의 일환으로 데이비드가 단기간에 스코틀랜드의 몇몇 주요 도시를 순회하면서, 경유지마다 가장 두드러진 연구 결과에 대해 현지 언론과 인터뷰를 했다. 예컨대 대다수의 스코틀랜드인은 기독교에 대해 우호적이었고 청년층이 노년층보다 성경에 더 큰 관심을 나타냈다.

처음에는 그런 결과가 직관과 반대로 보였다. 젊은 세대가 부모 세대보다 성경에 더 관심이 많다는 사실을 누가 설명할 수 있겠는가? 스코틀랜드의 모든 지표가 압도적으로 세속화의 추세를 가리키고 있는 만큼 많은 사람들(바나의 연구진도 포함해)이 그런 우호적 데이터에 놀랐다. 지역 언론이 이 연구를 그나마 보도하기라도 한다면 어떻게 해석해서 보도할 것인가?

맛있는 현지 음식으로 아침 식사를 하는 자리에서 순회 여행의 홍보 담당자인 스테파니(Stephanie)가 던디 시의 일간신문을 한 부씩 나누어 주었다.

"스코틀랜드의 신앙, 기독교 집단에 희망을 제시하다."

뉴스 기사에는 이 조사의 긍정적 결과가 몇 가지 소개된 뒤, 글래스고의 사역자 앨런 맥윌리엄(Alan MacWilliam)의 말이 인용되었다. 그는 이번 연구 결과를 통해 새 힘을 얻었다고 말했다.

거기서 기사는 반전했다. 기자는 스코틀랜드 세속협회의 스펜서 필즈(Spencer Fildes) 회장에게 이 연구에 대한 소감을 물었다. 필즈는 감동하기는커녕 결과의 신빙성에 이의를 제기했다(결과가 못마땅한 사람들의 전형적 반응이다). 그러면서 자신의 속내를 이렇게 털어놓았다.

> 이제 종교는 사람들에게 갈등과 당파싸움, 아동학대, 동성애 혐오, 여성 혐오, 폭력, 특권 따위만 연상시킬 뿐이다. 종교야말로 날마다 텔레비전에 나오는 온갖 참상의 촉매제로 인식되고 있으며 인터넷 덕분에 그 증거가 쏟아져 나오고 있다. 그래서 세속주의는 교회의 현 실태와 부당한 특권에 도전장을 날린다.[1]

정말 가차 없는 발언이다.

필즈는 세상의 많은 사람이 기독교인에 대해 품고 있는 두 가지 주된 인식을 완벽하게 보여 주었다. 기독교인은 시의성이 없고 극단적이라는 것이다. 만일 우리 기독교인들이 어느 다른 집단을 비슷한 말로 묘사한다면 던디의 주요 신문에 그 말이 인용될 일은 절대로 없을 것이다. 우리가 얼마나 시의성 없고 극단적인지를 단호하게 입증할 목적이 아니라면 말이다!

여기서 우리는 다시금 배울 수 있다.

우리 기독교인들이 다른 집단에 대해 비슷하게 말한다면 어떤 보복이든 당해 마땅하다. 상대가 아무리 잘못되었거나 '부당한 특권'을 누리고 있다 해도 다른 집단을 모욕하는 일은 '사랑하고 믿고 살아가는' 우리의 본분이 아니다. '타인'을 사랑하려는 우리의 결의가 여론의 법정에서 이기려는 갈망을 앞질러야 한다.

바울은 고린도의 기독교인들에게 이렇게 썼다.

> 내가 너희에게 쓴 편지에 음행하는 자들을 사귀지 말라 하였거니와 이 말은 이 세상의 음행하는 자들이나 탐하는 자들이나 속여 빼앗는 자들이나 우상 숭배하는 자들을 도무지 사귀지 말라 하는 것이 아니니 만일 그리하려면 너희가 세상 밖으로 나가야 할 것이라 이제 내가 너희에게 쓴 것은 만일 어떤 형제라 일컫는 자가 음행하거나 탐욕을 부리거나 우상 숭배를 하거나 모욕하거나 술 취하거나 속여 빼앗거든 사귀지도 말고 그런 자와는 함께 먹지도 말라 함이라 밖에 있는 사람들을 판단하는 것이야 내게 무슨 상관이 있으리요마는 교회 안에 있는 사람들이야 너희가 판단하지 아니하랴(고전 5:9~12).

바울에 따르면 우리가 세상을 대하는 방식과 기독교 공동체를 대하는 방식은 크게 달라야 한다. 겸손히 말하거니와 이 두 가지 자세를 뒤섞거나 혼동하거나 한 쪽만 강조하면 교회가 안팎으로 약해진다.

바깥세상을 상대하는 게 유일한 목표가 되면 우리는 도덕적 십자군이나 순전히 사회복음의 수장자가 된다. 거기에는 사람을 죄로부터 구원하는 능력은 전혀 없다. 반면에 교회 안에서 벌어지는 일에만 초점을 맞추면 우리는 경건한 분리주의자가 된다. 생각이 너무 하늘에만 가 있어 이 땅에서 하나님의 백성 안에 계신 그리스도를 통해 세상을 새롭게 하시려는 그분의 계획에는 아무런 쓸모가 없어진다.

우리는 신앙이 좋은 교회들이 이 둘을 나란히 함께 붙들도록 부름 받았다고 믿는다. 또한 제자 공동체를 결성하는 일과 세상에 나가 복을 끼치는 일 사이에서 필연적이고 지속적인 긴장 속에 살아가도록 부름 받았다.

바깥을 향한다

2010년에 펜실베이니아대학교의 한 교수와 필라델피아의 한 비종교 연구 단체는 예배 처소가 인근 지역 사회에 경제적 '후광 효과'를 미치는지 알아보기로 했다. 어느 한 회중이 현지의 지역 사회를 섬길 때 과연 그 회중에 경제적 가치가 있는지, 있다면 얼마나 되는지 알고자 한 것이다.

연구진은 54가지 요인을 측정해 필라델피아 소재의 10개의 개신교 교회와 1개의 천주교 교구, 1개의 유대교 회당이 끼치는 경제적 유익을 합산했다.

12개 회중의 총계는 얼마나 되었을까? 매년 5천만 달러가 넘었다.[2]

교회의 가치를 보여 주는 놀랄 만한 경제 지표다. 아울러 대중의 인식도 대체로 이런 경제적 결과와 일치한다. 대부분의 사람들은 교회의 존재가 지역 사회에 유익하다고 본다. 미국 성인의 절반은 '매우' 유익하다고 답했고, 30%는 '약간' 유익하다고 답했다. 미국인 열 명 중 여덟은 교회가 주변 지역 사회를 이롭게 한다고 본 것이다.

하지만 어떤 면에서 유익하다는 것인가?

월드 비전(World Vision)에서 시행한 2014년의 한 연구에 따르면, 대다수의 호주 국민은 교회가 아동 보호와 인권 같은 공공의 이슈들에 참여해야 한다고 보았다. 그들은 교회가 전반적 공동선에 기여한다는 개념을 좋아했다. 그러나 교회의 참여가 더 개인적인 쪽으로 향하면 사람들의 생각이 흔들렸다. 교회 생활을 열심히 하면 삶의 영적 측면을 깊이 생각하는 데, 또는 친구를 사귀고 공동체와 소통하는 데 도움이 될 수 있다고 답한 사람은 4분의 1에 불과했으며, 이 두 가지가 전체 선택 항목 중 가장 인기가 높았다.[3]

다시 말해서 많은 이들에게 교회의 가치는 이론적일 뿐이며 자신과는 관련이 없다. 교회는 좋은 곳이지만 다른 사람들에게만 그렇다는 것이다.

우리가 미국의 성인들에게 지역 사회의 필요 중 교회가 채워 줄 수 있다고 생각되는 부분을 꼽아 보게 했더니 약 절반이 실제적이고 물리적인 필요를 지적했다. 예컨대 빈민에게 음식과 옷을, 노숙자에게 수용 시설을, 청소년에게 각종 활동을 제공하는 일이었다.

영적인 필요에 관한 한 사람들은 교회가 기독교의 색채를 드러내지 않고 두루뭉술하게 하기를 원했다. 지역 교회가 '신앙 지도'나 '누구든 수용되는 곳'이나 '상담 서비스'를 제공할 수 있다고 답한 사람은 약 절반이지만, '성경과 예수에 대한 가르침'이나 '도덕이나 가치관 교육'에 대해서는 사람들의 열의가 덜했다.

교회에 활발하게 참여하지 않는 사람들은 성경 교육을 썩 바람직하지 않게 보는 경우가 많다. 시의성이 없는 일로 여기기까지 한다. 끔찍하게 복잡한 보드게임을 가르치는 일처럼 말이다. 그러나 우리가 아는 기독교인들은 가정 성경공부를 통해 사람들이 그리스도를 믿게 하곤 한다. 우리는 복음이 모든 시대의 모든 사람에게 시의성이 있다고 굳게 믿는다. 당장 인기가 없어 보일지라도 말이다.

교회가 뜻밖의 방식들로 지역 사회를 섬기면 그들을 무장 해제시키는 위력이 있다. 기독교인을 시의성 없고 극단적이라고 보는 인식이 팽배해 있을 때라서 특히 더하다. 장애인 고등학생들과 대학생들을 상대로 해마다 '잊지 못할 밤'이라는 졸업 무도회를 개최해 주는 교회들이 전국에 수십여 곳이 있는데, 데이비드의 친구인 마이크와 조디 히커슨(Mike & Jodi Hickerson)이 이끄는 캘리포니아 주 벤추라 선교교회도 그중 하나다. 행사 첫해이던 2012년에 150명의 자원봉사자 학생들이 가장 멋진 야회복을 차려입고 60명의 장애인 귀빈을 위한 성대한 파티를 열었다. 대부분 졸업 무도회는 고사하고 일반 무도회에도 참석해 본 적이 없는 사람들이었다. 모든 귀빈은 드레스와 턱시도와 꽃장식을 직접 골랐고 전문 스타일리스트한테 화장과 머리 손질을 받았다. 그다음에 자원봉사자 학생과 함께 리무진을 타고 가서 레드카펫을 밟거나 휠체어로 입장했다.

졸업 무도회에 귀빈으로 참석한 18세의 어맨다(Amanda)는 자신의 언니 셋이 그 통과의례를 경험하는 것을 보았지만 자신에게도 그런 일이 있으리라고는 꿈에도 생각하지 못했다. 역시 같은 생각이었던 그녀의 어머니 메리(Mary)는 이렇게 말했다. "선교교회가 지역 사회의 필요를 알아차리고 손을 내밀어 준 게 정말 대단하다고 봐요. 장애인들이 결코 실현할 수 없는 일이 아주 많거든요. 이것도 누구나 다 하는 일은 아니죠."[4]

바울은 신자들이 "그리스도를 대신하여 사신이 되어" 사람들을 그분과 화목하게 하는 일을 맡았다고 했다(고후 5:18~20 참조). 그런데 훌륭한 대사들은 혼자서 훈련하는 게 아니라 기독교 공동체 안에 살면서 성숙해 간다. 제자로 양육되어 그리스도께서 그토록 사랑하신 이들을 사랑하고 돌보게 된다.

대사의 직무 중 하나는 푸짐한 파티를 열어 사람들을 한데 모아 개최국—우리의 경우 하나님 나라—의 풍성함을 경험하게 하는 것이다. 그래서 어렵지 않게 말할 수 있거니와 '잊지 못할 밤'은 하나님의 "화목하게 하는 말씀"(19절)을 전해야 할 교회의 사명과 아주 잘 조화를 이룬다.

마태복음 22장에 기록된 예수의 비유를 당신도 기억할 것이다. 그분에 따르면 하나님 나라는 누구에게도 초대받기 힘든 사람들을 초대하는 큰 잔치와 같다. 이 비유를 현대판으로 구현한 앞의 사례에 대해 예수의 심정이 어떠할지 생각해 보라.

그러나 큰 잔치에 참석하는 것만이 사람들이 복음을 접할 계기가 되어서는 안 된다. 우리는 사람들에게 예수에 대한 기쁜 소식을 말해 주라는 명령을 받았다. 물론 삶으로 보여 주어야 하지만 말로도 선포해야 한다.

4장에 지적했듯이 성인의 60%는 타인에게 신앙을 전하는 일을 '극단적'이라고 여긴다. 그래서 우리는 의미 있는 영적 대화의 신성한 기술을 다시 배워 사람들을 예수께로 인도해야 한다. 희생적으로 관계에 투자함과 동시에 담대히 입을 열어 말해야 한다. 그렇지 않으면 사람들이 그리스도 안에서 새로운 피조물이 될 기회를 평생 들어 보지 못할 수도 있다.

우리의 친구이며 뉴욕시의 트리니티 그레이스 교회의 목사인 존 타이슨(Jon Tyson)은 교인들에게 전도를 가르친다. 그는 타인들과 더불어 부담 없는 관계를 형성할 것을 강조한다. 모르는 사람에게 다가가 당신의 신념을 선포하는 것도 새로운 생각을 자극할지 모르지만, 오랫동안 공들여 가꾸는 관계가 더 변화를 낳을 소지가 크다.

아울러 존이 회중에게 알아 두도록 권하는 두 가지 중요한 때가 있다. 예수를 소개받을 때 친구나 가족, 동료의 마음이 가장 잘 열리는 때인데, 첫째는 개인적으로 위기를 맞은 때이다. 이혼이나 가족의 사별, 파산, 중대한 전직(轉職), 대도시로 이사한 후의 외로움 등이 이에 해당한다. 둘째는 국가나 전 세계적인 비극의 순간이다. 9·11 같은 테러 공격, 허리케인 카트리나, 시리아의 난민 위기, 네팔이나 아르헨티나의 지진, 사우스캐롤라이나 주 찰스턴의 교회에서 벌어진 총기 난사 사건 등이 이에 해당한다. 인재든 천재든 이럴 때면 인간의 마음이 잠시 멈추어 사건의 의미와 삶 자체에 대해 더 깊은 의문에 잠기게 된다. 그래서 이럴 때는 그리스도께서 마음 문을 두드리시는 소리가 그 사람의 무관심보다 더 커지는 경우가 많다(요한계시록 3장 참조).

관계에 투자하고, 기회를 열어 주실 하나님을 신뢰하고, 성령께서 마음에 주시는 말을 담대히 전하라. 그런 식으로 예수를 주님으로 선포하면 사람들이 듣고 반응할 수 있다.

신앙 좋은 교회는 바깥을 향한 여러 활동을 통해 화해와 회복을 선포할 수 있다. 장애인 청소년들에게 졸업 무도회 열어 주기, 노숙인들에게 실제적 자원과 관계적 자원 제공하기, 재정적으로나 정서적으로 힘들어하는 부모들의 자녀 돌보기, 주말 캠프를 열어 고등학생들에게 예수의 진리를 전하기, 이민자 학생들에게 영어 가르치기, 다양한 지도자들을 모아 지역 사회 내의 인종차별 저지하기, 남편 없는 에비 엄마들을 지원하기, 자신이 구원받은 이야기를 친구나 이웃에게 나누기 등 방법은 무수히 많다.

신앙 좋은 공동체들이 이처럼 하나님이 사랑하시는 이들과의 관계를 가꾸고 곁에서 섬기면, 신앙 좋은 기독교인들이 사도 베드로의 가르침에 따를 기회가 생겨난다. "너희 속에 있는 소망에 관한 이유를 묻는 자에게는 대답할 것을 항상 준비하되 온유와 두려움으로 하고"(벧전

3:15~16). 복음을 전하는 일이야말로 기독교인의 가장 중요한 외적인 활동 중 하나이기 때문이다.

내적으로 성장한다

신앙 좋은 기독교인이 되려면 주변 세상에 참여해야 한다. 하지만 그러려면 교회와 영혼을 건강하게 가꾸어야 한다. 초대 교회는 "사도의 가르침을 받아 서로 교제하고 떡을 떼며[주의 만찬을 포함하여] 오로지 기도하기를 힘쓰니라"라고 했다(행 2:42). 내적인 성장—각 신자의 내면(제자로서 성장함)과 교회 전체(그리스도의 몸으로서 성장함) 양쪽 모두—에 열심히 힘쓰지 않으면 기독교인들은 선을 행하는 사람에 불과할 뿐 성령으로 말미암은 변화의 능력은 없다.

예수께서 그분을 따르는 이들에게 주신 지상명령은 개인 활동이 아니라 공동체의 일이다. 물론 각 신자가 제자 삼는 사명으로 부름 받았지만, 그 사명은 주로 교회의 임무다. 대부분의 기독교인들에게 소위 '제자도'라는 영적 성장의 과정은 '그리스도를 더 닮아 가는 일'로 가장 잘 정의된다.[5] 그런데 그분의 삶을 대강만 보아도 알 수 있듯이 그리스도를 닮는 데는 내적인 요소와 외적인 요소가 공존한다.

그렇다면 제자도는 실제로 어떻게 이루어지는가? 신앙 공동체는 어떻게 세상을 위하여 사람들이 신앙 좋은 제자들로 자라가게 지원할 것인가?

우리가 스코틀랜드에서 시행한 연구 속에 몇 가지 통찰이 들어 있다. 성장하는 교회들과 교인 수가 제자리걸음 하거나 줄어드는 교회들을 구별해 주는 특성이나 우선순위를 알아내는 것도 그 조사의 일부였다. 포스트 크리스천(post-Christian : 유럽은 교회 출석률이 사상 최저인 포스트 크리스천 국가로 묘사된다_ 편집자주) 정황에서, 성장하는 교회들의 가장 좋은 실천들은 무엇인가?

현상 유지나 감소세인 교회들과 성장하는 교회들의 유의미한 차이로 우리는 아홉 가지 요인을 찾아냈다. 날로 더 세속화되어 가는 문화 속에서 교회의 건강에 영향을 미치는 요인들이다. 아홉 가지 중 다음 넷은 외적인 추구다.

❶ 바깥으로 나가는 데 우선순위를 두어 빈민을 섬기고 신앙을 전한다.
❷ 다른 교회나 대의에 협력한다.
❸ 복음을 위하여 혁신에 힘쓴다.
❹ 수용적인 청소년들과 청년들에게 집중한다.

다음 네 가지 요인은 내적인 목표다.

❺ 성경을 철저히 가르친다.
❻ 친밀한 기독교 공동체를 가꾼다.
❼ 새로운 지도자들을 양성한다.

❽ 다양한 기술과 영적 은사를 지닌 팀과 함께 이끈다.

아홉 번째 요인인 기도는 내면을 보는 일(영적 훈련)이면서 또한 바깥을 향하는 일(사명)이다. "기독교 이후의 문화 속에서 충실하게 살고자 구체적으로 기도한다"라고 응답한 교인들과 지도자들은 성장하는 교회들에 두세 배가 더 많았다. 두 부류의 교회들 모두 교인들이 신학적으로 믿는 내용은 비슷할지라도 기도를 어떻게 실천하는가에서는 큰 차이를 보였다. 성장하는 교회는 선교를 위해 기도하며 기도를 사명으로 삼는다.

중요한 차이가 또 하나 있다. 스코틀랜드의 성장하는 교회들은 성경을 체계적으로 가르치거나 강해한다고 답한 목사가 열 명 중 아홉 이상이었다. 현상 유지나 감소세인 교회들에서는 성경을 그런 식으로 가르치는 목사가 3분의 1밖에 되지 않았다. 이것은 엄청난 격차이며, 우리는 성경에 몰두하는 것이 교회 성장과 영적 활력의 동력원이라 믿는다. 차이는 단지 '성공적' 교육법을 따른 데 있지 않고 교인들에게 성경과 씨름하며 배우도록 도전한 데 있었다.

물론 완벽한 교회는 없다. 그러나 포스트 크리스천(post-Christian) 상황의 스코틀랜드에서 신앙 좋은 기독교인들과 교회들은 전체적으로 번성하고 있다. 우리도 이것을 본보기로 삼아야 한다. 그리스도와 동행해 내적으로 성장하면서 그리스도의 몸으로서 세상을 향하면, 그 둘이 위력적 조합을 이룬다. 이런 교회들과 지도자들은 '사랑하기+믿기+살아가기' 공식을 제대로 적용하는 듯 보이며, 그것이 신세대에 영향을 미치고 있다.

여기서 목회자의 역할이 중요해진다.

기독교 지도자들은 세상의 선생이다

목사들은 좋은 신앙의 형성에 중대한 역할을 하지만 그 일이 쉽지는 않다. 달라스 윌라드는 「그리스도를 아는 지식」에서 목회자에게 가해지는 몇 가지 문화적 압력을 지적했다. 지금 우리는 기독교를 극단적이고 시의성 없다고 보는 인식과 싸우고 있는데, 그 책은 2009년에 처음 간행될 때 이미 그런 인식을 어느 정도 예상했던 것 같다. 윌라드는 이런 압력이 고달픈 현실임을 인정하면서도, 목사의 역할에 대해 많은 사람이 흔히 생각하는 것보다 넓은 비전을 제시한다. 그가 설득력 있게 썼듯이 목사들은 자신이 사회에서 차지하는 위상을 재고해야 한다.

목회자의 직무는 삶의 기본 질문들에 대한 그리스도의 답을 제시하되 지식으로 내놓는 것이다. 대상은 주로 열린 마음으로 그분을 따르려는 구도자들이지만, 세상의 여러 공공 영역에서 어쩌다 듣는 사람들도 포함된다. 그들도 무엇이 실체이고 선인지를 절실히 알아야 하기 때문이다. … 목회자에게는 청중 - 어느 정도 지역 사회 전체에 흩어진 사람들 - 이 있으며, 세상 속에서 하나님의 대변인인 그들의 위상은 독특하다. 원한다면 목회자는 인간의 세계관을 형성하는 질문들을 다룰 수 있다. 이런 질문의 답은 개개인의 삶과 사회 전체에 방향을 제시하고, 좋은 쪽으로든 나쁜 쪽으로든, 우리가 그런 답을 의식하든 하지 않든, 우리가 하는 모든 일의 본질적 성격을 결정짓는다.[6]

이것이 좋은 신앙이다.

목회자는 좋은 신앙의 생활방식을 보여 주는 길잡이요 대사이며, 실제로 많은 목사가 최선을 다해 그 역할을 충실히 감당하고 있다. 그래도 시대가 복잡하고 불확실한 만큼 오늘의 목사들과 신부들에게는 더 명료한 인식과 큰 용기, 애정 어린 목양이 요구된다.

여기서 우리는 바울이 고린도 교회에 권고한 말을 상기한다. "내가 너희를 부끄럽게 하려고 이것을 쓰는 것이 아니라 오직 너희를 내 사랑하는 자녀 같이 권하려 하는 것이라 그리스도 안에서 일만 스승이 있으되 아버지는 많지 아니하니 그리스도 예수 안에서 내가 복음으로써 너희를 낳았음이라"(고전 4:14~15).

오늘날 미국 교회의 큰 문제는 가르침의 은사를 떠받드는 데 있다. 대형 교회의 많은 목사, 베스트셀러 작가들, 널리 받아들여지는 교회 '지도자들'은 다 교사이지 영적 아버지나 어머니가 아니다. 영상 설교를 듣는 교회들과 팟캐스트를 통한 학습이 일부 진영의 추세로 지속되고 있지만, 신세대를 보면 '아버지'의 부재가 느껴진다. 물론 혼란스러운 제자들은 깨어진 세상에 큰 도움이 되지 못하므로 좋은 가르침은 언제나 필요하다. 그러나 문화가 계속 무서운 속도로 변하는 이 시대에 우리에게 꼭 필요한 것은 자애로운 부모 같은 목회자다.

솔직히 지금은 교회 지도자로 활동하기에 힘든 시대다. 우선 목회자는 수적으로 크게 열세다. 미성년자를 포함한 전체 미국인에 대비해 기독교의 정식 목사나 사제의 비율은 963대 1이다. 또한 많은 이들에게 전임 사역의 길은 탄탄대로가 아니다. 페퍼다인대학교의 의뢰로 시행한 바나의 연구에 따르면, 미국 목회자의 절반 정도는 사역 때문에 가정생활이 힘들어졌고, 열 명 중 셋은 사역에 개인적으로 실망했다고 답했다. 또 우울증으로 고생하는 경우가 절반에 달하고, 부부관계나 자녀양육에 상당한 어려움을 겪는 경우가 4분의 1, 모종의 중독에 걸린 경우도 약 여섯 명 중 하나였다.[7]

상관관계가 곧 인과관계는 아니므로 이런 개인적 고충이 사역의 효율성에 어떤 영향을 미치는지는 분명하지 않다. 그러나 원인이 무엇이든 미국 교회의 리더십에 위기가 시작된 것만은 분명하다.

그 한 가지 징후로, 부정적 반응이 두려워 특정 주제를 가르치기를 주저하는 목회자들이 많다. 미국의 성직자들을 상대로 한 연구에서 개신교 목사의 40%와 천주교 사제의 절반 이상은 사람들이 불쾌해할까 봐 도덕적, 사회적 이슈를 언급하는 데 '자주' 또는 '가끔' 제약을 느낀다고 답했다. 또 그들 중 3분의 2는 교회 바깥사람들의 반응보다 교인들의 반응에 더 신경이 쓰인다고 답했다.

극으로 치닫는 오늘의 세계에서 진리와 은혜로 소통하기란 여간 힘든 일이 아니다. 그러나 교인들의 심기에 거슬릴까 두려워 목회자가 자신의 말을 검열한다면 이는 크게 우려할 일이다.

목회자가 몸을 사리면 장기적으로 교회에 득이 되지 않는다. 칼럼니스트 로드 드레어(Rod Dreher)는 최근에 이렇게 썼다.

> 목사와 교인들이 자신과 서로에게 냉엄한 진리를 말할 의향이 없다면 어떤 교회도 교회라 할 수 없다. 목사직을 주로 '돕는 직업'으로 생각하고 교회를 주로 치료 공동체로 - 우리의 치유에 필요한 답을 제시하는 게 아니라 자존감을 높이도록 이끌어 준다는 의미에서 - 본다면, 이는 복음과 교회의 사명을 저버리는 일이다.[8]

뜨끔하지만 맞는 말이다. "괴로운 이들을 안위해 주고 안락한 이들을 괴롭게 하라"라는 격언 속에 목회의 소명 고유의 예언자적 권위가 잘 압축되어 있다. 물론 힘든 부분은 신앙 공동체의 가장 연약한 이들을 돌보면서도 정통의 윤곽을 고스란히 유지하는 일이다. 대학 지도자들과 중고등부 전도사들, 청소년과 청년을 상대하는 멘토들은 특히 힘들 수 있다. 예컨대 동성에 끌리는 젊은이들은 하나님이 자신을 있는 그대로 사랑하시고 받아 주심을 알아야 하지만, 동시에 그들이 하나님이 의도하신 인간의 성의식 안에서 풍성하게 살아가도록 돕는 지혜로운 조언과 실제적 도구가 필요하다.

까다롭지 않은가? 그러나 그렇다고 해서 지도자에게 그 일이 면제되는 것은 아니다.

온갖 리더십 전략이며 교회 성장 전술이 쏟아져 나오고 있지만 우리가 기억해야 할 것이 있다. 하나님이 정의하시는 사역의 성공이란 더도 말고 덜도 말고 충실함과 열매다. 그 둘은 나란히 함께 다닌다. 하나만 있고 다른 하나는 없다면-예컨대 매주의 헌금은 늘었는데(열매) 우리가 강단에서 말을 얼버무린다면(충실함의 결핍)-진지하게 자신을 성찰해야 할 때다. 시편 139편이 도움이 될 것이다. "하나님이여 나를 살피사 내 마음을 아시며 나를 시험하사 내 뜻을 아옵소서 내게 무슨 악한 행위가 있나 보시고 나를 영원한 길로 인도하소서"(23~24절).

교회는 반문화적이다

목회자는 교회의 제자도와 문화 참여 사이에 균형을 조정하는 결정적 역할을 한다. 이 둘은 이번 장에서 살펴본 안과 밖의 역동이다. 교회가 반문화로 구별되려면 제자도의 내적 표현과 외적 표현 둘 다에 지속적으로 에너지를 쏟아야 한다. 베드로는 아시아의 박해받는 기독교인들을 '거류민과 나그네'라고 부르며 그들에게 전체적 윤곽을 이렇게 그려 주었다.

> 그러나 너희는 택하신 족속이요 왕 같은 제사장들이요 거룩한 나라요 그의 소유가 된 백성이니 이는 너희를 어두운 데서 불러 내어 그의 기이한 빛에 들어가게 하신 이의 아름다운 덕을 선포하게 하려 하심이라 너희가 전에는 백성이 아니더니 이제는 하나님의 백성이요 전에는 긍휼을 얻지 못하였더니 이제는 긍휼을 얻은 자니라(벧전 2:9~10).

1세기 신자들이 하나님의 덕을 선포해 세상을 복되게 할 수 있었던 것은 그분의 부르심에 응해 거룩한 나라가 되었기 때문이다. 새로운 공동체가 되어 하나님의 빛 가운데 살아가며 어둠을 밝혔기 때문이다.

성 아우구스티누스(St. Augustine)는 5세기의 고전 「하나님의 도성」(크리스천다이제스트)에 이 개념을 자세히 설명했다. 그의 목표는 고트족에게 약탈당한 로마 때문에 흥분하던 기독교인들을 다독이는 것이었다. 그가 일깨웠듯이 그들은 새 예루살렘의 시민이었고 그 도성은 야만적인 약탈자들에게도 절대 망하지 않는다. 그들이 알던 세상은 목전에서 무너지고 있었지만 아우구스티누스는 그들에게 로마의 국경 너머를 보라고, 하나님이 교회 안에 짓고 계신 새로운 나라를 보라고 독려했다. "이 하늘의 도성은 이 땅에 체류하는 동안 모든 나라에서 시민을 불러내고 모든 언어의 순례자 공동체를 결집한다."⁹

하늘의 도성은 자체의 독특한 문화가 있으며 그 문화는 주류 문화에 어긋나거나 역행할 때가 많다. 신학자 로버트 루이스 윌켄(Robert Louis Wilken)은 제목도 적절한 "문화로서의 교회"라는 평론에 이렇게 썼다. "교회는 독자적 문화다. 그리스도는 문화에 침투하시는 정도가 아니라 자체의 사회생활과 정치생활이 있는 또 다른 주권국과 도성을 만들어 문화를 창출하신다."¹⁰

이 일을 우리는 어떻게 할 것인가?

방법은 많다.

첫째로, 성경에 계시된 그리스도께 헌신하고 삶과 교회에서 성령의 권위에 복종한다. 이는 우리가 하늘 아버지의 자녀라는 증거다. 주변 문화와는 정반대로 우리는 자신의 만족 대신 하나님의 뜻을 구한다.

둘째로, 우리의 반문화적 태도로 일반 세상과 대조를 이루는 방법을 몇 가지만 꼽자면 서로를 향한 헌신, 연합, 권속의 결성, 손님 대접, 충실한 결혼생활, 이웃에게 베푸는 은혜 등이 있다.

셋째로, 반문화적 리듬을 따라 살아갈 수 있다. 안식일을 실천하는 것도 그중 하나다. 매주 하루를 반드시 쉬면서 자신과 동료와 이웃에게 이렇게 일깨우는 것이다. 우리의 가치는 자신이 생산해 내는 것에 있지 않고 자신이 누구의 소유인가에서 비롯된다고 말이다.

넷째로, 과학기술을 관리하는 방식이다. 즉 디지털 기기를 어떻게 생각하고 사용하는가의 영역이다. 과학기술을 내려놓고 산만한 방해거리를 치우고 실존 인물에게 집중하는 데 최고가 되자. 커피숍에서 친구와 대화를 나눌 때는 전화기를 꺼라. 가족을 대할 때는 마음을 다하여 함께 있어라."

다섯째로, 청지기의 이슈다. 즉 하나님께 선물로 받은 각자의 재능과 열정과 직장 생활을 통해 다른 사람들을 섬기는 것이다. 하나님은 사람마다 특별하고 독특한 소명을 주셔서 그분의 세상에서 선을 행하게 하신다. "우리는 그가 만드신 바라 그리스도 예수 안에서 선한 일을 위하여 지으심을 받은 자니 이 일은 하나님이 전에 예비하사 우리로 그 가운데서 행하게 하려 하심이니라"(엡 2:10). 직업의 제자도—하나님의 부르심에 응답하여 충실함을 배우는 과정—는 바깥에 초점을 맞추고자 내면을 계발하는 아주 좋은 예다. 신앙 좋은 기독교인은 직업을 우리 마음의 내면을 가꾸는 일과 신앙을 세상에 외적으로 표현하는 일 사이의 원동력이라고 생각한다.

이상은 신앙이 좋은 기독교인이라면 누구나 반문화적 생활을 실천할 수 있는 몇 가지 방법이다. 특히 부모들은 이 일에 힘써야 한다.

반문화적 부모 되기

지배 문화의 영향력이 커질수록 신앙은 사회의 타락한 도덕률로 말미암아 변질되고, 우리 자녀들이 신앙을 굳게 붙들 가망성은 희박해진다. 그래서 기독교인들은 예로부터 늘 그랬듯이 주류 문화에 거리를 두는 공동체와 기관(교회, 학교, 네트워크)을 의도적으로 만들어야 한다. 거룩함을 좋은 신앙의 일부로 강조하는 환경은 뿌리 깊은 신앙을 지닌 신세대 제자들을 길러내는 데 도움이 된다.

기독교인들이 완전히 세상을 등져야 한다든지 기독교인 자녀는 누구나 다 기독교 학교에 가야 한다는 말이 아니다. 가정과 학교와 권속과 교회가 거룩하고 의로운 삶을 예시하고 실천하고 가르치는 장이 되어야 한다는 말이다. 그래야 우리 자녀들이 준비되어 예수를 따르고 넓은 세상에 참여할 수 있다.

우리는 둘 다 사춘기 직전이나 사춘기의 아들딸을 둔 아버지다. 그래서 아이들을 다른 세계로 끊임없이 잡아끄는 문화 속에서 신앙 좋은 부모가 된다는 게 얼마나 힘든 일인지 경험으로 안다. 그동안 연구자이자 지도자로서 배운 모든 교훈과 부모로서 경험한 모든 일에 기초해 우리가 확신하는 게 있다. 자녀를 기를 때 안과 밖의 긴장을 잘 살려내야 한다는 것이다.

우리는 섹스부터 테일러 스위프트의 노래 가사까지 모든 주제로 아이들과 대화하는 습관을 들였다. 최근 몇 달 동안에도 우리가 벌고 베푸는 돈, 정숙함이 중요한 이유, 하나님이 그분을 위해 인간의 아름다움을 쓰시는 방식, 그분이 때로 우리의 강점보다 깨어진 모습을 쓰시는 원리 등에 대해 대화했다. 아이들이 대학과 미래의 직업이나 취미를 생각하는 요즘에는 어떻게 그것이 각자의 삶을 향한 하나님의 부르심의 표출인가에 대해 함께 대화를 나눈다. 우리 자신의 꿈과 결점도 솔직히 털어놓는다. 예컨대 우리는 너무 일에 매달리거나 자신을 너무 심각하게 대할 때도 있다(물론 스포츠나 친구나 스무디처럼 더 가벼운 화제도 등장한다).

데이비드의 자녀들은 자기들보다 아빠가 트위터나 이메일을 하느라 디지털 기기를 들여다볼 때가 더 많다고 수시로 지적한다. 그러므로 우리라고 이 일을 100% 제대로 하고 있다는 인상을 풍길 생각은 없다.

그래도 이 책의 큰 소망은 사람들을 무장시켜 까다로운 대화에 임하게 하는 것인데, 그렇다면 우리의 대화 상대에는 비기독교인인 지인들뿐만 아니라 자신의 가족들도 포함되어야 한다.

우리가 안으로 자녀들의 영적 발달에만 집중한다면 예수를 위해 사명을 다하는 세대가 되도록 그들을 준비시킬 수 없다. 그런 젊은이들은 신앙이 굳셀지 모르지만, 세상 속에서 효과적으로 표현되지 못하는 신앙은 기독교적이지 못하다. 반대로 우리가 아이들을 오늘의 복잡한 문화 속에서 살아가도록 준비시키는 데만 너무 집중하고 거룩함의 깊은 이해와 실천을 등한시한다면 자칫 그들의 정체는 본질적으로 세상에 속한 상태가 될 위험이 있다.

제자들을 위한 예수의 기도가 요한복음 17장에 기록되어 있다. 그분은 우리가 세상에 있되 세상에 속하지 않도록 기도하셨다. 바로 내적으로 성장하면서 바깥을 향하는 삶이다.

충실한
포로 생활

18

신앙 좋은 기독교인은 이웃을 사랑하고,
그분의 사람들 속에 역사하시는 하나님의 능력을 믿고,
그분이 부르신 대로 화해의 주역으로 살아간다.

"우리는 현대판 바벨론에 살고 있는 것 같다."
 최근 나는 통제 불능인 듯 보이는 오늘의 문화에 대해 두 기독교인 친구가 나누는 대화를 우연히 들었다. 그중 한 남자는 고대 바벨론의 이교 문명이 가장 근접한 비교 대상으로 느껴졌다.
 그러자 그의 친구도 곧바로 동의했다. "맞는 말이다!"
 바벨론.
 기독교인인 그들이 오늘의 사회를 왜 하필 고대 문화에 빗댄 것일까? 당신이 주류 문화를 한마디로 요약한다면 어떤 단어나 문구를 고르겠는가?
 난해하다.
 속도전이다.

복잡하다.

쾌락을 추구하며 자아도취적이다.

영적이지만 불경하다.

힘과 능력은 있지만 부패했고 부도덕하다.

옳고 그름이 혼란스럽다.

고대의 바벨론 제국은 이전과 이후의 제국들처럼 군사력과 경제력으로 다른 나라들과 민족들을 제압했고 경쟁 상대인 다른 문화들을 말살하려 했다. 기원전 7세기에 바벨론 왕 느부갓네살이 예루살렘을 포위 공격해 유다 왕국이 멸망했다. 바벨론의 유다 지배에 쐐기를 박으려고 느부갓네살은 유다의 대부분의 귀족 집안과 장인, 숙련공, 군사, 그 밖의 유지들을 포로로 잡아 일제히 제국의 수도로 이주시켰다.

그중에 특히 돋보인 히브리인이 한 명 있었다.

유다 귀족 집안의 다니엘은 군사 정복의 인간 약탈품이자 인신매매의 피해자였다. 민족적으로나 종교적으로 유다의 단일 문화 출신인 그가 강제로 끌려간 그곳은 여러 종교가 뒤섞인 국제 도시였다. 생각해 보면 「헝거 게임」(북폴리오)과 비슷하다. 바벨론 제국의 모든 '구역'은 수도의 이해관계에 맞추어 가장 뛰어나고 똑똑한 사람들을 무조건 수도로 보내야 했다.

쉽게 상상할 수 있듯이 다니엘을 비롯해 포로로 잡혀간 사람들은 수적인 열세와 지리적, 문화적 이질감을 느꼈다. 오늘의 많은 기독교인과 타종교 신자들이 경험하는 바로 그 감정 상태다.

오늘 우리의 신앙 공동체는 새로운 사회적 정황에 직면해 있으며,

따라서 우리는 기독교인으로서 살아갈 새로운 방식을 배워야 한다. 이를 가장 잘 표현해 주는 말이 '충실한 포로 생활'이다. 물리적 위치는 바뀌지 않았어도 우리는 이제 홈그라운드가 아니라 바벨론의 운동장에서 경기하고 있다.

소망을 품도록 부름 받은 우리

포로 생활. 많은 사람이 생각하기에 이것은 교회에 대한 우울한 예후다. 그러나 지난 몇 년 동안 이 주제로 강연하면서 우리는 이 개념에 공감하는 기독교인들을 많이 보았다. 특히 목사들과 부모들, 조부모들은 지금이 새로운 시대-현대판 바벨론-임을 통감하고 있다. 그들이 차세대를 빚어내고 있는 문화를 이해하려 애쓰는 사람들이기 때문이다.

오늘의 문화 속의 삶을 묘사하려면 정확한 도구가 필요하다. 일부 사람들에게는 이런 묘사가 과장처럼 들릴 수 있지만, 포로 생활은 많은 기독교인이 경험하고 있는 삶에 잘 부합된다.

좋은 신앙의 백성인 우리는 장차 올 세상을 소망한다. 그러나 오늘의 세상도 있는 그대로 묘사해야 한다. 허먼 밀러 사의 회장인 맥스 디프리(Max DePree)가 말했듯이 "지도자의 첫 번째 책임은 현실을 규명하는 일이다."[1] 오늘의 교회 지도자들은 우리 시대를 알아야 한다. 그래야 하나님 지향의 미래를 빚어 나갈 수 있다. 인간 중심의 활동으로 이루어지는 오늘의 복잡한 시스템은 우리가 보기에 '현대판 바벨론'과

'디지털 바벨론'이라는 문구로 잘 묘사된다. 나아가 충실한 기독교인들의 삶이 이 체제 아래서 어떤 모습인지도 포로 생활의 개념으로 적절히 설명된다.

포로의 개념이 당신에게 와 닿을 수 있고 그렇지 않을 수도 있다. 포로의 은유를 쓰는 것으로 보아 당신은 우리 두 사람이 소망을 아예 포기한 것이 아닌가 하는 의문이 들 수도 있다.

그렇지 않다. 오히려 정반대다!

기독교 공동체의 미래에 대해 우리의 소망이 이보다 더 깊을 수는 없다. 한없이 난해한 이 속도전의 정황 속에서도 말이다.

포로의 은유를 수용하려면 최소한 두 가지의 중요한 신학적 견해를 고수해야 한다. 곧 하나님이 주권자시라는 것과 그분께 자기 백성을 향한 계획이 있다는 것이다. 성경의 기록을 보면 하나님은 포로 생활을 통해 자기 백성을 정화하시고 그분의 목적 쪽으로 방향을 조정해 주신다.

우리 기독교인들이 믿듯이 하나님은 어련히 알아서 하실 바를 하시며, 불경한 문명에 깜짝 놀라거나 당황하지 않으신다. 성경에서 가장 유명한 포로라 할 만한 다니엘은 느부갓네살 왕에게 이렇게까지 말한다. "지극히 높으신 이가 사람의 나라를 다스리시며 자기의 뜻대로 그것을 누구에게든지 주시며"(단 4:17). 하나님은 모든 것이 어디를 향해 가는지-그분의 목적과 종말을 지향하고 있음을-아신다. 이 믿음이 있는 한 우리는 문화의 방향을 걱정할 필요가 없다. 하나님과 그분의 부르심에 충실하기만 하면 된다.

포로 생활을 통해 우리는 하나님을 신뢰하는 법을 배운다.

포로의 좋은 신앙

다니엘을 비롯한 성경의 포로들에게서 배울 수 있는 세 가지 교훈을 살펴보자. 그들이 보여 주었듯이 포로 생활에 충실하려면 시대정신을 향해 예언자적이고 반문화적인 대응을 내놓아야 한다.

사랑하라 : 행동과 어법과 존중의 위력

우리의 행동과 말도 중요하지만 행동하고 말하는 방식도 중요하다. 이것은 우리가 이 책 전체에 관통시키려 한 주제이기도 하다. 공격적인 사람일수록 패하기 쉽다. 휴스턴의 레즈비언 시장은 현지 목사 다섯 명의 설교 원고와 편지에 대해 소환장을 발부했다. 화장실을 비롯한 특정 지역의 자유 접근권을 트랜스젠더 남녀에게로 확대하는 시 법안에 그들이 반대했기 때문이다. 그러나 시장은 즉시 저항에 부딪혔다. 정치적 좌파와 우파를 막론하고 많은 사람이 그 소환장을 "목사들을 위협하고 괴롭혀 침묵시키기 위한 것"이라 결론지었고, 그리하여 시장은 어쩔 수 없이 그 조치를 철회해야 했다.[2]

자신이 믿는 내용을 당당히 주장하는 것과 신앙에 이끌려 '야수처럼' 공격하는 것은 천지차이다. 근본적으로 남의 일에 간섭하지 않고 있던 기독교인들이 공공연히 큰 논쟁이나 싸움에 휘말릴 때가 있다.

보스턴 북부의 복음주의 고등교육 기관인 고든대학(Gordon College)이 그런 일을 당했다. 대학 본부는 자신들의 가치관과 사명에 어긋나는 동성애 관련 입장과 정책을 수용하지 않았다. 그러자 그 대학의 인가 기관인 뉴잉글랜드학교대학협회(NEASC)는 그들이 이를 수용하지 않는 한 인가를 취소하겠다고 협박했다.

대학 측에서 싸움을 건 게 아니었다. 그러나 싸움이 닥쳐왔을 때 그들은 기독교 정통에 따라 당당히 반응하면서도 적대 세력을 존중하는 자세로 말하고 행동했다. 결국 NEASC는 뜻을 굽혔고 종교의 자유가 승리했다.[3]

상황과 관계없이 원리는 분명하다. 우리가 말하고 행동하는 내용 못지않게 그것을 말하고 행동하는 방식도 좋은 신앙에 똑같이 중요하다.

다니엘은 그것을 알았다.

느부갓네살 왕이 자신의 악몽을 해석하라는 명령을 내리자 이교 철학자들은 하나같이 두려워 꽁무니를 뺐고 그 비겁함의 대가로 사형선고를 받았다. 그러나 다니엘은 그들의 목숨을 살려 달라고 청원했다. 이어 성경의 가장 유명한 사례 중 하나로, 권력자에게 진실을 직언하는 좋은 신앙이 나온다. 다니엘은 왕에게 그가 모든 것을 잃을 거라는 해몽을 그대로 말했다. 줄줄이 늘어선 제국 중 바로 다음번 순서로 페르시아가 곧 쳐들어와 그를 파멸시킬 것이었다.

이 선지자는 당당하고 자신감이 넘쳤지만 나쁜 소식을 전할 때도 지극히 존중하는 자세를 취했다.

당신이 교황 프란치스코를 어떻게 생각하든 간에 모든 부류의 사람을 존중하는 그의 행동과 말은 천주교에 대한 일반 인식에 지대한 영향을 미치고 있다. 어린이나 장애인이나 병자—흔히 사회에서 가장 존중받지 못하는 부류—에게 인사를 건넬 때 그의 얼굴은 기쁨으로 빛난다. 기독교 정통의 핵심 교리들에 대한 그의 헌신은 변하지 않은 것 같다. 그러면서도 프란치스코의 말과 행동은 좋은 신앙으로 빛을 발한다.

예수의 사역에서 거듭 볼 수 있는 교훈이거니와 말하고 행동할 때는 존중하는 자세가 중요하다. 그분의 산상수훈은 이 부분에서 우리의 교과서가 될 수 있고 마땅히 그래야 한다. 예수는 "화평하게 하는 자는 복이 있나니 그들이 하나님의 아들이라 일컬음을 받을 것임이요"(마 5:9)라고 말씀하신다. 이는 경기 중에 싸우는 선수들을 떼어 놓는 공정한 심판처럼 단지 평화를 유지하라는 뜻이 아니다. 신앙 좋은 기독교인은 그분의 말씀대로 화평하게 해야 한다. 그러려면 말과 행동과 존중하는 자세가 요구된다.

"다른 뺨도 돌려대라"라는 표현은 현대의 어휘 속에 뿌리내린 예수의 수많은 명구 중 하나다. 이는 존중하며 섬기는 반문화적 행위를 이르신 말씀이다.

그분이 삭개오의 집에 가신 것은 세리이자 사회적 외톨이인 그를 파격적으로 존중하신 행위였다.

우물가의 여인에게 그녀의 많은 불륜 관계를 환기하실 때도 그분은 깔보거나 모욕하신 게 아니라 존중하는 자세로 말씀하셨다.

존중하는 자세로 말하고 행동하면 사람들을 향한, 그리고 그들을 창조하신 하나님을 향한 우리의 사랑이 실증된다.

믿어라 : 하나님의 능력

다니엘에게서 배울 수 있는 두 번째 교훈은 적대적 문화 속에서 신념대로 행동하는 모습이다. 우리는 정통 기독교가 모든 시대의 모든 사람에게 시의성이 있다고 굳게 믿는다. 그러나 점점 이교로 치닫는 문화 속에서 어떻게 그 신념을 고수할 것인가? 다니엘은 하나님을 향한 헌신에 흔들림이 없었고, 기도 생활에 힘썼으며, 하나님의 기적적인 역사를 보려는 갈망이 있었다. 이것이 우리에게 본보기가 된다.

이 노년의 포로 선지자는 예레미야가 자신의 충실성에 미친 영향을 다니엘 9장에 기록했다. 예레미야의 책을 읽었다는 그의 말은 장차 포로로 잡혀갈 사람들에게 예레미야가 거의 1백 년 전에 썼던 다음의 놀라운 지침을 두고 한 말이 아닐까 짐작된다.

> 만군의 여호와 이스라엘의 하나님께서 예루살렘에서 바벨론으로 사로잡혀 가게 한 모든 포로에게 이와 같이 말씀하시니라 너희는 집을 짓고 거기에 살며 텃밭을 만들고 그 열매를 먹으라 아내를 맞이하여 자녀를 낳으며 너희 아들이 아내를 맞이하며 너희 딸이 남편을 맞아 그들로 자녀를 낳게 하여 너희가 거기에서 번성하고 줄어들지 아니하게 하라 너희는 내가 사로잡혀 가게 한 그 성읍의 평안을 구하고 그를 위하여 여호와께 기도하라 이는 그 성읍이 평안함으로 너희도 평안할 것임이라(렘 29:4~7).

예레미야의 예언이 성취되어 다니엘과 그의 동료들은 국제적인 불경한 사회의 권력 아래에 놓여 있었다. 그 문화는 적들을 학살했을 뿐 아니라 또한 세뇌했다. 이 젊은 히브리인들은 그 속에서 충실하게 살면서 이 문화의 의미를 도출해야 했다. 바벨론의 무지막지한 교육은 일종의 도덕적, 영적 제국주의였다. 그들의 '훈련 방법'은 포로들의 마음과 생각 속에 제국의 세계관을 주입하기 위한 것이었다.

이런 전체주의적인 강압 정책에도 불구하고 충실한 포로 생활의 가장 놀라운 이야기가 전개된다. 이 청년들은 수시로 자신의 신앙을 옹호했고 풀무 불이나 굶주린 사자들로 위협받을 때면 목숨까지 내놓았다.

그들의 신념은 요지부동이었고 하나님은 그들의 충실함에 보상해 주셨다.

사드락과 메삭과 아벳느고가 왕을 숭배하지 않는다는 이유로 불 속에 던져졌을 때 하나님은 초자연적 능력으로 개입해 그들을 건져내셨다. 다니엘이 유일하신 참 하나님께 기도한다는 이유로 사망선고를 받았을 때도 그분은 초자연적 능력으로 사자 굴에서 그를 보호하셨다.

결과는 우리의 책임이 아니지만, 충실함은 우리의 책임이다.

하나님의 사람들이 성경의 증언을 신뢰하고 기독교적 실천에 충실하면 그분이 그들 안에서 능력으로 역사하신다. 매번 우리를 물타는 풀무로부터(또는 무장요원의 검으로부터) 건져내지 않으실 수는 있지만, 그분을 대적하는 이들조차도 부정할 수 없게 그분의 능력이 나타나게 된다.

살아가라 : 직업의 위력

다니엘에게서 배우는 마지막 교훈은 우리 삶을 향한 하나님의 부르심에 따라야 한다는 것이다. 다니엘이 직업에 힘쓰지 않았다면 우리는 그에 대해 알 길이 없을 것이다. 그는 인류 역사상 가장 이교적인 문명 중 하나에서 국무부 장관이 된 셈이다. 3개국의 불경한 정권이 속속 뒤이어 권좌에 올랐는데, 그는 각 나라의 지도자인 세 왕에게 연속으로 발탁되어 그들을 보좌했다.

하나님께 받은 소명에 충실할 때 우리의 사랑과 정통 신앙은 사회를 이롭게 한다. 여기에는 사업가와 공무원, 과학자, 작가, 교사, 목사, 치과위생사 등 우리의 직업도 포함된다. 아울러 자녀 양육, 손님 대접, 성생활, 외부와의 대화 등도 포함된다. 우리는 복잡한 삶 전체에 충실하도록 부름 받았다. 하나님께 부름 받아 현재 몸담고 있는 삶의 영역이 무엇이든, 우리는 사랑과 믿음에 떠밀려 하나님이 그리스도를 통해 화목하게 하시는 그 일의 주역이 되어야 한다.

포로 생활에서 살아남는 법에 대한 예레미야의 지침은 수천 년 전인 그때 못지않게 오늘에도 적용된다. 집을 짓고 거기에 살며 텃밭을 만들라. 당신이 살고 있는 지역의 평안과 형통을 구하라. 그곳이 형통함으로 당신도 형통할 테니 말이다. 하나님의 공동체로서 공동선을 이루려고 노력하라. 즉 질서 있고 바르며, 풍성하고 후하며, 아름답게 하고 생명과 관계로 번성하게 하라.

포로가 희망과 기대를 품는 것은 성경적 시각이다. 요셉과 에스더와 다니엘 같은 실제 포로들의 사례가 우리 앞에 있을 뿐 아니라 신약에도 우리를 '세상에 있되 세상에 속하지 않은' 삶으로 부르는 말씀이 많이 나온다. 베드로는 우리가 세상에서 나그네요 거류민이라고 했다.

바울과 히브리서 저자는 주류 문화와 관련해 교회의 역할을 잘 조정하는 실제적 지혜를 들려준다. 바울은 "너희를 박해하는 자를 축복하라 축복하고 저주하지 말라 … 서로 마음을 같이하며"(롬 12:14,16)라고 했고, 히브리서에는 "모든 사람과 더불어 화평함과 거룩함을 따르라"(히 12:14)고 했다.

이것이 우리가 이 책에 최선을 다해 편 논지다.

기독교 공동체는 공동선을 위해 반문화적이 되도록 부름 받았다. 반문화적이 되려면 우리는 다음과 같이 해야 한다.

사람들을 잘 사랑한다.
정통 신념에 계속 헌신한다.
이견의 여지를 허용한다.
시류에 저항한다.
올바른 질문들을 던진다.
하나님의 도덕 질서 아래서 살아간다.
섹스를 넘어선 인간의 친밀함에 대한 비전을 제시한다.
손님 대접을 실천한다.
인종 간 화해라는 선한 일에 힘쓴다.
어떤 형태와 단계에 있든 인간의 생명을 중시한다.
동성애자 친구들을 사랑하고 섹스에 대한 하나님의 설계를 신뢰한다.
신앙의 권속을 이룬다.
신학에 뿌리를 두되 문화적으로 대응한다.

제자를 삼는다.

사람들을 보는 신성한 기술을 실천한다.

그리스도를 닮은 제자와 신앙 공동체를 만든다.

우리는 할 일이 많다. 때로 자신이 시의성 없게 느껴지거나 극단주의자라는 딱지가 붙을 수도 있다. 그러나 당신은 혼자가 아니다. 예로부터 기독교 공동체는 압박과 심지어 박해를 당하면서도 견뎌냈다.

우리는 결과를 만들어 내도록 부름 받은 게 아니라 충실하도록 부름 받았다.

우리는 사랑에 이끌리고, 성경적 믿음에 기초해 있으며, 공동선을 위하여 반문화적으로 살아갈 각오가 되어 있다. 하나님이 세상을 새롭게 하시는 데 우리의 이런 좋은 신앙을 써 주실 줄로 믿는다.

감사의 말

이 작업은 우리 둘만의 힘으로는 결코 빛을 보지 못했을 것이다. 이 책에 기여해 준 수많은 동료와 친구들과 멘토들에게 감사를 표하고 싶다.

우리의 동역자이자 이 책의 편집자인 앨리 호킨스는 전체 집필 과정을 하나로 묶어 준 접착제와도 같았다. 위대한 항해사처럼 그녀는 우리의 집필 여정이 장애물을 잘 비켜 가서 최종 목적지에 도달하게 해 주었다. 두 저자의 목소리를 하나로 합한다는 게 쉬운 일이 아닌데 그녀가 이 일을 멋지게 해냈다. 그 지혜와 마음가짐과 언어의 은사가 얼마나 고마운지 모른다.

우리의 친구 크리스 페리비에게 특별한 감사를 전한다. 이런 작업에 동참하는 게 작은 일은 아닌데 그 짐을 져 주어 고맙다. 덕분에 전체 과정이 즐거웠고 우리의 강점을 살려낼 수 있었다.

잭 쿠하쉑은 지난 한 해 동안 엄청난 인내심과 분별력과 참을성을 보여 주었다. 고맙게도 그는 책의 비전을 다듬도록 도와주었고, 마감 날짜를 연기해 주어 탈고가 가능하게 해 주었다. 이 작업을 지원해 준 데이브 루이스, 마크 라이스, 드와이트 베이커에게도 감사를 표한다.

도중에 피드백과 감화와 통찰을 베풀어 준 이들에게 감사한다. 데이비드 베일리, 데이비드와 제이슨 벤험, 코리 맥스웰-코글런, 짐 헨더슨, 레지 조이너, 게리 키네먼, 스티브 맥베스, 캐리 뉴호프, 캐라 파월, 메건 프릿쳇, 줄리 로저스, 프레스턴 스프링클, 록샌 스톤, 마이클 웨어의 도움으로 모난 곳들이 부드러워졌고 이 책이 오늘의 기독교인들에게 왜 중요한지도 잘 설명할 수 있었다.

이 배를 띄워 해안을 벗어나 항해를 시작하도록 격려해 준 팻 맥밀런에게 감사한다.

시종 전문적 지도를 베풀어 준 리자 터커스트에게 감사한다.

팀 켈러가 여러 해 동안 멘토가 되어 준 덕분에 나(게이브)는 더 현명하고 견고해졌으며 주류 문화에 어떤 일이 벌어지든 우리의 신앙이 지속되리라는 확신도 더 깊어졌다.

바나 팀과 Q 팀은 문화의 각 분야와 교회에 좋은 신앙을 적용할 수 있는 방법을 기독교인들에게 교육하고자 매일 열심히 일하고 있다. 우리가 이 작업을 마치느라 자리를 비운 동안 각 팀을 이끌어 준 Q의 랜스 빌리오, 바나의 빌 덴젤, 브룩 헴펠, 록샌 스톤, 토드 화이트에게 감사한다. 그들의 헌신이 없었다면 이 책은 태어나지 못했을 것이다. Q 팀의 크리스틴 보해년, 피터 코트, 로렌 딜런, 애니 다운즈, 루크 둘리, 롭 맥클로스키, 테일러 맥페런, 바나 팀의 에이미 브랜즈, 조이스 츄, 코리 맥스웰-코글런, 잉거 달스타트, 트레이시 호크머스, 팸 제이콥, 일레인 클라우츠, 브렌다 유저리에게 감사한다. 모두의 헌신과 수고에 고마움을 전한다.

브래드 어바레, 조지와 낸시 바나, 제러미 블룸, 에릭 브라운, 섀리와 제프 컬버, 데이비드 덴마크, 빌과 로레인 프레이, 스티브 그레이브

즈, 짐 헨더슨, 릭 이플런드, 데일 쿤, 매트와 케이트 키네먼, 브리트 메릭, 루커스 너글, 에디와 라도나 라모스, 래리 레이카트, 피트 리처드슨, 가렛과 앤디 러셀, 로렌 톰린, 존 타이슨에게도 진심으로 감사한다.

우리의 부모님, 게리와 마릴린 키네먼, 멜빈과 달린 라이언스에게 감사드린다. 그분들은 우리 안에 어려서부터 성경의 진리들을 심어 주셨다. 주님을 섬기려는 우리에게 그 견고한 기초가 계속 큰 도움이 된다.

끝으로 레베카와 질과 우리 자녀들에게 감사한다. 다시 책을 공저하도록 우리에게 시간과 공간을 내준 그 너그러움은 무엇과도 바꿀 수 없다. 우리가 다른 사람들을 돕는 동안 두 가정의 신앙을 살아 있게 지켜 주는 그들에게 감사와 사랑을 전한다. 함께 좋은 신앙을 실천하는 법을 계속 배워 나가고 싶다.

주

01. 나쁜 신앙, 좋은 신앙

❶ 공정하게 말해서 미국 기독교 내에도 일부 극단주의 세력이 있다(이런 가해자를 '기독교인'이라 부르기에는 당연히 어폐가 있지만 말이다). 낙태 시술자를 살해하는 일부터 군인의 장례식에서 "하나님은 호모를 증오하신다"라는 팻말을 드는 일까지, 이런 혐오 행위는 극단주의라 불려 마땅하다.

❷ Christopher Hitchens, *God Is Not Great: How Religion Poisons Everything* (New York: Twelve Books, 2009) (『신은 위대하지 않다』, 알마).

❸ 따로 밝히지 않는 한 본서의 모든 통계 수치는 바나 그룹에서 시행한 독자적 연구의 결과다.

❹ Dallas Willard, *Knowing Christ Today* (New York: HarperOne, 2009) (『그리스도를 아는 지식』, 복있는사람).

❺ Heart+Mind Strategies, "First Freedom," 2014년 8월에 Maclellan Foundation의 주관으로 미국의 성인 2,507명을 대상으로 시행된 연구.

❻ Rob Cooper, "Forcing a Religion on Your Children Is as Bad as Child Abuse, Claims Atheist Professor Richard Dawkins," DailyMail.com, 2013년 4월 22일. http://www.dailymail.co.uk/news/article-2312813/Richard-Dawkins-Forcing-religion-children-child-abuse-claims-atheist-professor.html.

❼ Jeffrey Taylor, "David Brooks, Religious Clown: Debunking Phony Godsplaining form the New York Times' Laziest Column," Salon.com, 2015년 3월 15일. http://www.salon.com/2015/03/15/david_brooks_religious_

clown_debunking_phony_godsplaining_from_the_new_york_times_laziest_columnist/?utm_source=twitter&utm_medium=socialflow.

❽ 특히 다음 책을 참조하라. Dale Kuehne, *Sex and the iWorld: Rethinking Relationship beyond an Age of Individualism* (Grand Rapids: Baker Academic, 2009).

❾ 다음 책을 참조하라. George Packer, *The Unwinding: An Inner History of the New America* (New York: Farrar, Straus and Giroux, 2013) (『미국, 파티는 끝났다』, 글항아리).

02. 시의성이 없다

❶ Heart+Mind Strategies, "First Freedom."

❷ The Giving Institute, *Giving USA: The Annual Report on Philanthropy 2014* (Chicago: The Giving Institute, 2014), 106.

❸ 같은 책.

❹ Barna OmniPoll, 2015년 8월, 표본집단 1,000명.

❺ David Brooks, *The Road to Character* (New York: Random House, 2015), 271. (『인간의 품격』, 부키).

❻ '신실한 현존'은 다음 책에 나오는 개념이다. James Davison Hunter, *To Change the World* (New York: Oxford University Press, 2010) (『기독교는 어떻게 세상을 변화시키는가』, 새물결플러스). 이 개념은 직업 분야를 막론하고 기독교인들이 일터에서 해야 할 역할에 대한 비전을 제시한다. 즉 우리는 신실하게 현존하는 사람이 되어야 한다.

03. 극단적이다

❶ 비슷한 분야의 개척자로 일한 Heart+Mind Strategies의 팻 맥밀런(Pat MacMillan)과 디 올섭(Dee Alsop)에게 진심으로 감사한다.

04. 우리가 느끼는 긴장과 그 이유

❶ 심층 분석은 다음 책을 참조하라. Kirsten Powers, *The Silencing: How the Left Is Killing Free Speach* (Washington, DC: Regnery Publishing, 2015).

❷ Mark Noll, "The Bible in American Public Life: 1860~2005," *Books & Culture*, 2005년 7월. http://www.booksandculture.com/articles/2005/sepoct/15.07.html?paging=off.

❸ 같은 기사.

❹ 다음 책을 참조하라. Gary Scott Smith, *Religion in the Oval Office: The Religious Lives of American Presidents* (New York: Oxford University Press, 2015).

❺ 다음 책을 참조하라. William R. Hutchison, *Religious Pluralism in America: The Contentious History of a Founding Ideal* (New Haven, CT: Yale University Press, 2003).

❻ 잔존하는 도덕 규범에 대해 연구한 데일 쿤(Dale Kuehne)에게 진심으로 감사한다. 우리의 논리나 표현에 오류가 있다면 그의 책임이 아니다.

❼ Torie Henderson, "I Believed the Propaganda," *Life Coaching for Parents*, 2012년 5월 29일. http://lifecoachingforparents.com/i-believed-the-propaganda.

❽ Dallas Willard, *Knowing Christ Today* (New York: HaperOne, 2009), 199~200. (『그리스도를 아는 지식』, 복있는 사람).

❾ 루크레티우스의 시를 통해 대중화된 신념이 바로 에피쿠로스주의다. 그것이 계

몽주의 시대 이후 어떻게 매력을 얻었는지 더 깊이 이해하려면 다음 책을 참조하라. Stephen Greenblatt, PhD, *The Swerve: How the World Became Modern* (New York: W. W. Norton & Company, 2012). (『1417년, 근대의 탄생』, 까치)

05. 사랑하고, 믿고, 살아가라

❶ Chuck Colson & Nancy Pearcey, *How Now Shall We Live?* (Carol Stream, IL: Tyndale, 1999), 15. (『그리스도인, 이제 어떻게 살 것인가?』, 요단출판사).

❷ 우리가 자신을 '복음주의자'라 칭하는 의미는 역사학자 데이비드 베빙턴(David Bebbington)이 제시한 정의의 4가지 요소에 아주 잘 압축되어 있다. 회심주의는 '거듭남'의 경험과 평생 예수를 따르는 과정을 통해 삶이 변화되어야 한다는 신념이다. 활동주의는 복음을 선교와 사회 개혁으로 표출하고 예증하는 노력이다. 성경주의는 성경을 기독교인의 궁극적 권위로 중시하고 거기에 순종하는 사상이다. 십자가중심주의는 인류의 구속할 수 있게 한 예수 그리스도의 십자가의 희생을 강조한다. 다음 책을 참조하라. David Bebbington, *Evangelicalism in Modern Britain: A History from the 1730s to the 1930s* (London: Unwin Hyman, 1989).

06. 올바른 질문 던지기

❶ 이런 비판에 대한 심층 분석은 다음 책을 참조하라. David Kinnaman & Gabe Lyons, *unChristian: What a New Generarion Really Thinks about Christianity … and Why It Matters* (Grand Rapids: Baker, 2007), 특히 8장 "기독교인은 타인을 판단하려 한다." (『나쁜 그리스도인』, 살림).

❷ Kirsten Powers, "Philadelphia Abortion Clinic Horror," *USA Today*, 2013년 4월 11일. http://www.usatoday.com/story/opinion/2013/04/10/philadelphia-abortion-clinic-horror-column/2072577.

❸ "What the News Isn't Telling You and Why We Can't Afford to Pretend It's Not Happening," *A Holy Experience*. http://www.aholyexperience.com/2015/05/into-iraq-2-what-the-news-isnt-telling-you-why-we-cant-afford-to-pretend-its-not-happening-sozans-impossible-choice-and-our-very-possible-one/.

❹ http://www.preemptivelove.org.

❺ Chuck Colson & Nancy Pearcey, *How Now Shall We Live?*

❻ David Rowbotham, "Brisbane," Australian Poetry Library. http://www.poetrylibrary.edu.au/poets/rowbotham-david/brisbane-0620083.

❼ Tim Keller, "A New Kind of Urban Christian," *CityChurchYork*, 2012년 2월 28일. http://www.citychurchyork.com/a-new-kind-of-urban-christian/.

❽ http://darlingmagazine.org/mission.

❾ 같은 웹사이트.

❿ Andy Crouch, *Culture Making: Recovering Our Creative Calling* (Downers Grove, IL: IVP, 2008). (『컬처 메이킹』, IVP).

07. 누가 이끌 것인가?

❶ Zach Ford, "Tracking Barack Obama's Position on Marriage Equality," *ThinkProgress*, 2011년 6월 22일. http://thinkprogress.org/lgbt/2011/06/22/250931/timeline-barack-obama-marriage-equality/.

❷ Stephen V. Monsma, "Neither a Christian Nor a Secular Nation," *Capital Commentary*, 2015년 7월 20일. http://capitalcommentary.com/principled-pluralism/neither-christian-nor-secular-nation.

❸ 코미디 프로그램 "Comedians in Cars Getting Coffee." http://comediansincarsgettingcoffee.com/bill-maher-the-comedy-team-ofsmug-and-arrogant.

④ 클린턴 전 대통령이 〈뉴 리퍼블릭〉(*New Republic*)의 창간 1백주년에 한 말이다. CNN의 앤더슨 쿠퍼(Anderson Cooper)와 함께 자리에 앉아 나눈 이 대화는 텔레비전을 통해 전국에 방영되었다. 다음 기사를 참조하라. Conor Friedersdorf, "Bill Clinton on America's 'One Remaining Bigotry,'" *Atlantic*, 2014년 11월 21일. http://www.theatlantic.com/politics/archive/2014/bill-clinton-americans-should-disagree-with-ideas-not-labels/383024. 〈뉴 리퍼블릭〉 독자들을 상대로 한 그의 연설을 보도한 기사다.

⑤ 다음 기사를 참조하라. Patricia Wen, "Catholic Charities Stuns State, Ends Adoptions," *Boston Globe*, 2006년 3월 11일. http://www.boston.com/news/local/articles/2006/03/11/catholic_charities_stuns_state_ends_adoptions/.

⑥ 교회 건물 내에서 신앙을 실천하는 것이야 대다수 현대 사회의 기본 사항이다. 미국의 독특성은 신앙으로 공공 광장에 참여하는 표현과 결사의 자유를 보장하는 데 있다. 다음 기사를 참조하라. Eleanor Albert, "Religion in China," *Council on Foreign Relations*, 2015년 6월 10일 업데이트. http://www.cfr.org/china/religion-china/p16272.

⑦ 제임스 매디슨이 1785년에 쓴 문서 "Memorial and Remonstrance"에 나오는 말이다. 다음 웹사이트를 참조하라. http://press-pubs.uchicago.edu/founders/documents/amendI_religions43.html.

⑧ 상원의원 버락 오바마, "Call to Renewal Keynote Address," 2006년 6월 28일. http://obamaspeeches.com/081-Call-to-Renewal-Keynote-Address-Obama-Speech.htm.

⑨ 버락 오바마는 1985년 6월부터 1988년 5월까지 3년간 지역 사회개발프로젝트(DCP)의 대표로 일했다. 교회에 기반을 둔 이 지역 사회 기관은 본래 시카고 남단 로즈랜드 광역권(로즈랜드, 웨스트 풀먼, 리버데일)의 8개 천주교 교구를 담당했다. 다음

웹사이트를 참조하라. https://en.wikipedia.org/wiki/Early_life_and_career_of_Barack_Obama.

❿ 오스 기니스(Os Guinness)가 자주 던지는 질문이다. 종교적 자유의 전개 방식을 정리하는 부분에서 미국이 전 세계에 끼치는 독특한 유익을 인정하면서 말이다. 다른 어떤 나라도 그 답을 잘 찾아낸 적이 없으며, 미국은 이 부분에서 빛을 비출 수 있다. 다음 책을 참조하라. Os Guinness, *A Free People's Suicide: Sustainable Freedom and the American Future* (Downers Grove, IL: IVP, 2012).

⓫ 2010년 11월 11일 뉴욕 대학교에서 법철학, 정치철학, 사회철학에 관한 학회가 열렸을 때 찰스 테일러는 '세속주의의 의미'라는 논문을 제출했는데, 다음은 게이브가 그 논문을 요약한 글이다.

견해1에 따르면 세속주의의 주요 관건은 종교를 통제하는 것이다. 공적인 삶에서 종교가 차지할 자리를 규정한 뒤 종교를 그 자리에 철저히 묶어 두는 게 세속주의의 임무다. 다양한 종교 활동가들이 이런 제한을 이해하고 존중하는 한, 꼭 싸움이나 억압이 개입될 필요는 없다. 그러나 세속주의적(또는 프랑스식 비종교적) 정치 체제를 구성하는 다양한 규정과 법령은 모두 이것을 기본 목적으로 한다.

견해2에 따르면 세속주의적 정치 체제의 주안점은 다양한 종교적, 형이상학적, 철학적 견해(비종교적 견해와 반종교적 견해도 포함하여)를 공정하게 민주적으로 다루는 것이다. 물론 이 임무에는 공적인 영역에서 종교적 동기로 행해지는 활동에 일정한 제약을 가하는 일도 포함된다. 그러나 비종교적 또는 반종교적 철학을 지지하는 이들에게도 비슷한 제약이 가해진다(예컨대 고용 같은 특정 관계에 종교 여부를 떠나 똑같이 차별이 제한된다). 견해2에서는 세속주의의 주요 초점이 종교가 아니다.

내가 여기서 주장하려는 요지는 견해2가 견해1보다 훨씬 우월하다는 것이다. 적어도 우리 시대에는 그렇다. 견해1의 대중화는 세속주의적 정치 체제를 탄생시킨 서구의 일정한 투쟁사 속에서 설명되어야 한다. 반면에 현재 우리의 곤경은 그런 갈등을 유발했던 곤경과는 다분히 다르다. 무엇보다 이 곤경은 서구 전역의 민주주의에 다양성이 증가하고 있다는 점이다. 그런 이유에서 견해2가 더 적절하다.

논문 전문을 다음 웹사이트에서 볼 수 있다. http://iasc-culture.org/THR/archives/Fall2010/Taylor_lo.pdf.

❿ John D. Inazu, *Confident Pluralism: Surviving and Thriving through Deep Difference* (Chicago: University of Chicago Press, 2016).

08. 동화인가, 공존인가?

❶ Kathleen Parker, "Trigger Warnings, Colleges, and the 'Swaddled Generation,'" *Washington Post*, 2015년 5월 19일. https://www.washingtonpost.com/opinions/the-swaddled-generation/2015/05/19/162ea17a-fe6a-11e4-805c-c3f407e5a9e9_story.html.

❷ Greg Lukianoff & Jonathan Haidt, "The Coddling of the American Mind," *Atlantic*, 2015년 9월. http://www.theatlantic.com/magazine/archive/2015/09/the-coddling-of-the-american-mind/399356.

❸ 같은 기사.

❹ 같은 기사.

❺ "Mike Bloomberg Delivers Remarks at Harvard University's 363rd Commencement Ceremony," *Mike Bloomberg*, 2014년 5월 29일. http://www.mikebloomberg.com/news/mike-bloomberg-delivers-remarks-at-harvard-universitys-363rd-commencement-ceremony.

❻ 다음 책을 참조하라. Les & Leslie Parrot, *The Good Fight* (Franklin, TN: Worthy Publishing, 2015).

09. 성혁명 이후

❶ Donna Freitas, *The End of Sex: How Hookup Culture Is Leaving a Generation Unhappy, Sexually Unfulfilled, and Confused about Intimacy* (New York: Basic Books, 2013).

❷ Leigh Ann Wheeler, *How Sex Became a Civil Liberty* (London: Oxford University Press, 2012), 220.

❸ "How Big Is the Pornography Industry in the United States?" *CovenantEyes*, 2012년 6월 1일. http://www.covenanteyes.com/2012/06/01/how-big-is-the-pornography-industry-in-the-united-states/.

❹ Ravi Somaiya, "Nudes Are Old News at Playboy," *New York Times*, 2015년 10월 12일. http://www.nytimes.com/2015/10/13/business/media/nudes-are-old-news-at-playboy.html?_r=0.

❺ Annalee Newitz, "Ashley Madison Code Shows More Women, and More Bots," *Gizmodo*, 2015년 8월 31일. http://gizmodo.com/ashley-madison-code-shows-more-women-and-more-bots-1727613924.

❻ Pamela Paul, *Pornified: How Pornography Is Damaging Our Lives, Our Relationships, and Our Families* (New York: St. Martin's Griffin, 2006).

❼ "The Sexual Revolution's Coming Refugee Crisis," *Russell Moore*, 2015년 7월 7일. http://www.russellmoore.com/2015/07/07/the-sexual-revolutions-coming-refugee-crisis/.

10. 결혼, 가정, 우정

❶ "Children in Single Parent Families," Kids Count Data Center. http://datacenter.kidscount.org/data/tables/106-children-in-single-parent-families#detailed/1/any/false/36,868,867,133,38/any/429,430.

❷ Eleanor Barkhorn, "Getting Married Late Is Great for College-Educated Women," *Atlantic*, 2013년 3월 15일. http://www.theatlantic.com/sexes/archive/2013/03/getting-married-later-is-great-for-college-educated-women/274040.

❸ 다음 책을 참조하라. David Kim & Barna Group, *20 and Something: Have the Time of Your Life* (And Figure It All Out Too) (Grand Rapids: Zondervan, 2014).

❹ David P. Gushee & Christine C. Pohl, "Making Room: Recovering Hospitality as a Christian Tradition," *Christian Ethics Today* 33 (2001년 4월): 21. http://christianethicstoday.com/cetart/index.cfm?fuseaction=Articles.main&ArtID=279.

❺ Gregory Thompson, "Resurrection and the Household," 버지니아 주 샬럿츠빌의 Trinity Presbyterian Church에서 2015년 5월 17일에 한 설교.

❻ David P. Gushee & Christine C. Pohl, "Making Room."

11. 생명, 죽음, 장애

❶ 다음 글을 참조하라. "The Epistle of Mathetes to Diognetus," 2세기. http://www.earlychristianwritings.com/text/diognetus-roberts.html.

❷ Rodney Stark, *The Rise of Christianity* (San Francisco: HarperOne, 1997), 161. (『기독교의 발흥』, 좋은씨앗).

❸ Erin O'Neill, "Chris Smith Says More than 54 Million Abortions Have Been Performed since U.S. Supreme Court Decided Roe v. Wade," *PolitiFact*, 2012년 3월 18일. http://www.politifact.com/new-jersey/statements/2012/mar/18/chris-smith/chris-smith-says-more-54-million-abortions-have-be.

❹ 가족계획협회의 2014년 연례보고서에 따르면 이 기관에서 시행된 낙태는 32만 7천 건으로 대략 1시간에 37건 또는 9초당 1건이다. Douglas Ernst, "Planned Parenthood Performed 327K Abotrions in Fiscal 2014: 'We've Come a Long Way,'" *Washington Times*, 2015년 1월 1일. http://www.washingtontimes.com/news/2015/jan/1/planned-parenthood-327k-abortions-fiscal-2014/. 반면에 같은 기관의 입양 의뢰는 1,880건에 그쳤다. D'Angelo Gore, "Planned Parenthood Services," FactCheck.org, 2015년 9월 4일. http://www.factcheck.org/2015/09/planned-parenthoods-services/.

❺ "Five Things You Need to Know about Adoption," Barna Group, 2013년 11월 15일. http://www.barna.org/barna-update/family-kids/643-5-things-you-need-to-know-about-adoption. Jedd Medefind, *Becoming Home: Adoption, Foster Care, and Mentoring: Living Out God's Heart for Orphans* (Grand Rapids: Zondervan, 2014).

❻ Justin McCarthy, "Seven in Ten Americans Back Euthanasia," Gallup, 2014년 6월 18일. http://www.gallup.com/poll/171704/seven-americans-back-euthanasia.aspx.

❼ Brittany Maynard, "My Right to Death with Dignity at 29," CNN, 2014년 11월 2일. http://www.cnn.com/2014/10/07/opinion/maynard-assisted-suicide-cancer-dignity/.

❽ http://www.youtube.com/watch?v=1lHXH0Zb2Ql.

❾ "Brittany Maynard, the Terminally Ill Woman Choosing to Die Nov 1 Tells CNN: Now 'Doesn't Seem like the Right Time,'" WGNTV.com, 2014년 10월 30일. http://wgntv.com/2014/10/29/brittany-maynard-the-terminally-ill-woman-choosing-to-die-nov-1-tells-cnn-now-doesnt-seem-like-the-right-time/.

❿ Kim Kuo, "Assisted Suicide and Real Death with Dignity," *Christianity Today*, 2015년 9월 15일. http://www.christianitytoday.com/ct/2015/september/assisted-suicide-and-real-death-with-dignity.html.

⓫ "Episode 23: Pro-life, Pro-choice," *The Liturgists*, 2015년 9월 18일. http://www.theliturgists.com/podcast/2015/9/6/episode-23-pro-life-pro-choice.

12. 인종과 편견

❶ 나중에 알고 보니 테네시 주의 주지사 관저는 그런 농장이었던 적이 없었다. 관저가 지어진 1929년은 노예해방령이 선포된 지 66년이 지난 후였다. 하지만 그날 아침에는 전혀 몰랐다.

❷ 우리가 제작한 이 모임의 팟캐스트를 통해 인종에 대한 깊은 대화의 현장을 더 생생한 목소리로 접할 수 있다. 45분 분량의 팟캐스트 전체를 다음 웹사이트에서 들을 수 있다. http://qideas.org/articles/q-roundtable-podcast-race/.

❸ 전체 인구 중 백인 비율은 65% 이하인데 반해 복음주의자는 열 명 중 여덟이 백인이다. 바나의 데이터베이스, Cities and States, 2009-2015년, 표본집단 30,065명.

❹ 리자 섀런 하퍼의 논지는 다음의 연구를 통해서도 확증된다. Michael Emerson, *Divided by Faith: Evangelical Religion and the Problem of Race in America* (New York: Oxford University Press, 2001).

❺ Q 토크의 18분 분량의 인터뷰 전체를 다음 웹사이트에서 볼 수 있다. http://qideas.org/videos/lessons-from-ferguson-boston.

13. 동성애에 대한 대화

❶ Gary J. Gates & Frank Newport, "Special Report: 3.4% of U.S. Adults Identify as LGBT," Gallup, 2012년 10월 18일. http://www.gallup.com/poll/158066/special-report-adults-identify-lgbt.aspx.

❷ 성의식에 대한 대화를 5회에 걸쳐 깊이 파헤친 시리즈물이 Q 팟캐스트에 올라와 있다. 25인의 목소리가 대화에 무게를 더해 준다. 이런 대화에 어떻게 사랑의 자세로 참여할 수 있는지를 그들의 직접 경험을 통해 통찰할 수 있다. 다음 웹사이트에서 들을 수 있다. www.qideas.org/podcast.

❸ 매튜 바인스(Matthew Vines), 데이비드 거쉬(David Gushee), 토니 캠폴로(Tony Campolo) 등 많은 저자가 지난 수십 년간 비슷한 사고의 전개를 통해 교회 내 동성결혼을 긍정하는 자신들의 입장을 정당화했다.

❹ 1839년에 설립된 보스턴의 트레몬트 교회(Tremont Temple)는 처음부터 그런 분명한 기준을 정했다. 다음 웹사이트에서 그 교회의 연혁을 참조하라. http://tremonttemple.org/about/our-story/.

❺ 역사 속의 기독교인들이 옳았던 더 많은 사례는 다음 책을 참조하라. Kevin DeYoung, *What Does the Bible Really Teach about Homosexuality?* (Wheaton, IL: Crossway, 2015). (『성경이 동성애에 답하다』, 지평서원).

❻ 이 본문에 대한 더 깊은 해석은 다음 글을 참조하라. John Piper, "How Paul Worked to Overcome Slavery," *DesiringGod*, 2009년 9월 3일. http://www.desiringgod.org/articles/how-paul-worked-to-overcome-slavery.

❼ Thomas D. Williams, "Poll: Support for Gay Marriage Has Fallen after Obergefell," *Breitbart*, 2015년 7월 19일. http://www.breitbart.com/big-government/2015/07/19/poll-support-for-gay-marriage-has-fallen-after-obergefell.

❽ 주류 교회 교단에는 미국침례교, 성공회, 미국복음주의루터교, 장로교, 그리스도연합교회, 연합감리교 등이 포함된다.

14. 친밀함 없이는 살 수 없다

❶ 동성애자 기독교인인 줄리 로저스가 2014년 11월 13일에 Q 여성의 Q 토크에서

한 말이다. http://qideas.org/videos/freedom-through-constraint/.

❷ 스탠퍼드 기념교회에서 있었던 나와 진 로빈슨의 대화 전문은 다음 웹사이트를 참조하라. https://youtu.be/14avq4Bk9c8.

❸ American Psychological Association, "Answers to Your Questions." www.apa.org/topics/lgbt/orientation.pdf.
한 개인에게 이성애, 양성애, 게이, 레즈비언 등의 성향이 발달하는 정확한 원인에 대해서는 과학자들 사이에 일치된 견해가 없다. 성적 성향에 영향을 미칠 수 있는 요인으로 유전, 호르몬, 발육, 사회, 문화 등이 많이 연구되었으나 어느 특정한 요인(들)이 성적 성향을 결정한다고 결론지을 만한 결과는 밝혀진 바 없다. 선천적 요인과 후천적 요인이 함께 복합적 역할을 한다는 것이 중론이다. 대다수 사람에게 성적 성향은 거의 혹은 전혀 자신의 선택으로 느껴지지 않는다.

❹ 나와 함께 공개 대화를 했던 앤드류 설리번(Andrew Sullivan)과 유진 로빈슨(Eugene Robinson)은 둘 다 성적 성향이 3세 이후에 형성된다고 보았다.

❺ Jenel Williams Paris, *The End of Sexual Identity: Why Sex Is Too Important to Define Who We Are* (Downers Grove, IL: IVP, 2011). 성의식의 유동성을 잘 설명한 좋은 책이며, 45페이지에 아주 유익한 연속선인 "킨제이 척도"가 제시되어 있다.

❻ Stanton L. Jones & Mark A. Yarhouse, *Ex-Gays?: A Longitudinal Study of Religious Mediated Change in Sexual Orientation* (Downers Grove, IL: IVP Academic, 2009). 다음 웹사이트도 참조하라. http://www.sexualidentityinstitute.org/resources/faq.

❼ "Support for Same-Sex Marriage a Record High, but Key Segments Remain Opposed," Pew Research Center, 2015년 6월 8일. http://www.people-press.org/2015/06/08/support-for-same-sex-marriage-at-record-high-but-key-segments-remain-opposed.

❽ Charles Taylor, *The Ethics of Authenticity* (Cambridge: Harvard University

Press, 1992), 142. (『불안한 현대 사회』, 이학사).

⑨ 같은 책.

⑩ 같은 책.

⑪ 어째서 감정이 늘 실체를 대변하는 것은 아닌지에 대한 내용을 다음 기사에서 더 볼 수 있다. David & Jason Benham, "The One Thing Bruce Jenner Really Needs," *WND*, 2015년 6월 14일. http://www.wnd.com/2015/06/the-1-thing-bruce-jenner-really-needs/.

⑫ "Caitlyn Jenner Is Finally 'Free' on Vanity Fair's Cover," *Vanity Fair Video*, 2015년 6월 1일. http://video.vanityfair.com/watch/vanity-fair-cover-caitlyn-jenner-is-finally-free.

⑬ C. S. Lewis, *First and Second Things* (London: Fount, 1985), 22.

⑭ Tim Keller, "The Bible and Same-Sex Relationships: A Review Article," *Redeemer Report*, 2015년 6월. http://www.redeemer.com/redeemer-report/article/the_bible_and_same_sex_relationships_a_review_article.

⑮ "People to Be Loved"는 이 주제를 다룬 그의 책 제목이기도 하다.

⑯ 마태복음 16:24~25. 참조: 누가복음 9:23~24.

⑰ Dayna Olson-Getty, "The Witness of Celibate Sexuality: A Challenge to Evangelical Theology and Pracitce of Single Sexuality" (미간행 논문, Inter-Varsity Ministry Exchange), 10.

⑱ Eve Tushnet, *Gay and Catholic: Accepting My Sexuality, Finding Community, Living My Faith* (Notre Dame, IN: Ave Maria Press, 2014), 126.

⑲ Matthew Jones, "Hospitality," *Gay Subtlety*, 2012년 8월 9일. https://gaysubtlety.wordpress.com/2012/08/09/hospitality.

⑳ 터쉬넷의 책(위의 주 18번)과 다음 두 책은 영적 가정의 일원으로서 동성애자 기독교인들과 동행하는 데 좋은 길잡이가 된다. Wesley Hill, *Washed and Waiting:*

Reflections on Christian Faithfulness and Homosexuality (Grand Rapids: Zondervan, 2010). Wesley Hill, *Spiritual Friendship: Finding Love in the Church as a Gay Celibate Christian* (Grand Rapids: Brazos Press, 2015).
21. Tushnet, *Gay and Catholic*, 207.

15. 신실함을 지키는 5가지 길

❶ Kirsten Powers, "Jim Crow Laws for Gays and Lesbians?" *USA Today*, 2014년 2월 19일. http://www.usatoday.com/story/opinion/ 2014/02/18/gays-lesbians-kansas-bill-religious-freedom-christians-column/5588643.

❷ 프레스턴 스프링클이 2015년 9월 23일에 Q 팟캐스트에서 했던 인터뷰 내용으로, 크리스토퍼 위안의 허락을 받아 인용한다.

❸ Preston Sprinkle, *People to Be Loved: Why Homosexuality Is Not Just an Issue* (Grand Rapids: Zondervan, 2015), 35.

❹ 같은 책, 36.

❺ 게이브 라이언스가 2015년 9월 28일에 Q 팟캐스트에서 했던 인터뷰 내용으로, 딘 커리의 허락을 받아 인용한다.

❻ 내기 다음 두 책을 읽으며 배운 교훈들이다. James K. A. Smith, *Desiring the Kingdom: Worship, Worldview, and Cultural Formation* (Grand Rapids: Baker Academic, 2009) (『하나님 나라를 욕망하라』, IVP). James K. A. Smith, *Imagining the Kingdom: How Worship Works* (Grand Rapids: Baker Academic, 2013).

❼ 제임스 K. A. 스미스의 활동과 저작(앞의 주 6번)은 교회와 정부의 관계에 대한 우리의 사고에 깊은 영향을 미쳤다.

❽ 2010년 처음 출간될 때 게이브의 책 *The Next Christians*의 부제는 The Good News about the End of Christian America(기독교 미국의 종말에 대한 기쁜 소식)이었다. 그는 미국의 변화하는 지평이 아주 긍정적인 결과를 낳을 수 있음을 1~3장에

논증했다.

16. 중심은 견고하게 가장자리는 유연하게

❶ Dallas Willard, *Knowing Christ Today*. (『그리스도를 아는 지식』, 복있는 사람).
❷ Barry Corey, *Love Kindness: Discover the Power of a Forgotten Christian Virtue* (Carol Stream, IL: Tyndale, 2016).

17. 새로운 세상 속의 교회

❶ Andrew Liddle, "Faith in Scotland Offers Hope to Christian Groups," *Courier Dundee*, 2015년 9월 2일, 17면.
❷ David O'Reilly, "A Study Asks: What's a Church's Economic Worth?" *Philadelphia Inquirer*, 2011년 2월 1일. http://articles.philly.com/2011-02-01/news/27092987_1_partners-for-sacred-places-congregations-churches. 다음 기사도 참조하라. "Letters: Church's 'Negative' Score Result of 'Counting Error,'" *Philadelphia Inquirer*, 2011년 2월 7일. http://articles.philly.com/2011-02-07/news/27105556_1_partners-for-sacred-places-housing-values-congregation.
❸ "World Vision: Church Communities Australia Report," 연구 시행자 McCrindle, 2014년 11월~2015년 1월. 다음 웹사이트의 그래픽 정보를 참조하라. http://www.mccrindle.com.au/resources/World-Vision-Church-and-Community-Infographic_Digital.pdf.
❹ Monica Lara, "Mission Church Hosts Prom for Some Special Guests," *Ventura County Star*, 2012년 5월 8일. http://www.vcstar.com/news/mission-church-hosts-prom-for-some-special.
❺ Barna Group, *The State of Discipleship: A Barna Report Produced in*

Partnership with The Navigators (Ventura, CA: Barna Group, 2015).

❻ Willard, Knowing Christ Today, 198 (『그리스도를 아는 지식』, 복있는 사람). 이 주제를 다룬 8장 전체만으로도 책값이 아깝지 않다. 특히 그는 종교적 신념을 단지 신념이나 헌신이 아니라 지식으로 제시하는 일의 중요성을 논했다. 목회자를 비롯한 교회 지도자들에게 이 책을 적극 추천한다.

❼ "영적 리더십의 실태"는 바나가 페퍼다인대학교의 의뢰로 2014~2015년에 2년간 시행한 연구다. 목표는 자신의 신체적, 정서적, 영적, 정신적 건강에 대한 목회자의 인식, 담당 회중의 전반적 건강에 대한 목회자의 인식, 기독교 사역자들에 대한 미국 성인의 인식을 알아보기 위한 것이었다.

❽ Rod Dreher, "'Resident Aliens' and the Benedict Option," American Conservative, 2015년 9월 1일. http://www.theamericanconservative.com/dreher/resident-aliens-the-benedict-option.

❾ Augustine, The City of God (두 도성에 대한 발췌 부분), Fordham University Medieval Sourcebook (『하나님의 도성』, 크리스천다이제스트). http://legacy.fordham.edu/halsall/source/aug-city2.asp.

❿ Robert Louis Wilken, "The Church as Culture," First Things, 2004년 4월. http://www.firstthings.com/article/2004/04/the-church-as-culture.

⓫ 반문화적 삶의 한 표출로 과학기술을 관리하고 안식일을 실천하는 것에 대한 너 자세한 내용은 게이브의 책 The Next Christians, 8장을 참조하라.

18. 충실한 프로 생활

❶ Max DePree, Leadership Is an Art (New York: Doubleday Business, 1989). (『리더십의 예술이다』, 한세).

❷ Todd Starnes, "Houston Mayor Drops Bid to Subpoena Pastors' Sermons," Fox News Opinion, 2014년 10월 29일. http://www.foxnews.com/

opinion/2014/10/29/houston-mayor-drops-bid-to-subpoena-pastors-sermons.html.

❸ David French, "Gordon College Keeps Its Faith and Its Accreditation," *National Review*, 2015년 5월 1일. http://www.nationalreview.com/article/417788/gordon-college-keeps-its-faith-and-its-accreditation-david-french.

용어 설명

❖ 세대

세대란 문화와 그 속의 사람들을 이해하기 위한 분석 도구다. 세대의 근거가 되는 개념은 특정한 시기에 태어난 사람들이 세계적 사건, 도덕적, 사회적 가치관, 과학 기술, 문화적, 행동적 규범 등 일련의 독특한 상황에 영향을 받는다는 것이다. 우리가 구분하는 세대는 다음과 같다.

- 밀레니엄 세대 | 1984년부터 2002년 사이에 출생한 사람들
- X세대 | 1965년부터 1983년 사이에 출생한 사람들
- 베이비붐 세대 | 1946년부터 1964년 사이에 출생한 사람들
- 노년 세대 | 1945년 이전에 출생한 사람들

❖ 신앙 구분

사람들을 더 잘 이해하기 위해 바나 그룹은 신앙의 실천과 종교적 신념에 근거해 사람들을 여러 범주로 분류한다. 우리의 신앙 구분은 다음과 같다.

- **자칭 기독교인** | 여러 종교 항목 중 기독교를 선택하는 사람들.
- **타종교인** | 여러 종교 항목 중 기독교 이외의 종교를 선택하는 사람들.
- **무종교인** | 여러 종교 항목 중 '무신론자'나 '불가지론자'나 '없음'을 선택하는 사람들.
- **실천하는 기독교인** | 자칭 기독교인 중에서 신앙이 자신의 삶에 매우 중요하다고 답하고, 지난달에 예배에 참석한 적이 있는 사람들. 실천하는 개신교인(주

류와 비주류 모두)과 실천하는 천주교인이 다 이 범주에 해당한다.
- **복음주의자** | 자칭 기독교인 중에서 예수 그리스도께 헌신해 오늘도 자신의 삶에서 그 헌신을 중시하고, 자신이 죄를 고백하고 예수를 구주로 영접했으므로 사후에 천국에 간다고 믿는 사람들. 그밖에도 이들은 다음 7가지 기준에 부합한다.
  ① 신앙이 자신의 삶에 매우 중요하다고 답한다.
  ② 그리스도를 믿는 자신의 신앙을 비기독교인에게 전해야 할 개인적 책임이 있다고 믿는다.
  ③ 사탄의 존재를 믿는다.
  ④ 영원한 구원은 행위가 아니라 은혜로만 가능하다고 믿는다.
  ⑤ 예수 그리스도가 죄 없는 삶을 사셨다고 믿는다.
  ⑥ 성경의 모든 가르침에 오류가 없다고 믿는다.
  ⑦ 하나님이 전지전능하시고 완전하신 신이며 우주를 창조하셨고 지금도 다스리고 계시다고 믿는다.

복음주의자로 구분되는 데 교회 출석이나 소속 교단은 관계가 없으며, 응답자에게 자신을 '복음주의자'로 표시하게 하는 항목은 없다.
위의 정의에 따르면 미국의 성인 중 복음주의자는 1천9백만 명에 약간 못 미치고 실천하는 기독교인은 7천2백만 명쯤 된다. 두 집단이 서로 겹치는 부분도 있어 복음주의자의 95%는 실천하는 기독교인이고 실천하는 기독교인의 21%는 복음주의

사용된 연구 자료

따로 주를 달지 않은 주요 연구 자료가 이 책 전반에 걸쳐 인용된다. 이들 통계 수치와 데이터 분석은 바나 그룹에서 시행한 일련의 전국적 여론조사에서 나온 결과다.

조사 시기	조사 대상	자료 수집 방법	표본집단	표본오차*
2009~2015년	바나의 데이터베이스 "도시와 국가"/ 미국 성인	전화와 온라인	30,535명	±5
2012년 11월	미국 성인	전화	1,008명	±9
2014년 7월	기독교 성직자	전화와 온라인	1,449명 (개신교 1,286명, 천주교 163명)	±4
2014년 7월	타종교 성직자	전화와 온라인	159명	±7
2015년 1월 8일~2월 11일	미국 성인	전화와 온라인	2010명	±0
2015년 4월 29일~5월 1일	미국 성인	온라인	1,025명	±9
2015년 6월 27~28일	미국 성인	전화	1,012명	±9
2015년 7월 3~9일	미국 성인	온라인	1,237명	±6
2015년 8월 17~21일	미국 성인	온라인	1,000명	±0
2015년 8월 24~26일	미국 성인	온라인	1,000명	±0

* % 포인트. 표본오차는 95% 신뢰 수준을 나타낸다.

종교 지도자에 관한 연구만 제외하고 앞의 모든 연구는 바나 그룹의 독립 기금으로 이루어졌다. 성직자에 관한 연구는 맥클렐런 재단(Maclellan Foundation)의 의뢰로 시행되었다.

수집된 자료에 대해서는 여러 인구통계학적 변수에 최소 통계 가중치를 적용해 기존의 전국 평균치에 더 잘 상응하게 했다. 추적이 가능한 문항의 경우, 해당 연구 결과를 지난 30년간 바나의 데이터베이스에 축적된 전국적 연구들과 비교했다. 성직자에 관한 연구 자료는 교단별과 지역별로 최소 가중치를 두어, 각 미디어 시장에 따른 교회들의 인구통계학적 특성을 더 충실히 반영했다.

여론조사 결과의 정확도를 기술할 때 연구자들은 흔히 추정치의 '표본오차'를 제시한다. 이것은 부정확할 가능성의 정도를 나타내며, 그 원인은 표본집단이 모집단을 충분히 대변하지 못하기 때문일 수 있다. 모집단에 대한 각 여론조사의 최대 표본오차는 앞의 표를 참조하라.

그밖에도 여론조사의 결과에 영향을 미칠 수 있는 오류가 많다(예컨대 문항의 어법상의 편견, 문항의 배열 순서, 응답의 부정확한 녹음, 데이터의 부정확한 도표화 등). 이런 오류가 결과에 미치는 영향은 통계적으로 계산할 수 없다. 바나는 이런 가능한 오류를 극복하고자 연구의 각 단계마다 최선을 다하고 있다.

사단법인 기독교세계관학술동역회
사역 소개

세계관 운동
삶과 학문의 모든 영역에서 예수 그리스도가 주인이심을 고백하고, 하나님의 말씀대로 생각하고 적용하며 살도록 돕기 위한 많은 연구 자료와 다양한 방식의 강의 패키지들을 준비하고 있습니다. 특히 삶의 각 영역에서 만날 수 있는 문제들에 대한 대안을 찾을 수 있도록 세계관 기초 훈련, 집중 훈련 및 다양한 강좌들을 비롯하여 기독 미디어 아카데미, 기독교 세계관 아카데미, 어린이 청소년 세계관 강좌 등 다양한 강의와 세미나가 준비되어 있습니다. 강의를 원하시는 교회나 단체는 기독교세계관학술동역회 사무국으로 연락해 주시면 친절히 안내해 드립니다.

기독교학문연구회
기독교학문연구회(KACS : Korea Association of Christian Studies)는 기독교적 학문 연구를 위한 학회로, 각 학문 분야별 신학과 학제간의 연구를 진행하여 신앙과 학문의 통합을 추구하고 있습니다. 연구 발표의 장으로 연 2회의 학술대회를 개최하고 있으며, 한국연구재단 등재학술지 〈신앙과 학문〉(1996년 창간)을 발행하고 있습니다.

월간 〈월드뷰〉
성경적 삶의 적용을 위해 정치, 경제, 사회, 문화, 교육 등 제반 영역에서 성경적 관점으로 조망하는 〈월드뷰〉는 세상바로보기 운동의 일환으로 매월 발간됩니다. 2013년부터 월드뷰는 이매거진 서비스를 제공하여 모바일로도 구독하실 수 있습니다.

기독미디어아카데미
기독미디어아카데미는 기독교 세계관으로 무장한 기독 언론인을 길러내기 위한 전문 교육 기관입니다. 급변하는 사회 속에서 갈수록 언론 본연의 기능을 잃어가는 반기독교적 미디어 환경 가운데 기독 언론인으로서의 정체성 확립을 위해 시작되었습니다.

VIEW 밴쿠버기독교세계관대학원

1999년 7월, 밴쿠버기독교세계관대학원(VIEW)은 캐나다 최고의 기독교대학인 Trinity Western University 대학의 신학대학원인 ACTS와 공동으로 기독교세계관 문학석사과정(MACS-Worldview Studies)을 개설했습니다. 현재 캐나다 밴쿠버에 기독교세계관 문학석사 과정, 디플로마(Diploma) 과정을 운영하고 있으며, 2006년부터는 다양한 연수 프로그램(교사 창조론, 지도자세계관 학교, 청소년 캠프 등)을 개최하고 있습니다.

CTC 청소년 세계관 교육센터

CTC(Christian Thinking Center)는 가정과 교회와 학교에 기독교 세계관 교육 콘텐츠를 제공함으로서 다음 세대 그리스도인들이 기독교 세계관으로 생각하고 살아가도록 돕는 것을 사명으로 하는 청소년세계관교육기관입니다.

도서출판 CUP

바른 성경적 가치관 위에 실천적 삶을 살아가는 그리스도의 제자들을 세우며, 지성과 감성과 영성이 전인적으로 조화된 균형잡힌 도서를 출간하여 그리스도인다운 삶과 생각과 문화를 확장시키는 나눔터의 출판을 꿈꾸고 있습니다.

(사)기독교세계관학술동역회
연락처_ ☎. 02)754-8004
(08807) 서울특별시 관악구 과천대로 939 르메이에르 강남타운2, B107호
(남현동 1061-18)
E-mail_ info@worldview.or.kr
Homepage_ www.worldview.or.kr

도서출판 CUP
연락처_ ☎. 02)745-7231
(14549) 서울특별시 중구 을지로 148, 8층 803호 (을지로3가, 드림오피스타운)
E-mail_ cupmanse@gmail.com
Homepage_ www.cupbooks.com